古代歷史文化 研究輯刊

十五編

王明蓀 主編

第 23 冊

新時期中國大陸史學思潮的遞進與嬗變：
1978～2011

范國強 著

國家圖書館出版品預行編目資料

新時期中國大陸史學思潮的遞進與嬗變：1978～2011／范
國強 著 -- 初版 -- 新北市：花木蘭文化出版社，2016〔民
105〕
序 4+ 目 2+186 面；19×26 公分
（古代歷史文化研究輯刊 十五編：第 23 冊）
ISBN 978-986-404-620-1（精裝）
1. 中國大陸研究 2. 史學評論
618   105002230

古代歷史文化研究輯刊
十五編 第二三冊   ISBN：978-986-404-620-1

新時期中國大陸史學思潮的遞進與嬗變：1978～2011

作　　者　范國強
主　　編　王明蓀
總 編 輯　杜潔祥
副總編輯　楊嘉樂
編　　輯　許郁翎
出　　版　花木蘭文化出版社
社　　長　高小娟
聯絡地址　235 新北市中和區中安街七二號十三樓
　　　　　電話：02-2923-1455／傳眞：02-2923-1452
網　　址　http://www.huamulan.tw 信箱 hml810518@gmail.com
印　　刷　普羅文化出版廣告事業
初　　版　2016 年 3 月
全書字數　173833 字
定　　價　十五編 23 冊（精裝）台幣 45,000 元

新時期中國大陸史學思潮的遞進與嬗變：
1978～2011

范國強　著

作者簡介

范國強，男，1980 年生，山東泰安人，中國人民大學歷史學博士畢業。現爲江蘇大學文法學院講師。研究方向：中國史學史，秦漢史，中國法文化史。目前已主持江蘇省教育廳與國家古籍「十一五」重點規劃整理項目子課題各 1 項，作爲課題主要成員（前三），參加國家社科基金項目 2 項，省部級課題 6 項，先後在《中國社會科學報》、《史學史研究》、《理論月刊》等國內公開刊物上發表論文 20 餘篇且數篇被《新華文摘》論點摘編及人大複印資料全文複印。

提　　要

　　「文革」後，反省與重建成爲中國大陸史學界的主流聲音。但如何反思與重建，學界卻各執一端，莫衷一是。在互相的爭鳴與論辯下，思潮疊起，名家輩出，大陸史學也在這種思潮下逐漸解放自己，與世界合流。如在理論與傳統之間，以胡繩、黎澍爲代表的老一輩馬克思主義史學家，主張「回到馬克思」；一些具有民國情懷，精於歷史考證的史家名宿則發出了「回到乾嘉」的私議；以白壽彝、趙吉惠等爲代表的新中國成立後成長起來的馬克思主義史學家則提出要重視傳統，批判繼承中國傳統的歷史遺産與史學遺産。在此思潮基礎上，「傳統文化熱」、「國學熱」等思潮疊次出現。在危機與現實、保守與革新之間，一部分「文革」後成長起來的史學家提出了史學危機論與告別革命論，虛無主義史學開始出現；但亦有一些青年史家主張史學應該走向自然，走向社會，與世界接軌，以此綿延到 20 世紀末新史學的興起。新時期以來的 20 餘年，在新老史家爲馬克思主義與中國史學發展論爭不休之時，史學通俗熱開始出現，並影響到今天大陸公眾史學的發展。在新的世紀裏，作爲大陸史家的年輕一代，正視自己，面向未來，爲建設有中國特點、中國作風、中國氣派的歷史學努力奮鬥則成爲其共同的奮鬥目標。

感　謝

花木蘭文化出版社與江蘇大學高級專業人才專項基金資助
項目（項目號：11JDG183）「新時期中國大陸史學思潮研究
（1976-2011）」對本書出版的大力支持

序　言

　　中國史學的研究，以當代部分最難，資料龐雜紛繁，涉及學科與問題亦多，非通人不能為。通人不僅專精史學史，還需通世界史、考古學、文獻學、檔案學、文字學、經學等各科學問，否則，很難把握相關成果及學人的貢獻。學術研究之選題往往是愈難愈有價值，所以我於 2000 年之後就曾思考中國當代史學史的問題，有意識地指導博士生在這一領域分段作專題研究。杜學霞博士撰寫《建國十七年史學批判》，後經修改，取名《史殤》，由國家行政學院出版社 2013 年出版。楊舒眉博士完成《「文革」時期的歷史學家及史學研究》，王磊博士撰有《建國前後的史學轉型（1937～1956）》，胡喜雲博士著作《魏晉南北朝史學概論》（1924～2009），范國強博士撰著《馬克思主義史家與新時期中國史學思潮的嬗變和發展》等。

　　國強的博士學位論文又經過數年打磨，即將梓行問世了。讀其書稿，回顧他這些年的成長，感覺他在學術上逐漸成熟了。七、八年來，我們經常討論、商榷，他的一些看法給我諸多啟示，我的一些想法，經他思考、研究，也多獲得了完善的答案。十年前，我曾撰《20 世紀關於歷史學理論的學術論辯》（百花洲文藝出版社 2004 年版），在「緒論」中，曾就 1978 年至 2000 年的歷史學發展線索作了如下十分粗淺的勾勒：

　　1976 年粉碎「四人幫」後，隨著國家政治與社會的轉折，史學衝破封建專制，批判影射史學，英雄史觀等歷史觀，張春橋、姚文元、江青等人及其追隨者的歷史言論及影響受到較為徹底的清除，思想經過長期的禁錮又重新活躍起來。1978 年 12 月中共十一屆三號全會以後，解放思想，實事求是，充分肯定建國後十七年的史學成就，學界重新就歷史創造者、歷史發展動力、

社會形態劃分與歷史分期，「古爲今用」口號、史論關係、歷史主義、農民戰爭、土地關係、中國封建社會長期延續的原因等一系列重大歷史學理論問題展開討論和辯論，歷史學擺脫極端政治的束縛，逐漸走上正規的學術之路。

　　20世紀70年代末80年代初，史學界關於歷史學的發展道路與方向問題，出現了嚴重分歧，有學者提出「回到馬克思」，主張歷史學回歸建國後十七年，沿著十七年的道路繼續前進；有的學者提出「回到乾嘉去」，倡導考据學、實證史學；也有學人懷疑甚至否定唯物史觀和馬克思主義指導，視馬克思主義史學爲「正統」史學並主張摒棄，或借用西方史學理論，否定中國傳統史學；或套用現代科學之系統論、控制論、信息論牽強附會臆解中國歷史。然更多的學者特別是學界有影響的著名學者堅持馬克思主義唯物史觀，繼承中國傳統史學、馬克思主義史學優良傳統，實事求是，在繼承的基礎上開拓創新，建設由中國特色的馬克思主義史學。這一中堅力量代表了中國歷史學的主流，主導了新時期歷史學的發展道路與方向。

　　80年代中後期至90年代初期，中國社會經濟轉型，由計劃經濟向市場經濟過渡，在商品經濟大潮與市場經濟衝擊下，學術研究遭到冷落，一些青年史學工作者於1986年前後發出「史學危機」的呼喊。歷史學是否發生了危機？史學如何應對市場經濟？曾引起了眾多學者的思考，形成激烈的爭論。或認爲史學危機是存在的而且相當嚴重；或認爲不存在危機，如果有危機，也是「轉機」；或主張歷史研究商品化；或反對歷史學商品化，等等。而且又由「危機」的討論，進一步擴展到「歷史與現實」的關係，史學的價值與公用，基礎史學與應用史學的劃分，歷史學理論結構與層次，歷史規律與歷史進程，歷史主體、客體及主客體關係，歷史的必然性與偶然性、統一與多樣選擇性，市場經濟下如何堅持唯物史觀、堅持馬克思主義史學，如何借鑒外國史學理論與方法，歷史研究如何引鑒自然科學的方法，以及跨學科交叉研究、地域研究，開展通俗史學、心理史學、口述史學等方面的研究，等等。眾說紛紜，形成許多討論熱點。

　　80年代後期，「自由化」思潮湧動，否定馬克思主義，奉行歷史虛無主義，將中華傳統文明與文化說成是拖累現代化的「沉重包袱」，宣揚「黃土文明」保守、落後，西方「海洋文明」進步、先進，重新高唱「西化」舊調，提出「告別革命論」等，一時甚囂塵上。90年代初，史學界批判電視政論片《河殤》及「告別革命論」，消除「自由化」的影響，使歷史學沿著馬克思主義的

道路健康發展。

到 90 年代中期，歷史學進入了一個良性發展時期。1996 年 10 月中共中央十四屆六中全會召開，會議通過了《關於加強社會主義精神文明建設若干重要問題的決議》，1997 年 9 月中共十五大召開，提出「建設有中國特色社會主義的文化」。在中共中央文化建設方針的指導下，國家加大了文科基礎學科建設的投入，學術研究的硬件條件得到改善，良好的學術氣氛也逐步營造出來，學者的浮躁情緒漸漸沉靜下來，學術論辯趨向心平氣和，以理服人，堅持唯物史觀，堅持發展馬克思主義史學逐漸成爲絕大多數史學工作者的共識。特別是 20 世紀末，總結百年史學成就，展望 21 世紀發展前景，大家充滿希望與信心，這說明史學工作者的心態、精神面貌都發生了很大的變化。

這一勾勒僅止 20 世紀末，而且世紀之交的內容漏略又多。拋磚引玉，國強將研究時限延至 2011 年中共建黨九十周年，補寫了 20 世紀末 21 世紀初「國學熱」、「文化熱」、「通俗史學熱」等熱潮湧滾的學術情況，使上世紀 90 年代興起的史學思潮在 21 世紀初的變化有了一個完整的交代。國強把 1978 年至 2011 年的歷史學發展定位爲反思和重建，在此基礎上，把不同時段的歷史學思潮歸納爲八種：即思想歸元──「回到馬克思主義」；理論彷徨──「回到乾嘉去」；追尋歷史文化遺產；「史學危機」；「跨學科史學」；歷史虛無主義；「國學熱」；歷史通俗化史學。由八種思潮的起、承、轉、合，揭示新時期歷史學思想波動起伏的主要線索，由目求綱，綱舉目張。內容方方面面，系統、完善而成體系。觀察新時期歷史學思潮的變化，注重馬克思主義史家與非馬克思主義史家、老一輩史家與新生代史家在思潮中的角色，從矛盾與聯繫中把握歷史學思潮的動向，揭明其遞進與嬗變的路徑，總結歷史學的學術價值與社會價值。透發出作者嚴謹而富有創新的精神。

歷史研究在於通變，原始察終，見盛觀衰，鑒史問道，以啓未來。國強在總結新時期歷史學思潮遞變的基礎上，思考 21 世紀中國歷史學的發展，提出了 5 條建議：即加強唯物史觀的研究，建設有中國特色的馬克思主義歷史學；繼承和發展歷史文化遺產，弘揚國學精神，建設社會主義新文化；鼓勵史學創新，進行歷史學的跨學科研究，積極應對後現代主義等各種學說、理論的衝擊與挑戰；反對歷史虛無，加強馬克思主義史學的學風建設；史學的普及和提高，讓歷史學更好地走向大眾。位卑未敢忘國憂，國強能自覺擔負起一位史學工作者的責任與義務，又見傳統史家精神之生生不息。

　　國強生在山東農家，家庭、家鄉、學校造就了他樸實好學的秉性，為人厚道、待人善良，處事誠實，治學勤奮、刻苦，有齊魯之風。文如其人，觀其書想見其人。這本書行文平實，很少有尖刻之辭，然溫和而不失原則。當然，其學術與功力都還未到「爐火純青」的地步，某些不足也是客觀存在的，還望讀者指正、包容。由不成熟到成書，總是要有一個過程的。作為一個先睹為快的讀者，談談自己的一些感受，權當作一篇序言吧。

牛潤珍

2015 年歲末於中國人民大學

目次

緒　論

一、命題探討

　　史學思潮是歷史學理論研究的重要組成部分，它應時代變遷和社會發展的要求而時起時落，並指引著一定時期歷史學發展的道路和方向。如梁任公在《清代學術概論》一書中指出：「凡文化發展之國，其國民於一時期中，因環境之變遷與夫心理之感召。不期而思想之進路同趨於一方向，於是相與呼應洶湧如潮然。」〔註1〕同時，任公亦認爲：「凡『思』非皆能成『潮』，能成『潮』者，則其『思』必有當代之價值，而又適合時代之要求也。」〔註2〕這正與瞿林東先生的觀點不謀而合：「史學思潮是史學發展過程中在思想領域最活躍的表現，它最能反映史學發展的方向和趨勢。」〔註3〕

　　改革開放以來，大陸學者對史學思潮的命題探討成果頗多，成績卓著，但在史學思潮的概念性認識上，學界至今並沒有達成一個共識性的認識。在這一點上，朱政惠、林慈生在20世紀90年代初撰文認爲：「所謂史學思潮，指的是史學界某種思想的流行，某種理論的傳播，某種心理的共鳴，集中反映了史學界史學工作者們的願望、要求、思想傾向、諸種工作的打算」〔註4〕，

〔註1〕 梁啓超：《中國歷史研究法》（外二種），石家莊，河北教育出版社，2003年版，第282頁。

〔註2〕 梁啓超：《中國歷史研究法》（外二種），石家莊，河北教育出版社，2003年版，第282頁。

〔註3〕 瞿林東：《二十世紀的中國史學》，《歷史教學》，2000年第5期。

〔註4〕 朱政惠、林慈生：《當代中國史學思潮散論》，《歷史教學問題》，1993年第3期。

注重從史家整體的概念來探討史學思潮的發生與發展。王學典先生則認為：
「史學思潮，主要是指那些因倡導某種史學主張、史學方法、史學觀點而形
成的一股潮流。並非所有的史學觀點、方法、主張都能形成潮流。形成潮流
的，主要是那些在特定時間內掌握了相當一部分學者，而且又衝擊了某種已
在史壇很有影響的思想或對衝擊著進行反衝擊的某種史學方法、主張和觀
點。」〔註5〕與梁啓超「凡『思』非皆能成『潮』」的史學觀點相呼應。同時，
王學典先生還強調：「如同任何社會思潮都不是憑空產生的一樣，各種不同
的史學思潮也都是淵源有自。它們有的是對過去正確思潮的回歸；有的是對
過去占統治地位思潮的反撥。」〔註6〕強調了史學思潮的整體性概念。與此
同時，張書學先生也對史學思潮的概念性認識表達了自己的主張，不過他更
強調史學思潮的產生動因及史學思潮與外在因素之間的關係。他認為：「所
謂史學思潮，就是指一定歷史時期和一定地域內的史學家，在歷史觀念（主
要包括歷史研究的目的、對象、基本的研究方法和評價標準等等）上所形成
的一種普遍認同的趨向」並且「一種史學思潮的出現，往往是由多種因素促
成的。大體上可分為內因、外因兩種因素：內因，即史學自身發展的的內在
要求；外因，即當時社會思潮、政治思潮、哲學思潮以及外來文化衝擊等多
種複雜因素的刺激和影響。」〔註7〕除以上諸種主張以外，鄒兆辰、江湄、
鄧京力編著的《新時期中國史學思潮》一書的觀點也比較具有代表性，在他
們看來：「史學思潮是一種社會思潮，它是在特定時期的某種社會觀念在史
學工作者頭腦中的反映，只要社會上存在著各種不同的思想、觀念、方法、
主張，就會在史學家中有所反映。它是一種學術思潮，但又與社會思潮有緊
密的聯繫。」〔註8〕我們認為，該書的看法很好地將史學思潮與社會思潮有
機的結合在了一起。新近出版的侯雲灝的《20世紀中國史學思潮與變革》一
書，對史學思潮的概念有這樣的認識：「史學思潮是指一種史學思想趨勢或
傾向，具有群體性、社會性、地域性、時代性、相對穩定性和持續性等特點。

〔註5〕王學典：《二十世紀後半期中國史學主潮·導論》，濟南，山東大學出版社，
　　　　1996年版，第1頁。
〔註6〕王學典：《二十世紀後半期中國史學主潮·導論》，濟南，山東大學出版社，
　　　　1996年版，第1—2頁。
〔註7〕張書學：《中國現代史學思潮研究·引言》，長沙，湖南教育出版社，1996年
　　　　版，第4頁。
〔註8〕鄒兆辰、江湄、鄧京力：《新時期中國史學思潮》，北京，當代中國出版社，
　　　　2001年版，第3頁。

這種思想所以能成潮，就是因爲它能波瀾激蕩，適應一定的社會需要，表現出一定的客觀性，有著鮮明的時代特點，反映社會上一部分人的利益和要求，具有較爲廣泛的代表性，從而形成爲某種共同的思想趨勢或思想傾向，化成潮流。」〔註 9〕侯雲灝的這種定義，將史學思潮與史學思想的視域有機結合起來，強調了史學發展的趨向性，並強調了史學思潮的社會性、時代性、客觀性等特點。

有鑒於以上諸多觀點，我們認爲史學思潮是指在一定的歷史時期內，在當時一定的社會思潮與學術思潮的影響下，一定的史學群體對某些歷史問題、歷史現象、歷史理論等形成的某種共同的認識和趨向，而這種認識和趨向又對當時的社會思潮和學術思潮等產生極大的推動作用。本書的新時期史學思潮的探討則重點是指在「文革」以後特別是改革開放以來，大陸的馬克思主義史家在新時期各種社會思潮與學術思潮的牽引下，以反思和重建馬克思主義歷史學爲目標，對中國歷史學所做的各種反思、借鑒、創新等各種學術性的論辯和活動，而這些學術性的論辯和活動所形成的一股股史學思潮又反過來推動了新時期以來中國史學的進步和發展，對新時期的各種社會思潮與學術思潮亦有著很好的反推動作用。

二、學術回顧

對新時期中國大陸史學思潮的研究，早在 1986 年，許冠三先生就出版了《新史學九十年》〔註 10〕一書，書中認爲改革開放以來中國大陸史學的發展趨向是「以清算『四人幫』按『長官意志』立說的『新經學』始，蛻變大體在思想解放、理論反省與自我尋求三個方面進行，並按前列順序次第層疊展開」，是「正在尋求自我的本土史學」〔註 11〕《新史學九十年》一書可謂揭開了新時期史學思潮研究的大幕。此後，我國大陸史家在近幾十年來對新時期史學思潮的研究亦可以說漸趨熱潮，碩果累累。在此方面，王學典先生堪稱

〔註 9〕 侯雲灝：《20 世紀中國史學思潮與變革·緒論》，北京，北京師範大學出版社，2007 年版，第 6 頁。

〔註10〕 該書由香港大學出版社於 1986 年～1988 年分上下兩冊出版發行。是一部以學派爲中心敘述 1900 年以來中國歷史學歷史發展的專著。本文所引該書部分爲湖南嶽麓書社 2003 年刊行之版本。

〔註11〕 許冠三：《新史學九十年·附錄》，長沙，嶽麓書社，2003 年版，第 547～548 頁。

這一學術領域的先驅和主將。自 1989 年以來，先生先後發表《新時期十年的歷史學評估》（《山東社會科學》，1989 年第 1 期），《史學的新世紀：走學科整合之路》（《山東社會科學》，1993 年第 1 期），《中國當代史學思想的基本走向》（《文史哲》，1996 年第 6 期），《近二十年間中國大陸史學的幾種主要趨勢》（《山東社會科學》，2002 年第 1 期），《近五十年的中國歷史學》（《當代中國史研究》，2004 年第 3 期）以及《六十年來中國史學之變遷》（《文史知識》2009 年第 8 期）等諸多文章，對近幾十年中國史學的發展脈絡、趨勢、動向有一個非常清晰的把握與定位。而王學典先生對新時期史學思潮的研究和探尋，除以上諸文章外，集中體現在先生的《二十世紀後半期中國史學主潮》一書中，書中認為新時期以來史學主潮的遞嬗是「從回到馬克思去到向國際史學靠攏」〔註 12〕的一個漸進的逐層推進的過程。而在這一過程下中國史學發展的基本傾向「是從告別『文革』始，進而要告別前十七年，甚至要反省整個中國馬克思主義的史學史」，「就基本特徵而言，這一時期的史學思潮是新時期思想解放大潮的產物，帶有從根本上『撥亂反正』的性質」〔註 13〕。由以上我們可以得到一個初步的結論：新時期史學思潮的演變過程，其實質就是一個由內省到外化，由反思到創新，由馬克思主義史學一統天下到今天在唯物史觀的指導下中國史學趨向逐漸多元化的過程。朱政惠先生亦是我國大陸較早對當代史學思潮進行研究的學者之一。20 世紀 90 年代初期，先生先後發表了《當代中國史學思潮散論》和《攬狂瀾而奮進——當代中國史學思潮述評》〔註 14〕兩篇文章，先生在前文中重點總結出了新中國史學思潮的三大主流特點〔註 15〕，認為「馬克思主義史學也會認真批評他們認為不適的思想，除了敵對意識有意發難，各種史學思潮的批評與反批評，總是整體上有利於

〔註 12〕 王學典：《二十世紀後半期中國史學主潮》，濟南，山東大學出版社，1996 年版，第 97 頁。書中王學典先生將新時期史學主潮的遞嬗總結為五八年「史學革命」的「昇華」，回到六十年代初期去，回到馬克思，回到乾嘉去，走向系統論去，走向跨學科研究去以及向內轉：市場經濟背景下歷史學的應有選擇等七個階段。

〔註 13〕 王學典：《二十世紀後半期中國史學主潮》，濟南，山東大學出版社，1996 年版，第 97～98 頁。

〔註 14〕 這兩篇文章後經過朱政惠先生的修改，收錄在了其著作《史之心旅——關於時代和史學的思考》一書。

〔註 15〕 朱政惠先生認為新中國史學思潮的三大主流特點是整個史壇研究歷史的歷史觀和方法論的變革，馬克思主義的歷史主義日益深入人心，歷史家求深、求新、求廣的治史觀念的發展及成果的不斷擴大。

史學發展的一種激勵機制」，而未來社會生活史方面的研究，「走向結成團體的集體研究」以及「種種涉及國計民生的大課題，會一一置於史家工作的案頭」。〔註16〕後在《當代中國史學思潮述評》一文中，「當代」以1949年爲始，將1949以後的新中國史學思潮的發展脈絡分成了四個時期，「以1976年至今，是新中國史學發展的第四個時期，亦是發展頗爲健康、研究成果十分豐富的時期」。他認爲：「這個時期的史學首先是以反思史學的形式出現的。研究者痛定思痛，對『文革』中『左』的史學思潮作了尖銳的抨擊和批判」，而這一次史學大反省對「爾後的史學大發展具有舉足輕重的意義」。〔註17〕另外，于沛先生的《史學思潮、社會思潮和社會變革》一文則強調了史學和社會之間的密切聯繫，頗值得一讀。他認爲史學思潮往往是和「社會歷史發展中重要的社會思潮有著緊密的聯繫，史學思潮是社會思潮的重要組成部分，史學發展不能脫離社會的現實發展」，而探討新時期以來中國史學思潮、社會思潮以及社會變革之間的關係，「對清醒地認識和把握當代中國的歷史科學無疑有重要的現實意義」。〔註18〕對此，楊念群先生的《中國歷史學如何回應時代思潮1978～2008》一文，與于沛一文形成了很好的互動。楊念群先生認爲：「近三十年來，中國歷史學的發展經歷了幾個不同的階段。第一個階段，比較強調史學與政治意識形態之間的配合關係，直接導致了中國歷史學成爲政治意圖的表達工具。第二個階段，隨著我國改革開放的推進，經濟發展成爲主導思想，對中國歷史中現代化因素及其作用的探尋成爲歷史學的又一個重要主題；但經濟發展決定社會文化趨勢的模式源自西方經驗，遭到了基層社會發展經驗的挑戰，導致了『逆現代化行爲』的頻繁發生，也影響到了歷史學開始調整對基層社會的解釋框架；『國學』與『地方史』研究興起。第三階段，強調在吸收基層社會研究的基礎上對大敘事進行重新檢討和回歸的意義。」〔註19〕此外，鄒兆辰先生與江湄、鄧京力合著的《新時期中國史學思潮》一書，對「文化大革命」後直至20世紀末中國史學思潮的發展進行了比

〔註16〕朱政惠、林慈生：《當代中國史學思潮散論》，《歷史教學問題》，1993年第3期。

〔註17〕朱政惠：《攬狂瀾而奮進——當代中國史學思潮述評》，《探索與爭鳴》，1993年第4期。

〔註18〕于沛：《史學思潮、社會思潮和社會變革》，《社會管理科學與評論》，2000年第3期。

〔註19〕楊念群：《中國歷史學如何回應時代思潮》，《天津社會科學》，2009年第1期。

較細緻的論述，分「新時期初期撥亂反正史學思潮」，「馬克思主義史學的重
建與唯物史觀的再認識」，「重溫史學危機論」，「歷史認識論研究與當代中國
史學的理論建設」，「『文化熱』、文化史與當代中國史學的觀念變革」，「當代
中國社會史的實踐」，「現代化史學思潮的形成及基本特徵」，「『實證』觀念與
當代中國史學」以及「對 21 世紀中國史學的展望」等九個方面，書後還附有
作者對新時期中國史學思潮的訪談諸篇，讓讀者讀後感到非常具有指導和借
鑒意義。且該書不僅僅是第一部「集中論述新時期我國史學思潮的著作」，書
中還「按照自己的認識對各種史學思潮的理論實質及其價值提出了許多評述
性見解……其中不乏獨到之見」。〔註20〕另外，張書學先生對新時期史學思潮
的研究成果亦應當引起重視。這主要體現在先生在《中國史學史教程》第八
章的歷史書寫中。書中認為，中國當代史學的發展即為史學現代化的過程。
對於新時期的史學現代化過程，張書學先生用「七八十年代之交的史學思潮」
與「八九十年代的主要史學思潮」來進行概括。認為前者包括「撥亂反正」
史學思潮，「回到翦伯贊」史學思潮，「回到乾嘉」史學思潮，後者則有「回
到馬克思」史學思潮，「走向自然」的史學思潮，「回歸史學本身」的史學思
潮以及「回到傅斯年」史學思潮等。同時，張書學先生還特別強調我們建設
「中國自己的馬克思主義現代化理論體系的重要性」，認為，「新時期以來的
中國史學，各種史學思潮跌宕起伏，此消彼長，呈現出多元化格局……但它
足以說明中國史學確實進入一個發展和進步的新時期，同時也預示著未來的
中國史學將更加繁榮」。〔註 21〕與以上諸先生的著作相比，侯雲灝在其著作
《20 世紀中國史學思潮與變革》一書第五章中，對新時期史學思潮的理解則
是以馬克思主義史學的調整、提高為新時期史學思潮演變發展的主線。將新
時期史學思潮劃分為「撥亂反正——對極左思潮的逐步清算」，「調整步伐—
—對馬克思主義史學理論的重新理解」，「史學危機——史學的多元化發展傾
向」與「走向自我——在唯物史觀指導下，歷史學的開拓前進」四個時期，
並提出了新時期史學思潮發展的六條經驗教訓〔註22〕，頗可一讀。除以上諸

〔註20〕 鄒兆辰、江湄、鄧京力：《新時期中國史學思潮·序》，北京，當代中國出版
       社，2001 年版，第 1～2 頁。對於作者對該書具體思潮的概述參見該書目錄
       篇。
〔註21〕 汪征魯主編：《中國史學史教程》，福州，福建人民出版社，2006 年版，第 316
       ～340 頁。
〔註22〕 這六條經驗教訓是：「第一，要堅持和發展馬克思主義，在馬克思主義唯物史

先生的諸多著作和論文之外，王家範《十年史學的動與靜》(《華東師範大學學報》，1998 年第 3 期)，姚偉鈞《新時期史學研究的回顧與展望》(《社會科學家》，1989 年第 5 期)，蔣大椿《當代中國史學思潮與馬克思主義歷史學的發展》(《歷史研究》，2001 年第 4 期)，王曉華《近三十年中國大陸史學主潮研究》(山東大學，2007 年博士論文)，李琳娟《1983 年——中國新時期史學的轉變》(山東大學，2007 年碩士論文)等也在一定程度上對新時期史學思潮的發展演變進行了比較有價值的探索和研究，頗可參考。

三、寫作緣起

寫作新時期史學思潮的緣起之一在於力圖彌補先前學者在史學思潮研究中的一些缺點與不足。通過以上簡單的學術史研究回顧我們可以看到，新時期史學思潮的研究確實已經取得了一定的階段性成就，且湧現出了一些對新時期史學思潮研究方面的專家和比較具有代表性的著作。但是，在另一方面我們也應該看到其具體史學實踐過程中的一些問題和不足，如當代史學思潮研究相對於史學其它領域的研究而看，無論從史家參與數量還是從其所各項科研成果來看，實力過於單薄。從新時期史學思潮研究的內涵來看，我們的研究者過於注重史學思潮的整體性，宏觀性的研究，但對於單一史學思潮的研究重視程度不夠；從對新時期史學思潮研究的外延來看，我們的史學工作者雖對於史學思潮與其外界之間的社會、學術、政治等之間的關係雖有所側重，但成果相對較少。對於史家與史潮，或者說史家群體甚至是單個史家對史學思潮發生發展的作用和二者之間的關係，我們似還沒有很有分量的著作。從對新時期史學思潮的研究時段上來看，我們亦過於集中在 20 世紀的最後 20 年，特別是 20 世紀 80 年代前後史學思潮的變化與發展，但對於 20 世紀 90 年代與 21 世紀頭 10 年的史學思潮的研究，則基本上還處於一個學術研

觀指導下進行理論創造。第二，馬克思主義史學理論應該是一個開放的體系，它應該吸收各種各樣的理論、方法論以豐富自己。第三，歷史學要發展，必須從本學科自身的特性出發，遵循歷史學發展的內在要求，嚴格遵守本學科的學術規範，切不可依附於政治，不能喪失歷史學的尊嚴和科學品格。第四，歷史學的發展，既需要正確歷史觀的指導，更需要紮紮實實的考證工作爲基礎。第五，歷史學要發展，還要不斷更新觀念，注意借鑒其它學科的優勢，不斷開拓領域、研究新問題，充分利用跨學科的研究工具，走科技整合的道路。第六，歷史學要發展，必須關注社會。」可參見侯雲灝：《20 世紀中國史學思潮與變革》，北京，北京師範大學出版社，2007 年版，第 138～140 頁。

究的拓展期。以上這些問題有些現在已有所好轉，但都是我們所不能迴避且必須正確面對的。這也是本人在眾多先賢之後欲再寫新時期史學思潮的原因之一。

　　寫作新時期史學思潮的緣起之二在於總結新時期史學思潮發展中的經驗教訓，肯定馬克思主義史家在史學思潮發展演變中的地位與作用。2011 年即為中國共產黨成立之 90 週年，中國的馬克思主義史學在李大釗、郭沫若、翦伯贊、范文瀾等諸先賢的努力與引導下亦走過了近一個世紀的不平坦旅程。特別是新中國成立以來的 60 餘年，我們既取得了一些舉世矚目，足以令後世稱道的史學成就，但也有過一些挫折和教訓。〔註 23〕而史學思潮的發展與變化又與一定時期的社會思潮發展變化息息相關。由是總結當代史學思潮發展過程中的經驗教訓，正確處理史家與史學的關係，特別是馬克思主義史家在新時期史學思潮發展變化中的地位和作用，就顯得特別重要。這也正是寫作此課題的另一重要初衷之一，即既是對中國共產黨九十週年的一種尊敬與紀念，亦是對我們的老一輩馬克思主義史家在史學思潮特別是新時期史學成績取得的一種贊許與肯定。〔註 24〕

　　寫作新時期史學思潮的緣起之三是如何更好的將對馬克思主義史家與史學思潮的研究二者之間更好地結合起來。新時期以來馬克思主義史學可謂是發展迅速，碩果頗豐，培養出了一大批優秀的新時代的馬克思主義史學家。這正如瞿林東先生所指出的那樣，經過十年「文革」之後，特別是改革開放以來，「中國歷史學步入新的時期，中國史學也得以走上健康發展的大道」〔註 25〕。而步入 21 世紀之後，則又如戴逸先生所強調的那樣：「馬克思

〔註 23〕 有關 20 世紀以來尤其是改革開放以來的馬克思主義史學的發展成就與經驗教訓，姜義華、武克全主編《二十世紀中國社會科學（歷史學卷）》，劉新成主編《歷史學百年》，李文海、龔書鐸主編《關於歷史學理　論的學術論辯（歷史學卷）》，白壽彝《60 年來中國史學的發展》，林甘泉《20 世紀的中國歷史學》，瞿林東《20 世紀的中國史學》，戴逸《世紀之交中國歷史學的回顧和展望》，王學典《近 50 年的中國歷史學》等諸多著作和論文頗可資鑑。

〔註 24〕 近二十年來我國馬克思主義史家的研究，「其研究的方向和範圍主要體現在對馬克思主義史家的個體研究、群體研究以及對一些在世的馬克思主義史家口述史研究三個方面。」而個體研究的重點則逐漸從對李大釗、郭沫若、翦伯贊等老一輩一流的馬克思主義史家到向一般馬克思主義史家重心研究的轉移。可參見：范國強：《回顧與前瞻：20 世紀 90 年代以來我國馬克思主義史家研究述論》載《北京黨史》，2010 年第 6 期。

〔註 25〕 參看瞿林東：《二十世紀的中國史學（下）》，《歷史教學》，2000 年第 5 期。瞿

主義是新世紀指導史學研究的理論武器」，它「給我們提供研究的立場、觀點、方法，使主觀認識更加符合歷史實際」〔註26〕。新時期以來，我們的一些史家亦在努力探尋作爲一個整體的馬克思主義史家在史學上的創新與貢獻，如朱政惠《馬克思主義史學在中國的傳承與發展》（《歷史教學問題》，2006 年第 6 期），張越《新時期以來中國馬克思主義史學的新發展》（《天津社會科學》，2007 年第 4 期），張劍平《中國馬克思主義史學研究》第二章「馬克思主義史家與中國歷史學的發展」（人民出版社，北京，2009 年），徐國利、陳永霞《中國馬克思主義史家論文史關係》（《史學理論研究》，2008 年第 4 期），陳其泰、張愛芳《馬克思主義史家論歷史編撰》（《東嶽論叢》，2008 年第 2 期）等不一而足。然而，如何將對馬克思主義史家與史學思潮的關係更好的結合起來進行研究，我們今天的已有的史學成果似並不很多。比較有代表性的僅有蔣大椿先生的《當代中國史學思潮與馬克思主義歷史觀的發展》（《歷史研究》，2001 年第 4 期），侯雲灝《馬克思史學的發展與新時期史學思潮》（《史學月刊》，2002 年第 6 期）等諸多論文。因此，在我們看來這也是我們今天所要努力的方向和目標所在。同時，需要著重指出的是：本書中所強調的馬克思主義史家，並非僅指我國傳統意義上的馬克思主義史家。即他們是以重視生產力與經濟因素、強調階級鬥爭的研究方法、農民起義以及強調人民群眾在歷史發展中等方面的作用爲其主要特徵的。而是更加強調了一種宏觀意義、廣泛意義、現代意義、主體意義上的史家群體概念。即當代的中國馬克思主義史家應是一個堅持唯物史觀在歷史研究中的指導地位，重視探索歷史發展的規律性和歷史學的社會功用的雙重特性，注意到歷史研究方法的多樣性，反對虛無主義等各種非馬克思主義史學的衝擊與挑戰，注重建設具有中國特色、中國作風、中國氣派的馬克思主義史學的史家群體。

　　寫作新時期史學思潮的緣起之四則是對當代馬克思主義史學思想史研究的一種新的嘗試。吳懷祺先生在其《史學理論與史學史研究》一書中指出要注意史學思想史與史學思潮關係之間的研究。他認爲：「要注意研究時代的史學思潮。其中有大史學家的思想，也有其它史學家在歷史作品中體現的共識。

　　　　林東先生在這篇文章中還認爲，當代史學思潮主要分爲三大潮流：即新歷史
　　　　考證學思潮，當代新史學思潮以及馬克思主義史學思潮。而馬克思主義史學
　　　　思潮依然是中國當代史學前進發展中的主流。
〔註26〕戴逸：《世紀之交中國歷史學的回顧與展望》，《歷史研究》，1998 年第 6 期。

這些方方面面思想彙成一種史學思想的趨向，即史學思潮」，同時「對史學思想的研究應當是動態的研究。一個時代的史學思潮是在不斷變化中，一個史學家的思想也會發生變化。」〔註27〕由是我們可以看到，在吳懷祺先生看來，史學思想史的研究對史學思潮研究的重要性，二者是一種被包含與包含的關係。但是現實的史學研究現狀卻並非十分令我們樂觀。于沛先生在其《馬克思主義史學思想史研究芻議》一文中指出：「馬克思主義史學思想史研究，是當代中國史學理論研究的重要內容。近年這方面的研究受到我國史學工作者的廣泛重視，但是，從整體上看，我們的研究還嫌薄弱，例如，改革開放已經 30 年了，新中國成立近 60 年了，還沒有一部系統研究中外馬克思主義史學思想史的學術專著問世。」〔註 28〕而史學思想的展現，莫過於史家在社會思潮與史學思潮影響下的個人選擇與史家群體的史學治學道路的整體選擇。所以，探討新時期史學思潮的演進及其內部規律，把握史家尤其是馬克思主義史家史學思想的發生發展的變化軌跡，探尋馬克思主義史家群體在新時期內部的分離趨合與史學思潮的關係研究便顯得尤為重要了。

四、撰述旨趣

從寫作時間來看，本書在寫作上上起「文革」後史學界對什麼是真正馬克思主義史學的追尋，下訖 21 世紀最初的 10 年來史學傳播過程中史學通俗化熱潮的討論。橫向跨越了「文革」後特別是改革開放以來三十餘年大陸史學思潮的衍變與發展軌跡。力求通過對八個不同時間段的史學思潮的研究與探討，能夠從宏觀上展現出新時期史學思潮演變過程中其深邃的內質與其波瀾壯闊的歷史畫面。而中國大陸幾代馬克思主義史家的精心努力，前赴後繼，繼承創新，在 20 世紀 80、90 年代的歷史與學術選擇特別是中國新生代史家在繼承老一輩馬克思主義史家史學遺產的前提下，能夠擔當起當代中國史學界的脊梁，創造出具有中國特色，中國作風，中國氣派的馬克思主義史學，則是這幅當代歷史學畫卷能夠完美呈現在我們面前的最重要的原因之所在，亦是作者所力求打造的寫作創新點之一。

從寫作內容來看，本書大致勾勒了新時期以來的八個主要史學思潮的發

〔註27〕吳懷祺：《史學理論與史學史研究》，福州，福建人民出版社，2006 年版，第 96 頁。

〔註28〕于沛：《馬克思主義史學思想史研究芻議》，《江海學刊》，2008 年第 4 期。

生、發展、演變的軌跡，試圖以這八個史學思潮的順序發生爲線而連成一條新時期史學思潮的發展主線。同時，對於史學思潮發生發展的動態承擔者——即馬克思主義史家，則是刻意重點敘述的中心，特別強調馬克思主義史家與非馬克思主義史家在歷史虛無主義方向上的矛盾以及馬克思主義史家內部之間的三對矛盾：即老一輩馬克思主義史學家之間在對馬克思主義史學理論的理解以及史學關係上的矛盾、老一輩馬克思主義史家與其新生代史學家之間在史學危機以及如何實現史學創新上的矛盾和新生代史學家之間在推動馬克思主義史學發展過程中如何更有效實現歷史傳播與歷史書寫上的三對矛盾。而以探討馬克思主義史家在新時期史學思潮中的地位和作用爲中心，釐清這些史家內部的矛盾關係的脈絡，把握史家之間進行論辯分歧的實質以及理性看待在這些論辯基礎上中國史學思潮在前進發展中的問題和趨向這是本著作所要解決的第二個問題，也是我們所認爲的本書的第二個創新點之所在。而我們得出的結論則是在諸多史學思潮的遞進和嬗變下，中國的馬克思主義史家逐漸實踐了由重視歷史學的學術價值到社會價值的轉變，即由 20 世紀 80、90 年代歷史闡釋與歷史考證的相互角力爲主要體現的馬克思主義史學到 21 世紀開始逐漸重視歷史學的書寫與傳播，即歷史學的通俗化和大眾化過程的出現。

　　從寫作意義來看，本書的寫作正是力圖回答寫作緣起中的四個問題，即以新時期八個史學思潮爲中心，力圖展現出史學思潮的發動者與承擔者——新時期馬克思主義史家在新時期社會思潮與學術思潮雙重衝擊之下史學思想的發生演變與正面回應，同時試圖彌補史學界在新時期史學思潮研究中過於注重 20 世紀 80、90 年代的史學思潮的研究，對於 20 世紀末特別是新世紀以來史學思潮的研究重視不夠的缺憾。我們還希冀於通過本書，從宏觀與微觀相結合的角度全景式的展現出新時期史學思潮發展演變的一次嘗試。同時，2011 年是中國共產黨誕辰 90 週年，這本小書的寫作，亦算是作者對老一輩馬克思主義史家的一種尊敬與紀念吧！

第一章　思想歸元：「回到馬克思主義」 史學思潮的興起

　　1976 年 10 月，江青等「四人幫」一夥被徹底粉碎，動亂十年的「文化大革命」終於結束。此時，一大批老一輩的馬克思主義史學家如黎澍、劉大年、白壽彝等人再次走向了史學界的最前沿，他們在對「四人幫」及其御用文人「梁效」、「羅思鼎」等進行政治批判與學術批判的同時，亦在積極組織並恢復已經中斷已久的史學組織與史學活動，尤其是在 1978 年學術界開展關於眞理標準問題的討論以及中國共產黨十一屆三中全會的召開的大好時代背景下，我國的馬克思主義史家不僅很好地完成了時代交與他們的「撥亂反正」的歷史任務，並進一步進行史學反思，在對「文革」時期「影射史學」〔註1〕進行徹底的學術批判的基礎上，亦在思考什麼是眞正的馬克思主義史學，如何建設、發展中國自己的馬克思主義史學等一系列對中國的歷史學來講最根本最關鍵最主要的問題。

第一節　撥亂反正：「回到馬克思主義」史學思潮的肇起與發端

　　「文革」結束後，中國史學界便面臨著肅清「四人幫」的封建遺毒，恢

〔註 1〕 路新生先生認爲：「『影射史學』是在『文化大革命』中形成的一股反動史學思潮。它是在『四人幫』一夥打著『批孔』、『批儒』和『研究儒法鬥爭的歷史經驗』的幌子下出籠的。」參見曹維勁、魏承思主編：《中國 80 年代人文主義思潮》，上海，學林出版社，1992 年版，第 568 頁。

復那些因長期「左傾」錯誤而被批判被打倒的老一輩馬克思主義史家的榮譽和地位以及重建中國歷史學的機構和秩序，使中國史學界恢復往日的青春與活力等一系列艱巨的任務。這正如黎澍先生所講：「『文化大革命』的結束使人們彷彿從一場非常難熬的噩夢中醒來。」〔註2〕此後，剛從噩夢中醒來的我國的馬克思主義史學家們開始了對禁錮中國史學發展十年之久的「影射史學」進行了大規模的政治性與學術性批判，中國史學界也因此進入了一個全面撥亂反正的新時期。

黎澍先生被稱之爲「新時期學術界的思想教父」，「批判封建主義殘餘的啓蒙者」，在20世紀70年代末80年代初撥亂反正的歷史時期他所領導的《歷史研究》「一時成爲戰鬥性最強、科學性最高、學術性最深的刊物。黎澍指揮著《歷史研究》，帶動著史學界，衝破一個又一個禁區，爲探討眞理作了不可磨滅的貢獻……」〔註3〕而他在這一時期所發表的《「四人幫」對中國歷史學的大破壞——評所謂研究儒法鬥爭史的騙局》、《論「四人幫」的封建專制主義》、《消滅封建殘餘思想是中國現代化的重要條件》等文章無一不擊中了「四人幫」的要害及其反動本質，同時也啓迪了一大批新時期成長起來的年輕馬克思主義史家，其對中國思想界與史學界的思想啓蒙之功，不可磨滅。同時這一時期如李侃、田居儉、林甘泉、丁偉志、羅爾綱、劉澤華等諸先生亦紛紛以《歷史研究》爲陣地，對「影射史學」的近代儒法鬥爭論、「梁效」的種種反動言論、「四人幫」的反動嘴臉以及其所謂的「史學革命」等歪理邪說進行了充分的抨擊與批判〔註4〕。

同時，中國社會科學院歷史研究所編著的《歷史的記錄——「四人幫」的影射史學與篡黨奪權陰謀》，陳智超、何齡修諸先生編著的《歷史的審判

〔註2〕 黎澍：《記湖南〈觀察日報〉》《崢嶸歲月》（第5集），長沙，湖南人民出版社，1984年版，第183頁。

〔註3〕 王學典編，黎澍著：《歷史文化‧前言》，重慶，重慶出版社，2001年版，第1～2頁。

〔註4〕 幾位先生此時所發表在《歷史研究》上反對「四人幫」批判「影射史學」的文章如李侃《中國近代「儒法鬥爭」駁議》，1977年第3期；田居儉《助「幫」爲虐的「諸葛亮研究」——評「梁效」某教授的〈諸葛亮和法家路線〉》，1978年第4期；林甘泉《論秦始皇——兼評「四人幫」的唯心史觀》，1978年第4期；丁偉志《「四人幫」是歷史學科的敵人》，1978年第6期；羅爾綱《對「四人幫」的歷史學界「一片黑暗」論的有力批駁——建國以來十七年間太平天國工作的成就》，1978年第7期；劉澤華《砸碎枷鎖解放史學——評「四人幫」的所謂「史學革命」》等。

——「四人幫」影射史學剖析》等馬克思主義史家集體創作的著作亦在一定程度上體現了這一時期對「影射史學」大批判過程中所取得的階段性成果。前書主要取材於「梁效」，「羅思鼎」等「四人幫」御用文人集團的言論和文章，列舉其「利用歷史反黨的言論和陰謀活動」，「『四人幫』隨心所欲地歪曲史料、偽造歷史舉例」，並專題摘編「四人幫」在史學領域的種種反對馬克思主義的謬論，「揭發影射史學的反動理論體系」，作者希望「這本書能夠有助於讀者從政治上、理論上、史實上認識『四人幫』影射史學的全貌……肅清其流毒和影響」〔註5〕。後書則是陳智超、何齡修諸先生在全國對「四人幫」的批判熱潮由政治批判轉向學術批判後，「試圖從政治上、理論上對『影射史學』進行一次比較系統的清算」〔註6〕的初步成果，書後還附有「四人幫」寫作班子筆名表，「四人幫」影射史學毒草文章目錄等，對我們更加深入地瞭解「影射史學」的流毒及其危害，頗可資鑒。

　　在對「四人幫」及其御用文人進行政治批判與學術批判的同時，解放馬克思主義史家，保障他們最基本的史學研究的自由和政治經濟地位。尤其是為那些因1958年「史學革命」以及「四人幫」的御用文人錯誤打倒的馬克思主義史家早日恢復聲譽和地位，則成了中國史學界撥亂反正時期的又一重要任務。而此時，黨和國家領導人的一系列講話以及為翦伯贊先生等老一輩馬克思主義史學家恢復名譽等重要舉措則顯示了中國歷史學的春天正在悄悄地向我們走近。

　　1977年5月，鄧小平「『兩個凡是』不符合馬克思主義」〔註7〕的斷語為糾正「文革」前後我們黨在史學等領域所犯的錯誤提供了前提和保證。同月，小平在同中央兩位領導同志的談話中又指出要：「尊重知識，尊重人才。要反對不尊重知識分子的錯誤思想。」〔註8〕同年8月，在科學和教育工作座談會上，小平同志進一步重申要「尊重勞動，尊重人才」〔註9〕，在新中國成立後17年中，「絕大多數知識分子，不管是科學工作者還是教育工作者」，「主導方

〔註5〕　中國社會科學院歷史研究所：《歷史的記錄——「四人幫」的影射史學與篡黨奪權陰謀‧前言》，北京，北京出版社，1978年版，第2頁。

〔註6〕　陳智超等：《歷史的審判——「四人幫」影射史學剖析‧前言》，北京，中國社會科學出版社，1979年版，第1頁。

〔註7〕　鄧小平：《鄧小平文選》（第2卷），北京，人民出版社，1994年版，第38頁。

〔註8〕　鄧小平：《鄧小平文選》（第2卷），北京，人民出版社，1994年版，第41頁。

〔註9〕　鄧小平：《鄧小平文選》（第2卷），北京，人民出版社，1994年版，第50頁。

面是紅線，應當肯定」〔註 10〕。對於知識分子的世界觀問題，小平指出，「我國的知識分子絕大多數是自覺自願爲社會主義服務的」，同時，對於知識分子的待遇問題，小平還特別強調：「對知識分子除了精神上的鼓勵，還要採取其它一些鼓勵措施，包括改善他們的物質待遇……這不僅是科學界、教育界的問題，而且是整個國家的重大政策問題。」〔註 11〕對於新時期的學風問題，1978 年 3 月，小平同志也在全國科學大會開幕式上指出：「對於學術上的不同意見，必需堅持百家爭鳴的方針，展開自由的討論。」〔註 12〕同年，全國開展關於眞理標準問題大討論以及黨的十一屆三中全會確定「解放思想，開動腦筋，實事求是，團結一致向前看」的思想路線後，作爲國家重要領導人的小平同志又在許多不同的場合談到我們黨的思想路線以及我們黨和國家對學術界所一貫提倡的應該堅持「百花齊放、百家爭鳴」的雙百方針。

在黨和政府對史學界的積極支持和鼓勵下，爲以翦伯贊等爲代表的被戚本禹、「梁效」等人所迫害的老一輩馬克思主義史學家恢復名譽和地位的聲音愈來愈高。1978 年，茅家琦在《南京大學學報》上撰文指出，「文革」前夕翦伯贊所作的《關於史學研究中的幾個問題》一文中的基本觀點是正確的，「應該爲這篇文章恢復名譽」〔註 13〕，李洪林與李學昆等人亦在《歷史研究》上發表文章，對戚本禹等人對於強加在翦伯贊頭上的「反對階級鬥爭觀點，污蔑農民革命，歌頌帝王將相，宣揚讓步政策，反對以論帶史，反對古爲今用」〔註 14〕等種種不實之詞一一加以駁斥。並特別強調：「戚本禹對翦伯贊同志的批判，不只是對翦伯贊同志的個人打擊迫害，也是對馬克思主義歷史科學的猖狂進攻。戚本禹在這些批判中販賣的形而上學唯心史觀，實際上成了後來『四人幫』大搞反革命『影射史學』的理論依據。」〔註 15〕很明顯，此時史學界藉以爲翦伯贊等人恢復名譽和地位爲契機，實際上也是對十年來的「影射史學」甚至是對「影射史學」的源頭，「文革」前戚本禹等人所搞的所謂「史

〔註 10〕 鄧小平：《鄧小平文選》（第 2 卷），北京，人民出版社，1994 年版，第 49 頁。
〔註 11〕 鄧小平：《鄧小平文選》（第 2 卷），北京，人民出版社，1994 年版，第 51 頁。
〔註 12〕 鄧小平：《鄧小平文選》（第 2 卷），北京，人民出版社，1994 年版，第 51 頁。
〔註 13〕 茅家琦：《應該替翦伯贊同志 1962 年 5 月在南京的一次學術報告恢復名譽》，《南京大學學報》，1978 年第 4 期。
〔註 14〕 李洪林：《翦伯贊同志十年祭——駁戚本禹對翦伯贊同志的誣陷》，《歷史研究》，1978 年第 9 期。
〔註 15〕 李學昆：《扼殺歷史科學的惡霸行徑——再駁戚本禹對翦伯贊同志的誣陷》，《歷史研究》，1978 年第 10 期。

學革命」等行爲的反思和批判。十一屆三中全會後，老一輩馬克思主義史家如呂振羽、鄧拓，吳晗、華崗等先生的冤案逐一得以平反，而作爲「文革」前史學界中流砥柱的翦伯贊先生的冤案亦在 1978 年 9 月 2 日得以昭雪，1979 年 2 月，翦伯贊的追悼會在北京八寶山革命公墓舉行。代表一個歷史符號的學界偉人能夠得到黨和國家的重新肯定，亦代表著中國史學界「撥亂反正」又一個偉大時期的成就吧！

　　另一方面，已經在「文革」後獲得解放的那些馬克思主義史學家，此時不僅對黨和國家沒有絲毫的怨言和不滿，反而更加堅信了對馬克思主義的信仰並自覺地積極投入到自己的學術研究以及中國史學界的秩序恢復活動中。如胡如雷先生就說到，時代賦予歷史學家的中心使命，就是「運用馬克思主義的辯證唯物主義和歷史唯物主義的基本理論研究歷史，當今的史學工作者首先在這方面力爭有所作爲。這一使命的出現不是任意的，而是有其必然性的」〔註16〕。周谷城先生 1979 年也撰文指出：「在這繼往開來的大轉變時，中國的史學工作者也決不能停滯不前，也要把工作轉移到社會主義建設上來，爲中國自己的四個現代化服務」，〔註17〕同時還身體力行，積極獻言獻策，希望「加強中國通史與世界通史的教學」，「教學、科研、著作，可分別，但不能分離」〔註18〕以及實行學分制等諸多合理化的建議。

　　具體到史學組織的恢復與史學活動的再起步上，各地的歷史學會在 1978，1979 兩年紛紛得以重新恢復，且各地歷史學會的組織者和領導者也仍是那些年高德劭、著作等身的老一輩史學大家。如周谷城、鄭天挺、史念海、韓儒林、唐長孺等人。一些歷史學會的分支機構如中國考古學會、中國民族研究學會、中國歷史文獻研究會等也先後於 1979 年前後在夏鼐、牙含章、張舜徽諸先生的領導下宣告成立且發展十分迅速。同時，除《歷史研究》外，《歷史教學》、《近代史資料》等一些在新中國成立後就存在的史學期刊得以恢復再刊，而一些新的歷史學類的學術刊物，如《中國史研究》、《近代史研究》、《中國史研究動態》等也應時代的需要開始創辦編輯，並很快成爲史學界並在世界上產生一定影響的重要史學類核心刊物。除以上諸方面以外，一大批史學類著作也得以在 1978 年以後的幾年間得以出版發行。如按 1979 年《中

〔註16〕 胡如雷：《時代賦予歷史學家的中心使命》，《光明日報》，1982 年 2 月 1 日。
〔註17〕 周谷城：《繼往開來的史學工作》，《中國史研究》，1979 年第 3 期。
〔註18〕 周谷城：《辦好歷史系的幾點意見》，《高校理論戰線》，1982 年第 4 期。

國歷史學年鑒》中國史書籍出版計劃：人民出版社、三聯書店 1985 年以前計
劃出版通史類、斷代史類、專題類、論文集類、黨史類五大史學類書籍，此
外「還組織編寫《鄧中夏傳》、《向警予傳》、《惲代英傳》、《張太雷傳》等黨
史人物傳記，並計劃出版一批革命回憶錄」。〔註 19〕最重要的是全國性的史學
機構中國史學會的重新建立、1979 年中國歷史學規劃會議在成都的勝利召開
以及在此次會議上所引發的關於中國歷史學發展動力的再討論，標誌著中國
歷史學「撥亂反正」的任務已經取得了一定實質性的勝利，中國史學界在對
馬克思主義史學道路的追尋上由外在的史學組織史學活動的常態恢復逐步轉
移到了對其自身自在理論上的追尋。即對馬克思主義自身基本理論問題的討
論漸成史學界一新熱潮。

第二節　內在理路：對馬克思主義自身基本理論問題的再認識

　　經過「文革」之後史家在「撥亂反正」上的不懈努力，到 1979 年，中國
史學界在不斷調整和恢復的同時，逐步進入到了一個新的復蘇階段，即由外
化到內省，由單純的政治批判、學術批判轉向對馬克思主義史學理論的訴求
與中國史學理論的學科建設上。這正如黎澍先生所言：「歷史學界在思想解放
運動中一個最重要的收穫，就是擺脫了現代迷信、教條主義和實用主義的精
神枷鎖，逐步回到了馬克思主義的軌道。」〔註 20〕而這種回歸正是通過對歷
史發展的動力的討論、對歷史創造者的討論以及對歷史發展模式和道路的爭
鳴等諸多學術論辯逐漸完成和實現的。

一、對歷史發展動力的討論

　　歷史發展動力問題，是馬克思主義理論中非常重要的一個命題。推動歷
史發展的動因極多，不能一概而論。但在受極「左」思潮影響的那個年代，
一些左傾史家因為毛澤東同志在《中國革命與中國共產黨》一文中曾講道：「在

〔註 19〕　《中國歷史學年鑒》編輯組：《中國歷史學年鑒》（1979），人民出版社，北京，
　　　　　1981 年版，第 299～300 頁。
〔註 20〕　黎澍：《一九七九年的中國歷史學》，《中國歷史學年鑒》（1979），人民出版社，
　　　　　1981 年版，第 4 頁。

中國封建社會裏，只有這種農民的階級鬥爭，農民的起義和農民的戰爭，才
是歷史發展的真正動力。」〔註21〕便以此作為金科玉律，尚方寶劍，階級鬥
爭與農民起義在歷史發展中的作用被一些「左傾」的史學家過多的強調，甚
至達到藉以否定歷史主義和生產力以及生產關係等馬克思主義基本原理和基
本指導思想的地步。到「四人幫」橫行的時期，馬克思主義的階級鬥爭學說
更是被徹底歪曲，當作了歷史發展動力的代名詞。因此，「文革」後，對歷史
發展動力問題的討論也便成了回歸馬克思主義思潮中內在訴求的必然。

　　1979 年初，胡喬木在中宣部的一次會議講話中就已開始質疑：「階級鬥爭
對社會前進究竟起什麼作用？生產鬥爭、社會實踐是不是也推動社會前進？
生產鬥爭與階級鬥爭的關係如何？」〔註22〕3 月，戴逸、劉澤華、王連升、王
戎笙諸先生在成都召開的「中國歷史學規劃會議」上，對「文革」時期的「階
級鬥爭動力說」提出了強有力地挑戰。戴逸先生說道：「在階級社會裏，階級
鬥爭也是推動社會歷史前進的偉大動力。但只有聯繫生產才能表現出它的推
動作用」，「推動社會歷史前進的直接的主要動力是生產鬥爭」。〔註23〕劉澤
華、王連升先生也認為：「生產鬥爭是一種普照的光，是歷史發展的根本動力，
是一切歷史變革的終極原因」，並進一步指出：「從歷史的總過程看，生產鬥
爭決定著階級鬥爭」〔註24〕王戎笙先生的發言也與諸先生相和，並講道：「即
使在階級社會裏，階級鬥爭也不是社會發展的唯一動力。」〔註25〕

　　一石激起千層浪。戴逸諸先生的觀點與主張無疑極大地激發了學術界對
歷史發展動力問題的興趣與討論，於是一時間千帆競逐，論爭紛紛。據梁友
堯、謝寶耿與肖黎先生分別統計，前者將 1979 年至 1980 年間有關歷史發展
動力的討論總結為 13 種學說，後者則將 1979 年至 1982 年的討論分為 7 家。
這其中又有生產力說、生產力與階級鬥爭說、生產方式說、人民群眾說、合

〔註21〕毛澤東：《毛澤東選集》（第 2 卷），北京，人民出版社，1991 年版，第 625
　　　　頁。

〔註22〕中共中央文獻研究室：《三中全會以來重要文獻選編》（上冊）：北京，人民出
　　　　版社，1991 年版，第 40 頁。

〔註23〕戴逸：《關於歷史研究中階級鬥爭理論問題的幾點看法》，《社會科學研究》，
　　　　1979 年第 2 期。

〔註24〕劉澤華、王連升：《關於歷史發展的動力問題》，《教學與研究》，1979 年第 2
　　　　期。

〔註25〕王戎笙：《只有農民戰爭才是封建社會發展的唯一動力嗎》，《歷史研究》，1979
　　　　年第 4 期。

力說等諸般學說，可謂爭鳴紛紛，精彩非常。各地的高校、歷史學會亦紛紛召開歷史動力學術研討會，《歷史研究》、《光明日報》等學術期刊和報紙還闢有專欄供學人討論這一爭鳴話題，這也進一步將這一學術討論推向高潮，一時繁盛無兩。今日我們重新審視這時的這一學術討論熱潮，我們不得不爲參與這場討論的老一輩馬克思主義史學家的創造精神和旺盛的學術鬥志所折服。同時，這一論辯也從思想上徹底糾正了「文革」以來以「階級鬥爭爲綱」的錯誤路線在史學領域範圍內的影響。在充分承認馬克思主義階級鬥爭學說的前提下開始反思生產力、生產關係等這些非階級因素在推動歷史前進過程中的眞正地位和作用。同時即便如劉大年、朱紹侯等堅定擁護階級鬥爭是歷史發展動力的馬克思主義史家，其觀點也與「文革」時期及「文革」以前的階級鬥爭動力說有著本質的區別。如劉大年先生在論及生產力與階級鬥爭在歷史前進中的地位、作用問題時就強調：「人類社會發展前進，歸根到底，決定於生產力發展前進…但在階級社會裏，生產力推動歷史前進則表現爲生產關係一定要適合生產力性質，表現爲生產力與生產關係的矛盾，階級鬥爭。」〔註26〕朱紹侯先生則說道：「什麼叫歷史發展的動力？我認爲它指的是，當歷史發展，主要是生產力的發展，受到生產關係和上層建築的阻礙和窒息時，必須有一種力量突破這種阻力，給社會發展，生產力的發展開闢道路。這種力量，在階級社會就是階級鬥爭以及它的最高形式革命戰爭。」〔註27〕

因此，我們可以這樣說，從一定意義上講，20 世紀 70 年代末開始的這場歷史發展動力的論辯已經使我們的史學界逐漸開始重新考慮究竟什麼樣的歷史觀才是科學的歷史觀，什麼樣的歷史學才是眞正的符合中國國情的馬克思主義歷史學的時候了。從這一點來看，歷史發展動力的學術爭鳴在當時的中國史學界來講，「這是一個巨大的理論問題」〔註28〕了。1981 年之後，歷史發展動力的學術論辯熱潮逐漸停歇，但一些新的歷史動力觀卻也不時湧現。〔註29〕當

〔註26〕劉大年：《關於歷史前進的動力問題》，《中國近代史研究》，1979 年第 1 期。
〔註27〕朱紹侯：《關於歷史發展動力和農民戰爭作用問題》，《河南師大學報》，1980 年第 1 期。
〔註28〕蘇雙碧：《關於歷史發展動力問題的討論》，《中國歷史學年鑒》（1979 年），北京，人民出版社，1981 年版，第 61 頁。
〔註29〕據牛潤珍先生總結，自 1979 年到 2000 年關於歷史發展動力的討論的主要觀點有 17 種之多。即階級鬥爭說、生產力說、生產鬥爭說、生產力內部矛盾運動說、生產鬥爭與階級鬥爭說、生產方式說、社會基本矛盾說、合力說、人民群眾說、物質利益說、人的欲望說、客觀的社會需要說、科學技術說、民

然，這時的歷史動力觀已經不在拘泥於對階級鬥爭動力觀的反動，而是進入歷史學理論的學科理性探究的另一學術層面了。

二、對「歷史創造者問題」的爭鳴

　　在學術界對歷史發展動力的問題展開轟轟烈烈的學術大討論的同時，在全國開展「實踐是檢驗真理的唯一標準」的大討論和我們黨重新確立「解放思想，實事求是」思想路線的精神鼓舞下，學術界也開始了對「歷史創造者問題」的學術爭鳴。1979 年，楊英銳、楊甘霖發表文章《關於一個歷史觀問題的探討》，此文原是爲探討什麼是推動歷史發展的動力問題而出現的，但作者在文中卻引出了對改革開放前似已成定論的奴隸創造歷史觀的質疑與論辯。如其所言：「本文從創造歷史的角度討論歷史觀問題。試圖證明人類歷史是現實人類創造的；『奴隸創造歷史』論和『英雄創造歷史』論是兩種二元論歷史觀的對立。」〔註 30〕很快，余霖、安延明發表文章《歷史是整個人類創造的——「奴隸創造歷史論」質疑》，也認爲：「『英雄』與『群眾』的對立論不是歷史唯物主義的理論」，「『英雄論』必須繼續批判，『奴隸論』應當克服。」〔註 31〕此後，張侯眞和韓楷等人亦分別在 1980 年 6 月 5 日的《文匯報》上發表文章《「歷史是整個人類創造的」符合歷史事實》和《應當把「創造歷史」和推動「歷史前進」區別開來》等文章，亦附和楊英銳、余霖等人的觀點和主張。由於以上諸多學者的的共同努力，學術界對「歷史創造者問題」的討論逐漸在學術界擴展開來。

　　1983 年，蔣大椿先生發表《唯物史觀與歷史研究》一文，文中認爲：「『人民群眾是歷史的主人』這種提法在馬克思的著作裏是沒有依據的。其它革命導師的著作，似乎也不見這樣的提法。」〔註 32〕對於「人民群眾是歷史創造者」的命題，蔣大椿先生也在文中提出了質疑，講道：「馬克思堅決反對和批

　　族鬥爭與民族融合說、惡是歷史發展動力、社會改革說、人力說等。參加牛潤珍：《關於歷史學理論的學術論辯》，南昌，百花洲文藝出版社，2004 年版，第 63 至 78 頁。

〔註30〕楊英銳、楊甘霖：《關於一個歷史觀問題的探討》，《國內哲學動態》，1979 年第 4 期。

〔註31〕余霖、安延明：《歷史是整個人類創造的——「奴隸創造歷史論」質疑》，《文匯報》，1980 年 4 月 25 日。

〔註32〕蔣大椿：《唯物史觀與歷史研究》，《近代史研究》，1983 年第 2 期。

駁英雄史觀，但從來沒有講過只有人民群眾才創造了歷史。」〔註33〕第二年，黎澍先生在《歷史研究》發表《論歷史的創造及其它》，結合馬恩的有關論述，對蔣大椿先生提出的兩個命題又進一步系統地加以論述，認爲「把一切歷史都歸之於人民群眾的創造，很難說得通」且「用歷史的主人這樣的概念來概括歷史上人民群眾的地位，不能不使人感到距離事實太遠」。〔註34〕

蔣、黎二先生的文章一出，輿論大嘩，一時之間附和者有之，反對者有之，學術界也隨之出現了新一輪的論辯高峰。如吳江先生在《歷史研究》上發文認爲其：「實乃語出有因，雖不夠確切，卻非謬見。評論一下可以，過分苛責則不必。」〔註35〕蔣大椿先生撰文對黎澍先生的觀點表示支持，他對「關於歷史創造者」的學術觀點進行進一步地評析，並認爲：「從歷史科學的角度看，只有人民群眾是歷史創造者的提法不全面。」〔註36〕

但在另一方面，艾力農在《理論月刊》上發表文章《人民群眾是歷史的創造者——與黎澍同志商榷》一文，對黎澍的觀點表示質疑，堅信：「『人民群眾是歷史的創造者』這個命題和『人民群眾是歷史的主人』這個命題一樣，它的提出是有一定歷史理由的。在中國也有其自己的歷史，並不一定是從蘇聯抄襲過來的。」〔註37〕方文先生與春陽等諸先生也先後撰文，對蔣、黎二先生的觀點表示異議，在他們看來：「人民創造歷史的觀點，是對社會發展實際過程的科學概括，也是歷史唯物主義理論體系的有機組成部分。它是從社會存在決定社會意識，生產方式是社會發展的決定力量等基本原理中自然引申出來的科學結論」，〔註38〕馬、恩、列雖沒有直接提出「人民群眾是歷史創造者」這一觀點，但都間接有這種思想和類似提法，並認爲，「後人根據馬恩思想而概括的『人民群眾是歷史的創造者』，正是從維持社會生存，促進社會前進這個根本意義上揭示人民群眾創造歷史的決定作用。」〔註39〕

〔註33〕 蔣大椿：《唯物史觀與歷史研究》，《近代史研究》，1983 年第 2 期。

〔註34〕 黎澍：《論歷史的創造及其它》，《歷史研究》，1984 年第 4 期。

〔註35〕 吳江：《〈關於論歷史的創造及其它的信〉——致黎澍同志》，《歷史研究》，1985 年第 6 期。

〔註36〕 蔣大椿：《關於歷史創造者的理論考察》，《世界歷史》，1985 年第 6 期。

〔註37〕 艾力農：《人民群眾是歷史的創造者——與黎澍同志商榷》，《理論月刊》，1985 年第 6 期。

〔註38〕 方文：《堅持人民創造歷史的科學原理》，《理論月刊》，1985 年第 7 期。

〔註39〕 春陽：《也談馬列主義關於歷史的創造者的提法》，《北京大學學報》，1985 年第 6 期。

　　面對不同的論辯聲音，黎澍先生對於自己的觀點進一步加以反思，又於 1986 年發表了《再論歷史的創造及其它》，他說道：「反問的結果，我認爲可以作出一個判斷：『人民群眾是歷史的創造者』觀點完全錯誤，不僅有轉述中產生的錯誤，而且最初提出這個命題的邏輯推理也是錯誤的，不值得苦心加以維護了。」〔註40〕黎澍的這篇自辯型的文章也可以說將這次「歷史創造者」的學術論辯推到了一個新的高度。此後，學術界對該問題的論辯又有所發展，到 1989 年時達到了論辯的最高潮。〔註41〕但此時的學術界對此問題的探討更趨理性，並試圖從多種角度來探討這一馬克思主義史學內部的學術命題，雖至今都沒有一致的結論，但卻使學術界對「歷史創造者」的理解更加透徹，更加深刻，對「文革」後馬克思主義史家如何更好地認識馬克思主義來看，無疑也是一種很好的促進與昇華。

三、對歷史發展道路的多樣性與「五種生產方式」問題的熱議

　　1938 年，斯大林在《論辯證唯物主義和歷史唯物主義》一書中提出：「歷史上有五種基本類型的生產關係：原始公社制的、奴隸佔有制的、封建制的、資本主義的、社會主義的。」〔註42〕新中國成立以後，史學界曾有過對中國古代歷史分期以及亞細亞生產方式的學術論辯熱潮。學者們各抒己見，論辯紛呈。但立論的依據和源頭都是立足於斯大林的「五種生產方式說」。但是，這一「五種生產方式」說是否就符合中國的歷史實際呢？它又是否與馬克思主義的理念與精神相一致，馬克思、恩格斯是否又有與之相一致的看法或觀點？新中國成立之前，國內史學界就曾對中國是否存在過奴隸社會而發生過激烈的學術論爭。建國之後，「五種生產方式說」成爲官方的主流思想。雷海宗等人因與「五種生產方式說」相左而遭到批判。因此，直到十一屆三中全會之後，國內史學界才開始了對此問題的重新認識和討論。

　　1980 年，吳大琨先生寫就《關於亞細亞生產方式研究的幾個問題》一文，

〔註40〕黎澍：《再論歷史的創造及其它》，《光明日報》，1986 年 7 月 30 日

〔註41〕1989 年之後，由於國內政治氣候與虛無主義史學的出現，對該問題的討論的熱潮逐漸減弱了。但在這一年內也有一些比較有代表性的文章和著作出現。如劉文健：《社會成員的勞動行爲創造和推動歷史》，《唐都學刊》，1989 年第 4 期；周溯源：《關於歷史創造者問題的新思考》，《歷史研究》，1989 年第 3 期；趙軼峰：《歷史發展動因論》，《中國史研究》，1989 年第 3 期等。

〔註42〕斯大林：《斯大林文選》，北京，人民出版社，1962 年版，第 199 頁。

文中對已在我國學術界成爲金科玉律式的「五種生產方式說」提出了質疑。他認爲這與馬克思在《〈政治經濟學批判〉序言》中所講的「大體說來，亞細亞的、古代的、封建的和現代資產階級的生產方式可以看作是社會經濟形態演進的幾個時代」〔註43〕的論述不符。同時，對「社會發展到底是單線還是多線」〔註44〕的問題，吳先生也提出了自己的疑問。此後，佘樹聲發文就吳大琨先生的意見表示商榷，質疑吳大琨先生所說的第六種生產方式「爲人類社會的發展所必須遵循的規律性和普遍性究竟在哪裏？」〔註45〕吳、陳二先生的論辯開始也標誌著新時期學術界對「五種生產方式說」再認識的開始。此後，爲紀念馬克思逝世一百週年，丁偉志先生於1983年發表文章《歷史是多樣性的統一》，文中指出：「人類歷史是具體的多樣的」，「人類社會及其歷史所具有的多樣性，是歷史學的全部工作所面對的客觀存在」，但是以往我們的史學界過於「注重按照『五種生產方式』去劃分中國的歷史時期，卻很少下功夫去研究中國社會形態演革的特殊情況和具體道路。現在是該清醒的時候了。」〔註46〕丁偉志先生的這篇文章，注重於按照中國的實際去看待「五種生產方式」的問題，更爲重要的是還將此問題的分析用歷史的統一性與多樣性的理論體系進行重新分析建構，這在當時的史學界是非常難能可貴的。此後兩年間，李植枬、董進泉、龐卓恒、佘樹聲〔註47〕諸先生分別撰文，從歷史的統一性與多樣性的角度對「五種生產方式說」進行了重新的解讀，也使學界對此問題的認識達到了一個更高的層次和局面。同時，從學術批判的角度來看，陳剩勇先生認爲：「五階段單向演進的圖式幾乎就是唯物史觀的代

〔註43〕 馬克思：《馬克思恩格斯選集》，北京，人民出版社，1972年版，第83頁。

〔註44〕 吳大琨先生在文中也強調：「依我看，不管是講單線，還是講多線，根據的都是馬克思的歷史唯物主義原理，所以都依然是歷史的一元論者。講多線，並不等於講多元。」參見吳大琨：《關於亞細亞生產方式研究的幾個問題》，《學術研究》，1980年第1期。

〔註45〕 佘樹聲：《關於亞細亞生產方式問題——與吳大琨同志商榷》，《學術研究》，1980年第5期。

〔註46〕 丁偉志：《歷史是多樣性的統一——謹以此紀念馬克思逝世一百週年》，《歷史研究》，1983年第2期。

〔註47〕 參見李植枬：《論歷史的統一性與多樣性》，《武漢大學學報》，1984年第2期；董進泉：《論歷史發展的統一性與多樣性》，《中國史研究》，1984年第2期；龐卓恒：《歷史的統一性、多樣性與歷史的比較研究》，《天津社會科學》，1985年第1期；佘樹聲：《歷史發展的常規性與變異性的統一》，《社會科學評論》，1985年第1期等。

名詞。」且「長期以來學術界面臨的哲學貧困、史學危機、經濟學僵化的局面,在某種程度上都與這張普羅克拉斯提斯式鐵床有關。」〔註48〕袁林則認爲五種社會形態說有兩個邏輯缺陷:「一、違反了概念劃分中每一次劃分應當使用同一個劃分標準的規則,將不等位的概念並列於同一等級;二、違反了概念劃分中各子項必須窮盡母項的規則,誤將各社會形態間的對立(反對)關係視爲矛盾關係,忽視了它們之間的中間類型或過渡時期的存在。」〔註49〕胡鍾達先生更是從 1981 年以來,連續發表了《試論亞細亞生產方式兼評五種生產方式說》、《再評五種生產方式說》、《論世界歷史發展的不平衡性》以及《「五種生產方式」問題答客問》等一系列論文,對「五種生產方式說」、「亞細亞問題」等進行了比較深入的探究和論述,成爲此間探討該問題一時之主將。也同時將對該問題的探討達到了一個新的高度。到 20 世紀 80、90 年代之交,學術界對「五種生產方式說」論辯的焦點已經不在拘泥於對其本身學說的對錯,而是嘗試或從馬列原著或從生產力的發展等其它角度尋找一種新的社會形態的劃分。如劉祐成撰文表示不同意「五種社會形態說」,並依據馬克思的《資本論》等重要著作提出了「三形態說」理論,並認爲:「五種社會形態理論是後人對馬克思主義的附加」,應「用三種形態理論取代五種形態理論」。〔註50〕王加豐則主張:「根據生產力是一切社會發展的最終決定力量的原理,社會形態的劃分標準應該是生產力發展水平的綜合標誌。這樣,迄今爲止的人類社會史可劃分爲採集、農耕、現代化三大社會形態。」〔註51〕同時,1988 年在煙臺召開的全國史學理論討論會則把重新劃分社會形態的諸種論辯推向了最高潮。〔註52〕這次討論會後,「五種社會形態說」的論爭還在繼續,各種新穎的觀點層出不窮,最有代表的性的則莫如羅榮渠先生的一元多

〔註48〕陳剩勇:《社會五階段演進圖式:向唯心史觀的回歸》,《史學理論》,1988 年第 4 期。
〔註49〕袁林:《五種社會形態說的邏輯缺陷與馬克思恩格斯的社會形態演化思想》,《史學理論》,1988 年第 3 期。
〔註50〕劉祐成的「三形態說」理論把人類社會劃分爲自然經濟社會、商品經濟社會以及時間經濟社會。參見其論文《用馬克思的社會發展理論重新劃分社會形態》,《史學理論》,1988 年第 3 期。
〔註51〕王加豐:《論採集、農耕、現代化三大社會形態》,《史學理論》,1988 年第 4 期。
〔註52〕在這次會議上參會學者提出的新的社會形態說就有九種之多。參見殷永林:《1988 年全國史學理論討論會綜述》,《文史哲》,1988 年第 5 期。

線的歷史發展觀了。在他這一宏大理論中：「生產力發展是各文明階段推動社會財富增長的根本動因。」〔註 53〕是謂一元，而多元則牽涉到文明演進、政治結構、文化模式等諸多因素。

按照我們史學界的傳統觀點，五種社會形態說是馬克思主義理論體系中最重要的內容之一，且一些馬克思主義史家還是堅信「五種生產方式說」的權威性與科學性的。如項觀奇先生就認為：「輕易否定某種意見，包括輕易否定五種生產方式的理論，在現在還不合適。因為目前整個學術發展水平似乎尚未達到能夠對這一問題做出新的結論的程度。」〔註 54〕謝本書先生也認為：「人類社會大體上經歷了五種生產方式。」〔註 55〕因此，對於社會形態發展的路徑究竟哪種更為科學，我們還需要在以後的時間裏繼續研究和探討下去，但這次論辯的發生有助於我們更好地認識馬克思主義的內涵，把握馬克思主義的實質，更好地建構適合我們中國自己的馬克思主義理論體系。而對於我們在改革開放之後的對歷史規律與社會形態的諸多認識，誠如張國剛先生所言：「在反思從西方引進的傳統理論學說基礎上，重建植根於本土經驗之上的歷史理論」，「才能重建中國社會形態的理論體系。」〔註 56〕

第三節　外延澄清：對歷史唯物主義與歷史學理論界限的重新釐定

十一屆三中全會以來，在全國史學界撥亂反正，對馬克思主義內在理路進行全面梳理的同時，對於歷史學自身理論的研討和探究也日趨成為史學界一大熱點。但什麼是馬克思主義的歷史學理論呢？它是否就是我們一直所堅持和提倡的唯物史觀及其基本原理或者是被稱之為馬克思主義或稱之為歷史唯物主義的東西呢？

1983 年，《世界歷史》評論員發表了《讓馬克思史學理論之花迎風怒放》的評論性文章，文中認為，發展馬克思主義史學理論既是時代的需要，也是社會主義精神文明的需要，同時還是歷史學發展自身的需要，「但是有一點可

〔註53〕 羅榮渠：《論一元多線的歷史發展觀》，《歷史研究》，1989 年第 1 期。
〔註54〕 項觀奇：《論五種生產方式理論的形成》，《歷史研究》，1987 年第 6 期。
〔註55〕 謝本書：《人類社會大體上經歷了五種生產方式》，《史學理論》，1988 年第 4 期。
〔註56〕 張國剛：《社會形態與歷史規律再認識筆談》，《歷史研究》，2000 年第 2 期。

以肯定，即不能把歷史唯物主義的一般原理等同於馬克思主義史學理論。無疑，辯證唯物主義和歷史唯物主義是馬克思主義史學理論的基礎，是我們進行史學研究的指南，但它終究不能代替後者。」〔註 57〕此文的發出，可以視為學術界開始檢討自己以往對史學理論的認識，重建馬克思主義史學理論的開始。此後，寧可先生撰文指出：「歷史科學理論具有廣泛意義上的和嚴格意義上的兩種理解」，同時「在歷史唯物主義一般原理和方法指導下建設起來的歷史科學理論，是應該也可以同歷史唯物主義適當地區別開來的。」〔註 58〕

　　那麼歷史唯物主義與歷史學理論的區別在何處呢？寧可先生認為主要有三點：「（一）歷史唯物主義同歷史學研究的對象同是人類社會。不過歷史唯物主義的對象範圍更寬，它研究人類社會的過去、現在和未來，而歷史學只研究人類社會的過去……（二）歷史唯物主義同歷史研究的基本任務同樣是闡明人類社會的結構、關係的發展過程及其規律，但實現這個任務的途徑有所不同……（三）由於歷史唯物主義同歷史學實現其基本任務的途徑不同，二者的基本研究方法也就有所差別。」〔註 59〕其後，蘇雙碧先生發文支持寧可先生的觀點，認為：「這一探討是有益的，可以說是個開創性的工作。」同時強調：「歷史研究應以歷史唯物主義作為基本觀點和基本方法，這是研究歷史的一把鑰匙。」〔註 60〕

　　同時從 1983 年開始的幾年間，《史學概論》的編撰與研討漸成熱潮。葛懋春、白壽彝、田昌五、吳澤、趙吉惠等諸先生先後在 20 世紀 80 年代主持和編撰了不同特點和版本的《史學概論》，而這些《史學概論》的編撰不僅使人們對歷史學自身的性質、內容、方法、體系等有了更深層次的認識，同時，對馬克思主義史學理論的建構也逐漸豐富和日趨完善。當然，從另一個層面來講，我國史學界對馬克思主義歷史學理論認識的思想性與成熟性也是經過了一個很長時間的繁複艱辛的過程。如葛懋春、謝本書先生在其編撰的我國新時期最早的一部《歷史科學概論》一書中寫到該教材的中心任務就是：「在

〔註 57〕本刊評論員：《讓馬克思主義史學理論之花迎風怒放》，《世界歷史》，1983 年第 3 期。

〔註 58〕寧可：《什麼是歷史科學理論——歷史科學理論學科建設探討之一》，《歷史研究》，1984 年第 3 期。

〔註 59〕寧可：《什麼是歷史科學理論——歷史科學理論學科建設探討之一》，《歷史研究》，1984 年第 3 期。

〔註 60〕蘇雙碧：《略談史學理論的範疇》，《歷史科學的反思》，鄭州，中州古籍出版社，1987 年版。

唯物史觀的指導下，從歷史認識論、歷史方法論的角度幫助、引導學生跨入歷史研究領域。」〔註61〕但在歷史唯物主義與歷史科學概論的關係上，葛、謝二先生雖然一再強調：「承認歷史科學概論與歷史唯物主義相聯繫，卻絕不等於在歷史科學概論中簡單重複歷史唯物主義基本原理。」〔註62〕但對於如何構建歷史學自己的理論體系與內容，二先生則沒有絲毫涉及。即便如此，該書的編撰也代表著我國史學界已經從歷史實踐上開始反思歷史科學理論建設的重要性與迫切性了。稍晚於葛、謝二先生，白壽彝先生也於 1983 年主編並出版了《史學概論》一書。在書中，白先生也認為：「我們講史學概論，也必須以歷史唯物主義為指導，必須闡述歷史唯物主義的基本原理，可是還必須論述史學的其它方面，還不能把闡述歷史唯物主義作為本書的全部任務。」〔註63〕因為在白先生的心中一直有這樣一種觀點：「如果只講歷史唯物主義，這門課就應該叫歷史唯物主義，不應該叫史學概論，我為這個課程內容問題，多年來一直感到不安。」〔註64〕此後，田昌五、吳澤、趙吉惠諸先生主編的《史學概論》陸續出版，在對歷史唯物主義與史學概論的認識上與葛、白二先生的觀點相一致，並在史學概論與歷史學理論認識上有了更大的進展。〔註65〕如葛懋春、項觀奇先生在 1985 年撰文指出：「歷史科學概論中的認識論、方法論部分，是十分靠近歷史唯物主義的一個層次，體現著在歷史科學中理論思維的運用。」〔註66〕當然，我們還要注意到此時我國史學界對《史學概論》的編撰尚處於起步階段，對馬克思主義史學理論的探究也極不成熟，其主要缺陷和不足正如姜義華先生所說：「近年來出版的幾部史學概論著作，或多或少地論及了史學方法論與歷史編纂學方面的問題，但大多零碎而不完整，散亂而不系統，像若干專題的講座，而沒有形成一個嚴

〔註61〕 葛懋春、謝本書：《歷史科學概論・緒論》，濟南，山東教育出版社，1983 年版，第 1 頁。

〔註62〕 葛懋春、謝本書：《歷史科學概論・緒論》，濟南，山東教育出版社，1983 年版，第 1 頁。

〔註63〕 白壽彝：《史學概論》，銀川，寧夏人民出版社，1983 年版，第 22 頁。

〔註64〕 白壽彝：《史學概論・題記》，銀川，寧夏人民出版社，1983 年版，第 1 頁。

〔註65〕 參見田昌五、居建文：《歷史學概論》，鄭州，河南人民出版社，1984 年版；吳澤：《史學概論》，合肥，安徽教育出版社，1985 年 6 月出版社；趙吉惠：《歷史學概論》，西安，三秦出版社，1986 年版。

〔註66〕 葛懋春、項觀奇：《淺談歷史科學概論的對象和體系》，《文史哲》，1985 年第 2 期。

密的體系。究其原因，主要就是因爲沒有把歷史科學的研究實踐與現代思維科學的發展緊密結合起來，充分運用現代思維科學的成就，對史學研究活動進行認眞的全面的系統的分析。」〔註67〕趙儷生先生也認爲，這一時期的《史學概論》有些「拼盤」之感，但先生強調這絕非貶意，他說道：「目前，像史學『高級味精』或者什麼『晶體』那樣的東西，一時還未研製出來。具體以我個人來說，我還想不出如何研製這些『晶體』。所以，我也只好拿一盤『拼盤』擺到學生面前去了。」〔註68〕

到 20 世紀 80 年代後期，由中國社會科學院世界歷史研究所創辦的新時期大陸第一本史學理論的學術刊物《史學理論》開始出現，山東教育出版社開始出版「當代外國史學理論叢書」，社會院世界史所也開始編撰「外國史學理論名著譯叢」，一些著名的史學雜誌如《人文雜誌》等還開闢了專門的史學理論專欄供學人討論，「史學理論的研究已經從沉睡中覺醒，並且逐漸成爲史學研究領域的熱點」。〔註69〕同時隨著歷史認識論的興起，歷史唯物主義作爲歷史研究的指導作用逐漸成爲史學界的一種共識，對於歷史學理論自身體系的建立和發展則成爲我們的史學界所要面臨的一個新的任務和挑戰。學界對史學概論的討論重心也逐漸轉移到歷史學的主體性上。如龐卓恒先生撰文指出：「我認爲歷史學的理論體系主要是由本體論、認識論和方法論這三個部分組成。」〔註70〕而對於這三部分的關係問題，龐先生認爲：「史學本體論在史學理論體系中居於前提、核心和主導的地位；史學認識論和史學方法論在整個體系中則居於基礎的地位。」〔註71〕由姜義華、趙吉惠、瞿林東、馬雪萍主編的《史學導論》一書中也指出：「史學導論，即一般所說的史學概論，是史學中一個新興的分支學科。它不是直接考察客觀的歷史過程，而是以人類認識歷史的主體活動爲自己的研究對象。」〔註72〕

此後，在歷史學理論的發展與擴展上，史學界還提出了關於「中層理論」

〔註67〕　姜義華：《用現代思維科學武裝歷史研究工作——記史學概論的核心與時代使命》，《復旦學報》，1985 年第 1 期。

〔註68〕　趙儷生：《我對「史學概論」的一些看法》，《文史哲》，1985 年第 2 期。

〔註69〕　趙吉惠：《史學理論研究正在成爲熱點》，《史學理論》，1988 年第 2 期。

〔註70〕　龐卓恒：《歷史學的本體論、認識論、方法論》，《歷史研究》，1988 年第 1 期。

〔註71〕　龐卓恒：《歷史學的本體論、認識論、方法論》，《歷史研究》，1988 年第 1 期。

〔註72〕　姜義華、趙吉惠、瞿林東、馬雪萍：《史學導論》，西安，陝西人民教育出版社，1989 年版，第 1 頁。

〔註73〕的建構，「建立歷史意識論芻議」〔註74〕以及對歷史理論與史學理論〔註75〕的不同和劃分等諸多觀點和看法，在繁榮了史學創新局面的同時，也將史學理論熱推向了最高峰。進入 20 世紀 90 年代，由於政治環境與社會環境的變化，整個學術界也進入了「思想家淡出，學術家凸顯」〔註76〕的時代，史學理論討論熱也就此進入了一個比較低潮的時期。

本章小結

總之，經過「文革」後的撥亂反正，特別是經過我們的馬克思主義史家對馬克思主義理論的內在理路與外延界標有了重新的反思、認識與評判之後，史學界對馬克思主義歷史理論與史學理論也有了一個全新的認識與判斷。而這種認識和判斷是完全建立在史家的實踐判斷與學術反思基礎之上的。「歷史學的反省和反思，是爲了總結經驗與教訓，清理遺產；總結和清理是爲了進一步的開拓。」〔註77〕對於未來中國史學的發展，我們以爲要「建設有中國特色的馬克思主義歷史學」〔註78〕。同時，這種歷史學是要建立在以馬克思主義唯物史觀爲指導，充分繼承中國古代傳統優良的史學遺產與史學傳統，並能夠正確對待各種史學思潮與社會思潮的衝擊挑戰之下的，而「挑戰」與「反應」，正如林甘泉先生所認爲的，是「歷史學本身發展的必由之路。」〔註79〕

〔註73〕中層理論指介乎歷史唯物主義和歷史經驗表象之間的、專門對中觀歷史對象進行概括的一種理論。參見周德鈞：《試論史學「中層理論」的建構》，《湖北大學學報》，1989 年第 6 期。
〔註74〕周農建：《建立歷史意識論芻議》，《求索》，1989 年第 4 期。
〔註75〕這方面的爭論可參看陳啓能：《歷史理論與史學理論》，載《光明日報》，1986 年 12 月 3 日；瞿林東：《史學理論與歷史理論》，載《史學理論》，1987 年第 1 期；何兆武：《歷史理論與史學理論—近代西方史學著作選·編者序》，北京，商務印書館，1997 年版。
〔註76〕李澤厚：《世紀新夢·後記》，安徽文藝出版社，1999 年版。
〔註77〕周祥森：《反思的「反思」——評歷史感和歷史學》，《史學月刊》，1998 年第 6 期。
〔註78〕田昌五：《建設有中國特色的馬克思主義歷史學》，《世界歷史》，1984 年第 1 期。
〔註79〕林甘泉：《「挑戰」與「反應」：歷史學發展的必由之路》，《中國歷史學年鑑》（1989），北京，人民出版社，1990 年版，第 15 頁。

第二章　理論彷徨：「回到乾嘉去」〔註1〕史學思潮的出現

　　「文革」之後，正當史學界進行全面撥亂反正，力圖回歸馬克思主義，重建中國歷史學的規範與秩序之時，一些史家卻對馬克思主義有一種理論彷徨般的恐懼，他們醉心於考證與史料之中，更有甚者對馬克思主義的指導地位公然提出了懷疑，「竟在八十年代的頭三年中形成一股鑽牛角尖的『重史輕論』熱潮」。〔註2〕返躬省察，我們可以很明白地知道：「史學需要理論和實證研究齊頭並進」〔註3〕，更需要馬克思主義的指導。因此，作為今天的史學工作者，我們還需對這一「回到乾嘉去」史學思潮出現的深層次原因進行更進一步地分析和總結，以求更有利於我們21世紀中國馬克思主義歷史學的進步和發展。

第一節　學術批評：馬克思主義史家群體內部對「回到乾嘉去」思潮的史學批評

　　面對一些史家過分癡迷於史料與考據，甚至對馬克思主義敬而遠之的錯

〔註1〕　王學典先生認為：「在反對空論之風和清算影射史學的同時，相當一些人就用考據學家的眼光和價值尺度來觀察評判史學界。這就形成了一股回到乾嘉去的史學思潮。」參見其所著：《二十世紀後半期中國史學主潮》，濟南，山東大學出版社，1996年版，第118頁。

〔註2〕　許冠三：《新史學九十年》，長沙，嶽麓書社，2003年版，第549頁。

〔註3〕　龐卓恒：《史學需要理論和實證研究齊頭並進》，《新時期中國史學思潮》，北京，當代中國出版社，2001年版，第208頁。

誤態度，馬克思主義史家群體內部產生了相當的不滿和憤懣。他們或直陳其非，或批評其過，力圖給這些史家以警醒或暗示，使他們能迷途知返。如李侃先生在 1981 年《史學集刊》復刊號上撰文指出：「不時聽到一種說法，認為研究歷史選擇課題，範圍欲窄愈好，題目越小越好，過程和內容越細越好，研究的問題越冷僻越好。」〔註4〕熊鐵基先生在談及史學工作者的素養問題時說道：「近來聽說還有極少數輕視或不太信任馬克思主義的史學工作者，又強調學習所謂『乾嘉學者』的考據……但科學總是後來居上的，處於我們這個時代，完全有條件超越他們，而他們決不可能達到我們所能達到的水平。」〔註5〕丁偉志先生在論及馬克思主義與宏觀歷史研究關係時也憂慮地表示：「由於傳統的錯誤歷史觀和治學方法對我們歷史工作的消極影響，特別是十年內亂對歷史工作的消極影響，使得部分史學工作者理論興趣單薄，越來越只是醉心於瑣細問題的考證。」〔註6〕當然，如果說上述史家是以勸誠般的語言欲使其迷途知返的話，另外一些馬克思主義史家的話語就顯得嚴厲地多了，有的甚至將其上陞為反對馬克思主義的高度，可見該思潮問題的嚴重性。如葛懋春先生在論及史論關係時說道：「在糾正理論脫離歷史實際的教條主義學風，加強史料工作的時候，有人提出史學應回到乾嘉考據學派的路上去，這顯然是片面的。」〔註7〕張友漁在中國史學會第一屆理事會二次會議上的發言：「現在在一些青年史學工作者中間，存在一種輕視理論的傾向。有些人認為理論不重要，只有史料才重要，有了史料就有了一切。個別人甚至認為馬克思主義過時了，唯物主義不行了，只要能掌握史料，進行分類排比就可以了，無須歷史唯物主義的指導，這些看法都是錯誤的。」〔註8〕胡如雷先生更是嚴正地指出：「如果今天再提倡回到『乾嘉時代』，那就不但是從馬克思主義的史學陣地上倒退，甚至比起王國維、陳寅恪等前輩也是一種倒退。」〔註9〕

〔註4〕李侃：《嚴峻的歷史和史學的虛實》，《史學集刊》復刊號，1981 年 10 月

〔註5〕參熊鐵基：《有關史學工作者的素養問題》，《江西社會科學》，1981 年第 2 期。

〔註6〕參丁偉志：《馬克思主義與宏觀歷史研究》，《人民日報》，1981 年 8 月 25 日。

〔註7〕葛懋春：《論史論結合中的幾個問題》，《文史哲》，1982 年第 2 期。

〔註8〕張友漁：《歷史研究和四項基本原則——在中國史學會第一屆理事會第二次會議上的發言》，《近代史研究》，1981 年第 4 期。

〔註9〕參胡如雷：《時代賦予歷史學家的中心使命》，《光明日報》，1982 年 2 月 1

第二節　理路解析:「回到乾嘉去」史學思潮原因析論

　　「文革」以後,史學界迫切要求從指導思想與理論建設上也要來一次徹底的撥亂反正,以求擺脫長期以來「左傾」指導錯誤所帶來的影響以及「四人幫」的封建遺毒。但是,由於一些特殊的政治原因,「兩個凡是」〔註10〕的指導方針被正式確立起來,而這種方針的確立是與當時的學界要求與理論夙願相違背的,它不僅意味著是對「文革」時期各種錯誤路線和方針的一種保守和維護,對於廣大史學工作者要求從思想上進行撥亂反正的美好目標和要求,也是一種嚴重的傷害。因此,一次對於理論與實踐問題的大討論也就在所難免了。

一、「實事求是」學風下的史學重塑

　　1978 年 5 月 11 日,《光明日報》以特約評論員的身份〔註11〕發表了一篇文章《實踐是檢驗眞理的唯一標準》,該文針對長期以來的左的錯誤理論指導以及「四人幫」流毒,提出「實踐不僅是檢驗眞理的標準,而且是唯一的標準」,「理論與實踐的統一,是馬克思主義的一個最基本的原則」,「革命導師是堅持用實踐檢驗眞理的榜樣」,「任何理論要不斷接受實踐的檢驗」〔註12〕等一系列有關實踐與眞理關係問題的主張。第二天,《人民日報》、《解放日報》予以全文轉載,全國也迅即掀起了一場有關眞理標準問題討論的熱潮。理論界、學術界有關這一問題的討論會、座談會接連不斷,各種爭鳴的文章大量見諸報端,比較有代表性的如肖前《論馬克思主義的實踐觀》,齊振海《論實踐標準的相對性與絕對性》,王若水《眞理標準與實踐問題》,夏甄陶《實踐的要素、特性與眞理的標準》〔註13〕等等不一而足,到 1978 年底,僅這類討

日。

〔註10〕兩個凡是的口號即:「凡是毛主席作出的決策,我們都要堅決擁護;凡是毛主席的指示,我們都要始終不渝地遵行。」參見該報社論:《學好文件抓好綱》,《人民日報》、《解放日報》、《紅旗》等,1977 年 2 月 7 日。

〔註11〕該文的作者實際爲當時的南京大學哲學系教師胡福明,該文在《光明日報》刊登前曾經胡耀邦批閱並刊登在 1978 年 5 月 10 日中央黨校的《理論動態》上。

〔註12〕該報特約評論員:《實踐是檢驗眞理的唯一標準》,《光明日報》,1978 年 5 月 11 日。

〔註13〕這些文章可參見肖前:《論馬克思主義的實踐觀》,《紅旗》,1980 年第 14 期,齊振海:《論實踐標準的相對性與絕對性》,《哲學研究》,1978 年第 7 期,王

論性的文章已達 650 餘篇。〔註 14〕從而很快將這場討論推向了一個最高潮。同時，從政治層面來看，鄧小平在 1978 年 6 月在全軍政治工作會議上的講話中，反覆強調要：「實事求是，一切從實際出發，理論和實踐相結合」〔註 15〕此後，他又在聽取中共吉林省委彙報工作時指出要：「高舉毛澤東思想旗幟，堅持實事求是的原則。」〔註 16〕此後，在 1978 年底中共召開的十一屆三中全會上，更是高度評價了關於真理標準問題的討論，並確定了「解放思想、開動腦筋、實事求是、團結一致向前看」的指導方針。這無疑是更進一步促進了人們的思想解放並是以寫進黨的決議的方式表示了對「真理標準問題大討論」的最大肯定。

學術上的討論與政治上的定性無疑對馬克思主義史學家內部的實證史家有很大的思想衝擊作用，尤其是對於他們所做的實證與考據的工作，無疑是一種很有力的尊重與肯定。因此，「文革」之後，我國的史學發展表現在與實證史學相關的古籍整理、史料學、考據學等相關學科的發展也就特別的迅猛而快捷。如根據 1979 年之後歷年出版的《中國歷史學年鑒》「中外歷史著作與出版介紹」部分，我們可以清楚地看到：1980 年全國經整理出版的古代史籍和各種專題資料彙編僅有 30 餘種，到 1981 年就增加到了 60 餘種，而到 1983 年已經是 120 餘種。同時，各種史料的種類也是名目繁多。既有先秦至秦代的各種史籍、叢書和類書，又有地方志和各種地方史料的整理與彙編，還有各種相關專題史料的出版。另一方面，對於中國近現代的史料整理與出版比之古代史的部分則更加繁榮和多樣化。不僅有各種政治史、經濟史、文化史上的資料整理，更具體細化到各種歷史名人的文集、詩詞、奏稿、日記、年譜、筆記以及各種圖錄和工具書的整理和出版。同時學術界專論史料學、考證學等方面的文章和著作也大量出現，如張舜徽先生《關於歷史文獻的研究、整理問題》，《中國歷史文獻研究集刊》，1980 年第 1 集），榮孟源先生發表在《學術研究》上的名文《論考據》，（1981 年第 3 期與第 4 期），《關

若水《真理標準與實踐問題》，《讀書》，1980 年第 1 期，夏甄陶《實踐的要素、特性與真理的標準》，《哲學研究》，1980 年第 5 期等。

〔註 14〕 參見羅平漢：《春天——1978 年的中國知識界》，北京，人民出版社，2008 年版，第 324 頁。

〔註 15〕 鄧小平：《鄧小平文選》（第 2 卷），北京，人民出版社，1994 年版，第 118 頁。

〔註 16〕 鄧小平：《鄧小平文選》（第 2 卷），北京，人民出版社，1994 年版，第 127 頁。

於史料的鑒別》（《社會科學研究》1980 年第 4 期），趙儷生《光考據不行，還要思辨》（《文史哲》1982 年第 2 期）等。同時，白壽彝、吳澤先生所編撰的《史學概論》以及趙光賢先生編撰的《中國歷史研究法》等著作，也都闢有專章對中國古代的史料學、考據學等學科進行分析和論述。因此，我們很容易得出這樣一個簡單的結論：「文革」之後，在當時歷史學學風與社會風氣的影響下，歷史考據、史料整理等學問很快便成為了一部分史家所經營的主業。他們以滿腔的熱情力圖恢復曾經風光一時的乾嘉考據學風，並以此作為對「文革」時不重史料，不重考證，任意曲解歷史的一種直接的感情宣泄與學術反撥，亦可算是以歷史考證的方式進行學術上的撥亂反正吧，這也是我們應該值得充分肯定的地方。但是矯枉不能過正，如果不能正確對待考據和歷史研究的關係問題。「認為只有考據才是硬學問，把考據抬到不適當的高度」〔註17〕那就不可取了。如何茲全先生《推進中國史研究的兩點建議》所說的那樣：「全面地、系統地研究馬克思主義歷史理論——辯證唯物主義、歷史唯物主義」〔註18〕，「還需要瞭解社會的現實」〔註19〕或許正是這些耽耽醉心於歷史考據與史料整理的史學家們最應該做的了。

二、「史學革命」中「拔白旗插紅旗」運動下的副作用

　　歷史的發展一向是多種因素綜合作用的結果。回顧歷史，我們可以看到，許多在民國時期歷史考證學派的史學大家在新中國成立以後是非常嚮往為社會主義新中國作出自己的一份貢獻的。他們如陳垣、顧頡剛諸先生放棄了去海外的種種機會，積極學習馬克思主義的有關理論並力圖將其與中國的傳統歷史考證學相結合而進行史學研究。但不幸的是，與中國當時的經濟發展過於左傾一樣，左傾史學的發展速度遠遠大過了他們思想上與實際史學實踐中所能達到的速度。因此，這些對新中國史學充滿希望充滿嚮往的史學家很快便在數次的政治批判運動中被打翻在地，尤其是在 1958 年的所謂「史學革命」中，史料考證派作為一個群體被徹底地視為「白旗」而被要求徹底拔掉。聯

〔註17〕 宋衍申：《考據和歷史研究》，《史壇縱論》，重慶，重慶出版社，1984 年版，第 33 頁。

〔註18〕 何茲全：《推進中國史研究的兩點建議》，《史壇縱論》，重慶，重慶出版社，1984 年版，第 1 頁。

〔註19〕 陳可青：《功夫與史學》，《史壇縱論》，重慶，重慶出版社，1984 年版，第 1 頁。

繫「文革」後這些史學家過於醉心於歷史考證與史料整理，不過多的關心現實社會，我們很難說這與建國後一場場所謂的政治批判運動尤其是 58 年的這場「史學革命」沒有很必然的聯繫。

新中國成立之後不久，學術界就開展了對胡適等人的學術性大批判，這使得與之有關係的一大批民國遺留史家每日戰戰兢兢，如履薄冰。1958 年，在全國一片大躍進的政治形式下，時任中共中央宣傳部副部長的陳伯達在國務院科學規劃委員會第五次會議上談到了社會科學界如何躍進的問題，並正式提出了「厚今薄古，邊幹邊學」〔註 20〕的口號。此後，許多學者專家紛紛發表文章表態支持要「厚今薄古」，這其中范文瀾先生於 1958 年 4 月 28 日在《人民日報》上發表的文章《歷史研究必須厚今薄古》一文中：「厚古薄今是資產階級的學風」，「厚今薄古與厚古薄今是兩條路線的鬥爭」〔註 21〕的觀點對學術界影響頗大。

此後，這股「厚今薄古」的歪風很快就刮到了社會的各個角落，尤其是在各個科研院所、大中專院校，各種大字報鋪天蓋地。如北京大學的《歷史教學中的幾股臭氣》、《四把鑰匙》、《汪先生學術思想中的暗流》；南開大學的《史料偏見和歷史主義》、《楊先生在史學史課中的厚古薄今》、《鄭先生在講授明史中非馬列主義的立場、觀點和方法》以及山東大學的《資產階級的教學害苦了我們》、《王先生的「厚今」＝「厚金」》、《繁瑣考證是反科學的》等大字報，對汪篯、鄧廣銘、鄭天挺、來新夏、王仲犖等老一輩學者專家尤其是那些擅長歷史考據的史學大家們或商榷或問難或質疑，有的甚至是直接赤裸裸的批判。而他們所依據的理由，則認為「我國目前史學界的歷史科學中普遍存在著資產階級的傾向。例如：厚古薄今，只專不紅；史料重於泰山，理論輕於鴻毛；把帝王將相描繪為歷史主人，對勞動人民創造歷史的功績輕輕抹殺；對繁瑣考據津津樂道，把馬列主義放在一邊」〔註 22〕。而我們的那些老專家和老教授們，面對這股洶湧的衝擊巨浪，尤其是面對他們這些昔日愛徒和校友們的瘋狂攻擊，顯然是有些準備不足、手足無措的，但又想極力趕上史學思潮發展的形式，如北京大學的周一良先生提出要《挖一下厚古薄

〔註 20〕陳伯達：《厚今薄古，邊幹邊學》，《紅旗》，1959 年第 13 期。
〔註 21〕范文瀾：《范文瀾歷史論文選集》，北京，中國社會科學出版社，1979 年版，第 224 頁至 226 頁。
〔註 22〕人民出版社編輯部：《歷史科學中兩條道路的鬥爭・出版說明》，北京，人民出版社，1958 年版。

今的根》〔註23〕，北師大歷史系集體討論提出《關於「厚古薄今」和「厚今薄古」的意見》〔註24〕，南開大學來新夏等先生也要《砍掉資產階級考據學的白旗》〔註25〕，但他們沒有意識到的是，這次「史學革命」的大風暴來的甚是猛烈，且他們又是這次風暴所要襲擊的主要對象，所以，無論他們如何積極，如何表現，想避免這場學術大風暴的襲擊是再所難免了。

　　很快，作為這場被批判的重考據輕理論的代表人物陳寅恪先生，「上書中山大學校長，憤怒的表示：一、堅決不再開課；二、馬上辦理退休手續，搬出學校。這是一個軟弱無助的知識分子所唯一能行使的了結自己命運的可憐權利。」〔註26〕另一位歷史考據大師顧頡剛先生則以悲壯式的自我嘲弄式的口吻說自己「是一個徹頭徹尾的舊知識分子，說我是『資產階級知識分子』是高看了我」。〔註27〕「南北二陳」的「另一陳」陳垣先生則在此時遠離學術中心，專注於文字改革的事業。並於1959年1月28日加入了中國共產黨。〔註28〕民國時期遺留下來的這些精於史料考據的學者此時可以說是在這場學生批判老師、後輩批判前輩的鬧劇式的「史學革命「中徹底地失敗了。而「史學革命」的衝擊也使得馬克思主義史家內部主張「史學革命」的學者們逐漸分裂，「一方面，一些人繼續沿著『史學革命』的道路往前走，直到與『文革』前夕掀起的更大規模的『史學革命』合流；另一方面，許多人則開始覺醒，企圖制止這場革命的進行」。〔註29〕此後，中國史學界陷入更加混亂更加無序的迷局中。而我們的這些被批判的史學精英們，他們的自尊心，自信心甚至是安家立命的東西都在這場「史學革命」中被踐踏、被剝奪，「這不能不使得相當一部分傳統學人心灰意冷，並從此一蹶不振，造成了難以彌

〔註23〕周一良：《挖一下厚古薄今的根》，《歷史科學中兩條道路的鬥爭》，北京，人民出版社，1958年版，第18頁。

〔註24〕歷史系教師集體討論：《關於「厚古薄今」和「厚今薄古」的意見》，《歷史科學中兩條道路的鬥爭》，北京，人民出版社，1958年版，第112頁。

〔註25〕來新夏：《砍掉資產階級考據學的白旗》，《歷史科學中兩條道路的鬥爭》，北京，人民出版社，1958年版，第233頁。

〔註26〕陸鍵東：《陳寅恪的最後二十年》，北京，三聯書店，1995年版，第248頁。

〔註27〕顧頡剛：《從抗拒改造到接受改造》，《光明日報》，1958年12月18日。

〔註28〕參見牛潤珍：《陳垣學術思想評傳》，北京，北京圖書館出版社，1999年版，第100頁。

〔註29〕王學典：《歷史主義思潮的歷史命運》，天津，天津人民出版社，1994年版，第70頁。

補的損失」。〔註 30〕因此，「同心協力中華振，老驥忘疲奮夕暉」〔註 31〕，「文革」之後這批史學家重新煥發史學的青春，並力圖恢復傳統學術的固有精華，專注於歷史考據與史料整理的工作，我們不得不說這是「文革」前期的一次又一次的學術批判，政治批判尤其是 1958 年的那次「史學革命」的副作用的影響了。

三、史論關係相爭的繼續與擴大

「回到乾嘉去」史學思潮的一個最明顯的特徵就是忽視理論，專重史料，尤其是忽視馬克思主義史學理論的指導作用，這也是馬克思主義史學家所不能容忍的。1981 年，張友漁、劉大年、戴逸諸先生連續發文，「都強調了馬克思主義指導對於歷史科學研究的重要性」〔註 32〕所以，從史論關係上看，確切地講從觀點與材料，理論與方法來看，我們又似乎可以把「回到乾嘉去」史學思潮的出現與馬克思主義史家對其的批駁問難看作是新中國成立之後馬克思主義史學家內部就出現的史論關係之爭的繼續與擴大。

新中國成立後，馬克思主義逐漸成為歷史學的唯一指導思想。此後，通過對知識分子的思想改造等一系列的運動，馬克思主義的理論與方法逐漸被民國時期以史料整理與考據見長的史家所接受。但在史學界普遍學習馬克思主義的同時，又出現了重論輕史的現象。1957 年，尚鉞先生在蘇州江蘇師範學院歷史系及蘇州市中學歷史教師座談會上就指出：「不幸的是到目前為止，還有許多史學家不用史料或者是用很少的史料，作出一篇一篇空空洞洞的大文章，並且企圖從概念到概念的這種手法，來解決歷史上重大問題。」〔註 33〕同年，范文瀾在給北京大學的學生做演講時也說道：「學習馬克思主義要求神似，最要不得的是貌似。學習理論是要學習馬克思主義處理問題的立場、觀點和方法。」〔註 34〕同時要求「理論與材料二者缺一不可。作史學工作必須

〔註 30〕 王學典、陳峰：《二十世紀中國歷史學》，北京，北京大學出版社，2009 年版，第 142 頁。
〔註 31〕 陳淑玉：《憶周春元同志》，《貴州文史資料選輯》（第 29 輯），貴陽，文史資料委員會，1989 年版，第 244 頁。
〔註 32〕 蘇雙碧：《史學理論探討》，《中國歷史學年鑒》（1983 年），北京，人民出版社，1983 年版，第 1 頁。
〔註 33〕 尚鉞：《關於研究歷史中的幾個問題》，《尚鉞史學論文選集》，北京，人民出版社，1984 年版，第 30 頁。
〔註 34〕 范文瀾：《歷史研究中的幾個問題》，《北京大學學報》，1957 年第 2 期。

掌握大量的歷史資料。」〔註35〕此階段，史料被馬克思主義史家們格外重視。但很快，隨著「史學革命」的爆發，一大批老教授，老專家被批判被打倒，重史料重考據的學風被徹底批判，重論輕史的史學學風逐漸又轉化爲以論帶史甚至是以論代史，這種空疏無物的學風很快遭到了翦伯贊、范文瀾等老一輩馬克思主義史學家的猛烈抨擊與反對。翦伯贊在 1959 年《紅旗》雜誌上撰文指出：「我們反對了把史料當成史學的說法，這是完全必要的。但是我們從來沒有反對過史料本身。現在有個別教師對史料不夠重視。他們爲了避免陷入繁瑣主義，在講授歷史的時候，不根據具體的史實分析歷史問題，只是空空洞洞地講一些原理原則，或者乾乾巴巴地講一些發展規律，一再重複人所共知的道理。」〔註36〕范文瀾先生則嚴厲得多，他直言：「反對放空炮……眞正打得倒敵人的歷史學大炮是經過切切實實的歷史著作（論文或書籍）。要造出這種大炮，必須對所要研究的歷史事件做認眞的調查研究……」〔註37〕此後，針對以論代史的現象，吳晗先生提出了「論從史出」的觀點。1962 年，吳晗先生在對北京師範學院歷史系同學講話時說道：「史和論應該是統一的，論不能代替史，論在史之中，不是在史之外。因此，就要運用正確的方法，掌握大量的、充分的、可信的史料，加以合理的安排，通過對史實的講述，把觀點體現出來……所以我們說『論從史出』。」〔註38〕

　　「以論帶史」的觀點過於強調了理論在史學研究中的位置，很容易演化成「以論代史」，吳晗先生的「論從史出」的觀點雖然有一定的合理性，但又很容易陷入唯史料論的圈套中。所以，「史論結合」的觀點一經提出很快被多數史家所贊成和接受。如彭明在 1961 年《光明日報》上撰文指出：「我們不應該把材料和觀點割裂開來，歷史研究工作應該從史料和觀點必須統一的角度上來進行。」〔註39〕翦伯贊先生在 1962 年說道：「在歷史研究工作中，必須把史和論結合起來。所謂史就是史料，所謂論就是理論。我們所說的理論，就是馬克思列寧主義。要做到史與論的結合，必須先掌握史料與理論，掌握

〔註35〕范文瀾：《歷史研究中的幾個問題》，《北京大學學報》，1957 年第 2 期。

〔註36〕翦伯贊：《目前歷史教學中的幾個問題》，《紅旗》，1959 年第 10 期。

〔註37〕范文瀾：《反對放空炮》，《歷史研究》，1961 年第 3 期。

〔註38〕吳晗：《如何學習歷史——對北京師範學院歷史系同學的講話》，《光明日報》，1962 年 1 月 4 日。

〔註39〕彭明：《談觀點與材料的統一》，《人民日報》，1961 年 5 月 31 日。

史料與理論，是做好史與論結合的前提條件。」〔註40〕

　　林甘泉先生把史論問題理解爲觀點與材料的關係，但也認爲：「我們在強調重視史料的同時，決不應該對馬克思主義的理論指導意義有任何忽視。」〔註41〕此後，學者們還專門就史論關係舉行若干的討論會。雖然大家對史與論的具體內容有所爭議，但多數還是主張應該史論結合的。但不幸的是，「文革」前夕，馬克思主義史學的代表人物翦伯贊先生被打倒。他的一些正確的學術觀點也遭到不同程度的否定與批判。尤其是在尹達發表他那篇名文《必須把史學革命進行到底》之後，〔註42〕「以論帶史」被重新從故紙堆裏撿拾了出來，「史論結合」、「論從史出」的觀點被徹底拋棄。

　　1979 年之後，史論關係又被史學界作爲史學理論的一個熱點而繼續進行探討，但議論的中心仍然集中在「以論帶史」、「論從史出」、「史論結合」三種觀點上。大家論證紛紛，莫衷一是。而我們認爲，蔣大椿先生與胡繩先生的觀點頗具有代表性。蔣先生認爲：「史與論的關係，應當放在三個不同的範圍內，分別弄清『史』與『論』本身的涵義，分別予以解決。」〔註43〕「第一個範圍，是將史與論作爲整個社會結構中意識形態範圍內的兩種社會現象來考察。在這裏，史指歷史科學，論指馬克思主義哲學，首先是指唯物主義歷史觀……第二個範圍，是把史與論放在歷史科學的研究過程中來考察。在這裏，史指具體的歷史過程及構成這個過程的一系列歷史事實，論則是對具體歷史過程和歷史事實的看法、認識，即史識……第三個範圍，是在說明歷史的過程中來考察史論關係。在這裏，史指歷史著作中所用的材料，論就是著作中的觀點、論點。」〔註44〕胡繩先生則在《研究方法和敘述方法》一文中說道：「作爲歷史的研究方法，論從史出的方法看來是適當的……所謂史論結合，指的是敘述方法……」〔註45〕此後，對於史論關係的爭論又有所發展，但依然是各執一詞，其討論的熱度也隨之逐漸減弱了。

〔註40〕翦伯贊：《關於史與論的結合問題》，《光明日報》，1962 年 2 月 14 日。

〔註41〕林甘泉：《關於史論結合問題》，《人民日報》，1962 年 6 月 14 日。

〔註42〕尹達在這篇文章裏面說道：「我們提倡以論代史，就是說我們必須以馬克思列寧主義、毛澤東思想爲指導去研究歷史，對於大量的歷史事實給以科學的分析。反對爲史實而史實，史料即史學的資產階級史學觀點。」參見其所撰：《必須把史學革命進行到底》，《紅旗》，1966 年第 3 期。

〔註43〕蔣大椿：《論與史的關係考察》，《歷史研究》，1982 年第 4 期。

〔註44〕蔣大椿：《論與史的關係考察》，《歷史研究》，1982 年第 4 期。

〔註45〕胡繩：《研究方法和敘述方法》，《光明日報》，1985 年 1 月 16 日。

本章小節

　　綜文所論，「回到乾嘉去」史學思潮雖然只是改革開放之初一批長於考據的歷史學家的一股學術暗湧，但其中的主流確代表了馬克思主義史家群體內部的一部分史家對中國史學發展道路和方向的另一種追尋與嘗試。且他們這種嘗試從史學方法上來看是非常值得鼓勵也是很值得當代學人很好地加以繼承和發揚的。但如黎澍先生所說的那樣，馬克思主義對歷史學的要求不僅僅是求真和發現規律，更為重要的前提條件與首要條件應該是堅持馬克思主義的指導。〔註46〕同時，也如尹達先生在河南省社科聯的講話中所說的那樣：「搞歷史搞社會科學同樣如此，離開了馬克思主義的指導，必然走到錯路上去……有些同志說，我是搞考據的，不會搞理論。那麼你搞考據，有指導思想沒有？有指導思想，就總有理論。你的思想不是偏重於馬克思主義，就是流於非馬克思主義，不可能為考據而考據，也不可能考據時不動腦子。〔註47〕」面對史學界的學術批評，一些精於考據的史學家也重新認識並強調了馬克思主義的理論指導作用。如在中國史學會首次學術年會上，「宋家鈺認為，不能把考據學作為研究歷史的基本方法和方向來提倡。我們應持的正確態度是，堅持歷史唯物主義，批判地繼續舊考據學。楊向奎也認為……我們並不菲薄中國傳統的考據，但考據不能使史料變為歷史，不能使史料具有生命，只有分析史料的各種發展形式，探尋這些形式的內在聯繫，史料的生命才能觀念地反映出來而成為歷史學。」〔註48〕此後，在馬克思主義史學家內部一部分史家提出重新學習馬克思主義的重要性，另一部分史家則在充分反思的基礎上，探討繼承中國傳統優良史學遺產的重要性了。

〔註46〕　參見黎澍：《馬克思主義對歷史學的要求》，《歷史研究》，1984 年第 1 期。
〔註47〕　尹達：《堅持用馬克思主義指導社會科學研究》，《中州學刊》，1982 年第 3 期。
〔註48〕　參見包凌雲等：《中國史學會首次學術年會暨中國史學界第三次代表大會綜述》，《中國歷史學年鑒》（1984），北京，人民出版社，1984 年版，第 10 頁至11 頁。

第三章 批判繼承：歷史文化遺產的承接與發展

　　中華文明源遠流長，有著豐富的歷史文化遺產。一般來講，歷史文化遺產也可以稱之為歷史遺產，它是人類智慧的結晶，是人類作為社會的主要生產者和勞動者在征服自然和改造自然的過程中所創造的，「歷史遺產，是整個人類所創造的共同財富」，是「人類在歷史活動中所創造的一切『物質文化』財富和『精神文化』財富的總和」。〔註1〕「文革」之後，為了恢復和重建馬克思主義史學體系，一部分史家在批判「左傾」史學的同時，力圖重建馬克思主義的歷史理論與史學理論，讓中國史學回歸到真正的馬克思主義中去，另一部史家則以歷史考據的手法，試圖以求真的模式來建構中國的歷史學，但在此過程中，一些人走向了歷史考證的極端，甚至是忽視、排斥馬克思主義在歷史研究中的指導地位，這一妄圖「回到乾嘉去」的思潮也遭到了史學界的抵制與批評。此後，一些馬克思主義史學家痛定思痛，在重新審視「文革」結束前批判史學的基礎上，採用批判繼承的方法，取其精華，棄其糟粕，對我國優良的歷史遺產與史學遺產進行全面的繼承和發展。由此，正視傳統，繼承歷史文化遺產的史學思潮在 20 世紀 80 年代初的中國史學界很快便全面發展開來。

第一節　追尋歷史文化遺產史學思潮的出現

　　「文革」後追尋歷史文化遺產思潮的出現首先是在提倡史學遺產的過程

〔註1〕趙吉惠：《歷史學概論》，西安，三秦出版社，1986 年版，第 160 頁。

中開始的。史學遺產是歷史文化遺產的一部分，是人類文明發展到一定階段的產物。「舉凡過去的歷史家在歷史觀點、歷史文獻整理、史書編著、歷史文學等各方面的成果，都屬於史學遺產之列。」〔註2〕早在 1962 年，白壽彝先生就撰寫了《談史學遺產》的長文，認爲：「祖國史學有長期的歷史，有浩瀚的典籍，它給我們留下的遺產是豐富的，但我們史學工作者注意一般的歷史遺產比較多，注意史學遺產還很不夠。」〔註3〕白先生的這篇文章在要求「重今薄古」的時代是非常難能可貴的。此後，白壽彝先生又在 1981 年至 1982 年以「答客問」的方式連續發表《談歷史文獻學》、《談史書的編撰》、《談歷史文學》等有關史學遺產問題的文章，將史學遺產的討論話題引申開來，亦或受白壽彝先生的影響，葛懋春、趙吉惠等先生所編著的《歷史科學概論》、《歷史學方法論》等著作亦分別對中國歷史學的遺產做爲專題進行探究和討論。只不過前者的視域範圍限定在文化遺產的繼承，後者則注重於歷史遺產的承接。此後，全國掀起了建設社會主義精神文明的高潮。歷史文化遺產，作爲中國精神文明的重要組成部分之一，亦漸成史學界討論的熱點。蘇雙碧、鄭昌淦、程大方等諸先生先後發表《建設社會主義精神文明和歷史遺產的批判繼承》、《歷史文化遺產與社會主義精神文明》、《對歷史遺產批判繼承的幾點理解》等文章，探討了歷史遺產的批判繼承問題。而中國史學會第三次代表大會的召開更是將對歷史文化遺產的討論推向了高潮。田昌五、張豈之、錢杭諸先生對歷史遺產與社會主義精神文明建設的關係、歷史遺產的具體內容及其繼承方式等問題進行了充分的討論。鄧力群還在會前代表中央講話，希望我們的史學界儘量將我們民族的優良傳統、精神財富通過各種史學著作記錄下來，「從各個不同的角度增加青年人和我們這一代人的知識，從而豐富他們的愛國主義的感情，激發他們的愛國主義熱忱」。〔註4〕此後，林甘泉、白壽彝、趙吉惠、蘇雙碧先生又分別發文，對歷史文化遺產的淵源、內容及其傳承問題進行了更爲充分地討論，而隨著對歷史文化遺產的討論與熱議，史學界對歷史文化遺產的探討也逐漸轉移到如何發掘中國史學的固有精華與

〔註2〕 白壽彝：《史學概論》，銀川：寧夏人民出版社，1983 年版，第 11 頁。
〔註3〕 白壽彝：《談史學遺產》，《白壽彝史學論集》，北京，北京師範大學出版社，1994 年版，第 462 頁。
〔註4〕 鄧力群：《鄧力群在中國史學會首次學術年會暨中國史學界第三次代表大會開幕式上的講話》，《中國史學會五十年》，鄭州，海燕出版社，2004 年版，第 91 頁。

如何傳承中國史學的優良傳統上來，大量的介紹中國傳統歷史與文化的讀物與著作得以出版，各地對其傳統的歷史遺產與文化遺產也逐漸重視起來，文化史與史學史這兩個學科逐漸也藉此時機東山再起，在 20 世紀 80 年代成爲一時引領史學界發展的兩大歷史學分支學科。

第二節　繼承與發揚歷史文化遺產原因析論

中國被稱之爲四大文明古國之一，有著悠久的歷史和豐富的歷史文化遺產，但爲什麼在 20 世紀 80 年代會興起一股要求繼承和發展歷史文化遺產的史學思潮呢？我們認爲：這既是一種順應社會前進與歷史發展的必然要求，又是迎合我國社會主義精神文明建設的需要，是我國馬克思主義史家在反思新中國之後史學界只知批判不知繼承，任意踐踏歷史文化遺產的一種嚴肅回應。

一、精神文明建設與歷史文化遺產的批判繼承

1982 年，黨的十二大號召努力建設高度的社會主義精神文明，並指出「每一個勞動者都應當是社會主義精神文明的建設者」。〔註 5〕此後，中共中央又通過了《中共中央關於社會主義精神文明建設指導方針的決議》，進一步明確了社會主義精神文明建設的戰略地位。認爲：「以馬克思主義爲指導的社會主義精神文明是社會主義社會的重要特徵……社會主義精神文明建設，是關係社會主義興衰成敗的大事。」〔註 6〕由此，歷史文化遺產，作爲中國精神文化的重要組成部分，探討其與精神文明建設的關係也便有了十分重要的理論與現實意義，而這也促使了歷史文化遺產在中國史學大地上再一次的復蘇與壯大。

對於歷史文化遺產的繼承與社會主義精神文明建設之間的關係問題。譚紀、劉顯才二先生皆認爲：「社會主義精神文明是歷史遺產的繼承與發展」，「我們建設社會主義精神文明，一方面要運用和發展以馬克思主義爲指導的科學文化和道德，另一面又要繼承和發揚我國精神文明的優良傳統。」〔註 7〕鄭昌

〔註 5〕 胡耀邦：《中共黨史文獻選編》，中共中央黨校出版社，1992 年版，第 614 頁。
〔註 6〕 《中共中央關於社會主義精神文明建設指導方針的決議》，《中共黨史文獻選編》，北京，中共中央黨校出版社，1992 年版，第 687 頁。
〔註 7〕 譚紀，劉顯才：《社會主義精神文明是歷史遺產的繼承與發展》，《學術論壇》，1982 年第 4 期。

淦先生撰文從歷史文明的傳承性上探討二者之間的關係。在鄭先生看來：「社會不同，時代不同，精神文明也會有不同。但在某些方面，又有其連續性和繼承性。不同民族的精神文明也有各自的特點、但彼此之間，又有某些共同點」，〔註8〕所以，在鄭先生的眼中，「我們正在重新建設社會主義的精神文明，當然要恢復和發揚五十年代優良的文明傳統;但也要按照馬克思主義的原理，正確對待我國珍貴的歷史文化遺產，加以改造和吸取。」〔註9〕田昌五先生十分認同鄭先生的觀點，並進一步指出，歷史從來都是在繼承的基礎上發展的。從馬克思主義發展的觀點來看：「馬克思主義同人類先進思想的歷史聯繫是割不斷的，在中國亦然。對中國來說，馬克思列寧主義是外來的，必須和中國的歷史和現狀結合起來，使之具有中國的民族作風和民族氣派，變成中國化的馬克思列寧主義，才能在中國生根發芽，開花結果。」〔註10〕因此，我們完全可以從中國傳統的歷史文化遺產方面如道德風尚，民主與法制，自由與紀律以及「其它如戲劇、音樂、美術、字畫、體育、衛生等等，無一不需要對相應的歷史文化遺產進行批判的總結」。〔註11〕

對於在精神文明建設過程中對歷史文化遺產具體內容的繼承問題。中國的史學家各自從他們不同的思維角度發表了自己的觀點。如張豈之先生認為，中國傳統倫理道德遺產繼承的具體內容頗為廣泛，如古代「文、野之分的理論」，「文質統一的思想」以及若干的傳統美德如敬老、養老，救濟孤獨殘疾，尊敬老師等，但同時又指出：「中國傳統的道德學說中有精華，也有糟粕，二者交織在一起，是對立的統一。因此，我們應當採取批判繼承的態度。我們建設社會主義精神文明不能割斷歷史，對遺產採取虛無主義的態度。」〔註12〕趙吉惠先生也認同張豈之先生的觀點，認為我國的歷史遺產雖然是豐富多樣，但同時也是精華與糟粕並存，因此，在他認為有三條原則可以作為相對具體的衡量標準：第一，屬於人類共同的或民族共同的有益的歷史遺產。第二，在當時是有益於人民的，在現在也基本上是有益於人民的歷史遺產。第三，在歷史上本來是剝削階級的歷史人物、意識形態、典章制度、歷史文物等，我們

〔註 8〕 鄭昌淦：《歷史文化遺產與社會主義精神文明》，《前線》，1983 年第 4 期。
〔註 9〕 鄭昌淦：《歷史文化遺產與社會主義精神文明》，《前線》，1983 年第 4 期。
〔註10〕 田昌五：《歷史文化遺產與社會主義精神文明》，《學術月刊》，1983 年第 6 期。
〔註11〕 田昌五：《歷史文化遺產與社會主義精神文明》，《學術月刊》，1983 年第 6 期。
〔註12〕 張豈之：《關於傳統道德學說的批判繼承問題》，《西北大學學報》，1983 年第 2 期。

經過分析批判，分清糟粕和精華，對服務於人民服務於社會主義現代化建設的有用的東西。〔註13〕對於歷史文化遺產中的史學遺產，哪些具體內容可以繼承呢？在白壽彝先生看來：「史學遺產是歷史遺產的眾多方面中的一個方面，是歷史發展到一定階段以後的產物，即人類的史學發生、發展以來的結果。舉凡過去的歷史家在歷史觀點、歷史文獻整理、史書編著、歷史文學等各方面的成果，都屬於史學遺產之列。」〔註14〕此後，王棟堂先生又從歷史觀的角度談中國傳統思想中歷史遺產的繼承問題，在他看來：「由於中國傳統思想中存在著比較豐富的唯物史觀的萌芽和因素，這就為歷史唯物主義在中國的傳播、生長準備了思想上的土壤。作為毛澤東思想組成部分的唯物史觀思想之所以帶有濃厚的民族色彩和中國氣魄，對中國人民具有更大的感染力，樂於為人們所接受，從一定意義上講，是同它受著中國傳統思想的澆灌分不開的。」〔註15〕所以，在王棟堂先生看來：「古代傳統思想是屬於過去的東西，它本身的歷史局限性和許多屬於糟粕性的東西是不容忽視的，但它所蘊藏的合理的具有真理性的東西，其歷史價值則是永存的。」〔註16〕蘇雙碧先生的觀點則與以上眾多先生的觀點有所不同，但更趨合理化。在他看來：「歷史遺產的範圍很廣，可以說，凡是歷史上人類所創造的一切成果，都可以稱之為歷史遺產。但並不是說，凡是歷史遺產都和建設社會主義精神文明有直接關係。一般說來，屬於文化遺產、思想遺產和道德遺產等方面，在當前，和建設社會主義精神文明關係比較密切。」〔註17〕

二、對「文革」結束前批判史學的一種回應

新中國成立之後，為了確立馬克思主義在歷史學研究中的地位，曾在學術界掀起了一場轟轟烈烈的知識分子思想改造運動，史學界自然也不能例外。且從一定意義上講，這一運動對於宣揚馬克思主義的理論和方法，推動

〔註13〕趙吉惠：《歷史學方法論》，成都，四川人民出版社，1987年版，第285～286頁。

〔註14〕白壽彝：《史學概論》，銀川，寧夏人民出版社，1983年版，第11頁。

〔註15〕王棟堂：《從歷史觀角度看中國傳統思想中可貴的歷史遺產》，《蘭州大學學報》，1987年第2期。

〔註16〕王棟堂：《從歷史觀角度看中國傳統思想中可貴的歷史遺產》，《蘭州大學學報》，1987年第2期。

〔註17〕蘇雙碧：《建設社會主義精神文明和歷史遺產的批判繼承》，《社會科學研究》，1983年第1期。

那些從民國遺留下來的非馬克思主義史學家早日學會運用馬克思主義的基本原理和方法進行歷史與史學研究是非常必要的。但是，在思想改造的過程中，我們的改造者過多地運用了教條化、命令式的改造方式，一面讓這些被改造者進行大量地理論學習，另一面還要進行個人的思想與學術批判甚至是對他們的朋友、前輩、老師進行批判，使得這場改造雖取得了一定的正面效果，但對這些史學家心靈的摧殘與打擊則也是我們所不能忽視的。

　　如陳垣先生 1952 年做自我檢討時說：「我研究歷史，不但立場、觀點、方法是錯誤的，而且因為我自己想不問政治，也就不研究近代史，因為近代史與當時政治關係密切，牽涉太多。」〔註 18〕趙儷生先生在《我的初步檢討》一文中則檢討了自己在歷史教學與史學實踐中所犯下的教條主義，教學中的不負責任以及在集體教學的形式下貫徹了一種非集體主義甚至是反集體主義精神的錯誤。且其個人英雄主義的言行，「卻是油然而來，衝口而出，絲毫不感到這是個個人英雄主義的表現。」〔註 19〕梁思成先生在反思自己的學術思想根源時也曾說到：「我有根深蒂固的資產階級自私自利的思想在指揮著我的行動，在我的一切工作中，以官僚主義、自高自大的個人英雄主義、本位主義和家長作風等形式具體地表現出來。」〔註 20〕時在山東大學任教，曾經的古史辨派的領袖顧頡剛先生的得意弟子童書業先生與楊向奎先生更是在《文史哲》上發表文章，在對他們自己的治學理論與方法論體系進行系統批判地同時，對他們曾經參加過努力過的古史辨的研究及其恩師顧頡剛先生進行了猛烈地抨擊與無情地批判。說什麼「疑古派史學的真實企圖，是右面抵抗封建階級，而左面抵抗無產階級」〔註 21〕的史學。「顧頡剛教授在半封建半殖民地的中國，接受了開明地主階級的改良主義思想，又接受了買辦資產階級的實驗主義的方法，造成了他的疑古說法，因而沒有解決任何古史問題，反而造成了混亂。」〔註 22〕

　　重溫當時史學界史學批判的畫面，我們相信一部分史學家確實是真心的在對自己的學術思想進行重新的自我認識與自我批判，但我們也相信，一部

〔註 18〕陳垣：《自我檢討》，《光明日報》，1952 年 3 月 6 日第 3 版。

〔註 19〕趙儷生：《我的檢討》，《文史哲》，1952 年第 4 期。

〔註 20〕梁思成：《我認識了我的資產階級思想對祖國造成的損害》，《光明日報》，1952 年 4 月 18 日。

〔註 21〕童書業：《古史辨派的階級本質》，《文史哲》，1952 年第 3 期。

〔註 22〕楊向奎：《古史辨派的學術思想批判》，《文史哲》，1952 年第 3 期。

分史學家只是針對當時的社會形勢而做出的應付公式和勉強交差而已。而這種批判式的思想改造所產生的副作用對這些史學家的身心損害是可想而知的，他們「以今人難以理解的否定來換取新政權的承認與接納」，〔註23〕與此同時，這些處於史學批判漩渦中的「原本就比較脆弱的知識分子相對獨立的理性批判和自由主義思想傾向已蕩然無存」。〔註24〕

建國初的這場知識分子思想改造運動轟轟烈烈地進行了兩年左右之後，史學批判的深入程度進一步加大，由於各種原因，一些著名的馬克思主義史學家如胡風、華崗等人也成了史學批判的對象，而其後對胡適的批判，遷延的時間長，範圍廣，危害大，更是將這次史學批判活動推向了一個更高潮。但正如一些史家所指出的的那樣，這一階段的史學批判的積極意義我們無法否定，但其缺乏一種實事求是的精神與態度，「只有批判，不談繼承，只講缺點，不看成就，表現出一種虛無主義的態度」。〔註25〕

很快，「史學革命」的風暴席卷全國，「厚今薄古」的新口號被打出，精於考證，善於古史研究的學者如鄧廣銘、鄭天挺諸先生皆成了史學界被批判的新對象，如鄧廣銘先生要求學生掌握好學習中國史的四把鑰匙即年代、地理、職官、目錄，被質疑：「先生除了教導我們向封建主義和資產階級治學方法學習之外，難道就什麼也沒有了嗎？這要把同學引向什麼地方？」〔註26〕鄭天挺先生則被認為在講授明清史課程中，「基本上是站在資產階級立場來觀察問題的，也缺乏運用歷史唯物主義的觀點、辯證的方法來進行講授」。〔註27〕而作為中國的學術中心北大、北師大等高校也被指責為「厚古薄今」的典型代表而被進行批判。如北京大學貼出的大字報，被認為：「在資產階級學術歪風衝擊下，一些教師和同學『重古輕今』的思想非常嚴重。」〔註28〕北京大學的教學

〔註23〕杜學霞：《20世紀五六十年代的史學批判研究》，中國人民大學博士畢業論文，2007年，第84頁。

〔註24〕邢兆良：《建國初期知識分子群體的轉型》，《學海》，2003年第4期。

〔註25〕周朝民：《中國史學四十年》，南寧，廣西人民出版社，1989年版，第246頁。

〔註26〕人民出版社編輯編：《四把鑰匙》，《歷史科學中兩條道路的鬥爭》，人民出版社，1958年，第69頁。

〔註27〕黎邦正等：《鄭先生在講授明史中非馬列主義的立場、觀點、方法》，《歷史科學中兩條道路的鬥爭》，人民出版社，1958年，第293頁。

〔註28〕人民出版社編輯編：《教學計劃》，《歷史科學中兩條道路的鬥爭》，人民出版社，1958年，第3頁。

計劃就是明證，「重古薄今」的風氣十分明顯。他們還認爲：「社會主義革命時期兩條道路的鬥爭，是非常尖銳的。通過教學計劃，也可以看出儘管我們作出了很大的成績，而出於資本主義學術思想和教育思想還根深蒂固的存在，其不良影響，也非常突出地反映在教學計劃的修訂和執行上，從而影響我們培養歷史工作幹部的規格和質量。」〔註29〕北京師範大學李雅頌等人所寫的大字報更是猛烈地抨擊該校歷史系的「厚古薄今」的現象不僅有，而且還很嚴重。在他們看來：「我系教學上存在著嚴重的厚古薄今的現象，是事實。這種現象爲害不淺，造成我們有的同學盲目追求佔有資料，而滋長了資產階級知識分子的理論脫離實際的傾向，從而也就使歷史科學的戰鬥性大大減少。厚古薄今還是厚今薄古，實際上是兩條道路的選擇。老師們，現在是燒掉厚古薄今的時候了。」〔註30〕

　　1958 年的這場史學革命可以說對新中國之後的史學發展軌跡的轉變具有深遠的影響。它是一次借所謂的「史學革命」的幌子，以所謂「拔白旗，插紅旗」的方式，對史學界的精英分子尤其是對那些博有專長，精研古史的史學大家的一次沉重打擊。甚至可以說是史學界的一場以高校學生爲主體的大動亂。如黎澍先生所論：「這次本來叫做『拔白旗』的運動，至多對某些老教師的學習有所促進，但它不是革命，而且就其主要方面來說，則是倒退。它的一個直接後果是學生學習水平的降低。這次運動的另一個更爲深遠的影響，是把歷史學的革命性同科學性對立起來，用前者否定後者。」〔註31〕

　　「史學革命」之後，中國史學界進一步無序化與混亂化，而隨著 1965 年戚本禹《爲革命而研究歷史》一文的發表，范文瀾、翦伯贊、吳晗等老一輩馬克思主義史學家一個一個地被批判，被打倒，「影射史學」成爲了「文革」史學的代名詞。尤其是國內掀起的破除舊思想、舊文化、舊風俗、舊習慣的「破四舊」〔註32〕運動的出現，大量的歷史文物與文化典籍等歷史文化遺產

〔註29〕人民出版社編輯編：《教學計劃》，《歷史科學中兩條道路的鬥爭》，人民出版社，1958 年，第 3 頁。
〔註30〕李雅頌等：《歷史系有沒有厚古薄今》，《歷史科學中兩條道路的鬥爭》，人民出版社，1958 年，第 143 頁。
〔註31〕黎澍：《馬克思主義與中國歷史學》，《歷史研究》，1983 年第 2 期。
〔註32〕1966 年 6 月 1 日，《人民日報》發表社論《橫掃一切牛鬼蛇神》，認爲：「無產階級文化革命，是要徹底破除幾千年來一切剝削階級所造成的毒害人民的舊思想、舊文化、舊風俗、舊習慣，在廣大人民群眾中，創造和形成嶄新的無產階級的新思想、新文化、新風俗、新習慣。」

被任意地踐踏和破壞，歷史學已徹底變成了「四人幫」及其御用文人任意利用的工具，中國史學界也逐漸滑向了黑暗的深淵。

通過以上論述我們可以看到，在新中國成立之後的中國史學界所經歷的這次史學批判，既有學術批判又有政治批判，既有對史家的個人批判又有對古史研究的批判，但由於史學批判過程中政治形勢的演變與史學批判的主體所犯的左傾錯誤，導致史學界只知批判不知繼承，只知「厚今」不知「薄古」，史學遺產也在這種史學批判的形式下被徹底遺棄了。

三、傳統繼承與史家提倡：對中國古代重視歷史文化遺產優良傳統的一種繼承與發揚

「人們自己創造自己的歷史，但是他們並不是隨心所欲地創造，並不是在他們自己選定的條件下創造，而是在直接碰到的、既定的、從過去繼承下來的條件下創造。」〔註33〕就歷史文化遺產而言，它是中華文明的重要組成部分，是中華民族能夠屹立於世界民族之林數千年而不同的智力源泉與精神保證，同時也是華夏文化傳承至今的重要原因之一。因此，歷代政治統治者都非常重視對歷史文化遺產的傳承與保護，如唐高宗時期，詔修梁、陳、魏、齊、周、隋六國史書，以求「裁成義類，懲惡揚善，多識前古，貽鑒將來」。〔註34〕明清時期更是耗費國力，撰修了大型經典巨著《永樂大典》與《四庫全書》。另一方面，在政府重視的同時，歷代史家也逐漸形成了一種重視前代史學遺產，並將其加一總結整理以求代代相傳的史學傳統。如漢宋兩司馬之《史記》與《資治通鑒》，唐代劉知幾之《史通》以及南宋鄭樵所著之典制體史書《通志》等，皆以「通」者為務，對中國古代幾千年的歷史發展與典章制度等很好地進行了總結與梳理，頗得後人借鑒。毛澤東依據中國的歷史傳統與社會現實曾經論及：「中國現時的新政治新經濟是從古代的舊政治舊經濟發展而來的，中國現時的新文化也是從古代的舊文化發展而來，因此，我們必須尊重自己的歷史，決不能割斷歷史。」〔註35〕但是，新中國成立後，雖有白壽彝等諸先生的積極

〔註33〕馬克思：《路易・波拿巴的霧月十八日》，《馬克思恩格斯選集》，第 1 卷，人民出版社，1972 年版，第 603 頁。

〔註34〕王溥：《唐會要・史館上・修前代史》，卷 63，上海，上海古籍出版社，2006 年版。

〔註35〕毛澤東：《新民主主義論》，《毛澤東選集》，第 2 卷，人民出版社，1991 年版，第 708 頁。

提倡〔註36〕，但是我們對歷史文化遺產的繼承問題似乎並未引起足夠的重視。尤其是數次的史學大批判與前文所講的所謂的「四舊運動」等，將中國歷史上著名的名勝古跡，古史典籍以及從事古史研究的史家等皆作爲時代的反動者，反動腐朽的資產階級代表等而被打翻在地甚至徹底清除，不禁讓人唏噓不已。「文革」後，蘇雙碧、趙吉惠、葛懋春等諸先生力圖恢復中國固有的重視歷史文化遺產的優良傳統，接續前人在對中國歷史文化優良遺產進行繼承與發展方面所做的貢獻而發文著說，積極提倡，而學術界也在這種史家的積極努力中逐漸認識到承接歷史文化遺產對我們的重要性與其存在的現實意義。如蘇雙碧先生認爲：「歷史遺產是現實政治、經濟和文化源泉之一，不認真批判繼承歷史遺產，現實的一切就成了無源之水，無本之木」，「必須珍惜祖國豐富的歷史遺產」。〔註37〕葛懋春、謝本書先生則以文化的「源」與「流」的關係來論證歷史文化遺產的繼承。在他們看來：「每一時代的社會文化，雖然以各該時代的現實鬥爭作爲自己的『源』，這樣那樣地反映自己的時代，但卻不能離開人類文明的發展大道，不能不以以往的文化知識作爲自己的資料，不能不以前人的思想成果作爲自己的『流』。」〔註38〕趙吉惠先生更是強調：「歷史遺產，不僅是人類賴以生活和生產的基礎和前提，而且他會給人以知識、智慧和征服未來的信心和力量。歷史遺產，不僅告訴我們：我們的祖先是在怎樣的環境中，向自然索取、改造社會、創造自己生活的，而且它還教育、鼓舞人們走新的道路，用新的方式，去創造新的生活。」〔註39〕白壽彝先生更是身體力行，不僅在其晚年積極提倡繼承歷史遺產與史學遺產的重要性，還領導編著了 22 卷本的《中國通史》，此書的編撰是 20 世紀幾代馬克思主義史學家編撰中國通史總結性與

〔註36〕 早在 1961 年，白壽彝先生談及史學遺產的繼承時就說到：「是一件有意義的工作。」在白先生看來，研究史學遺產，對於發展新中國的馬克思主義史學是有積極意義的，並總結了繼承史學遺產的三種好處：第一，研究史學遺產可以更具體更深刻地理解史學作爲一種社會意識形態在現實鬥爭中的戰鬥作用。第二、研究史學遺產可以逐步摸索出來中國史學發展的規律。第三，研究史學遺產，可以把歷史上提出來的一些史學問題作爲當前歷史研究的資料，豐富我們歷史研究的資料。參見：白壽彝：《談史學遺產》，《史學遺產六講》，北京，北京出版社，2004 年版，第 1 至 6 頁。

〔註37〕 蘇雙碧：《歷史遺產批判繼承新探》，《歷史科學的理論和方法》，上海人民出版社，1990 年版，第 217 頁。

〔註38〕 葛懋春主編：《歷史科學概論》，山東教育出版社，濟南，1987 年版，第 244 頁。

〔註39〕 趙吉惠：《歷史學概論》，西安，三秦出版社，1986 年版，第 162 頁。

創造性的產物，是「20 世紀中國史學界的壓軸之作」。〔註40〕此後，我國政府與各地相關部門對歷史文化遺產的保護愈加重視，各種保護區、文物保護單位紛紛建立，對非物質文化遺產的保護也逐漸建立起來，學術界對歷史文化遺產的探討也逐漸延伸到其與中國傳統文化，民族精神之間的關係層面。中國曾經斷裂許久的歷史文化遺產逐漸被我們又重新延續起來。

第三節　批判繼承：中國歷史文化遺產的繼承標準與選擇

　　前面我們已經說到，歷史文化遺產是一個非常寬泛的概念。其中既有中華歷史文化的優良部分，但也有其糟粕的部分需要我們仔細地甄別與剔除。毛澤東曾經把對歷史文化遺產的繼承問題比喻成人對食物的消化過程，說道：「如同我們對於食料一樣，必須經過自己的口腔咀嚼和胃腸運動，送進唾液胃液腸液，把它分解為精華和糟粕兩部分，然後排泄其糟粕，吸收其精華，才能對我們的身體有益，決不能生吞活剝地毫無批判地吸收。」〔註41〕對於史學遺產的內容也是如此，有精華，也有糟粕，「民主性和革命性的東西是精華，封建性的東西是糟粕」，「在表達形式和其它方面，史學遺產也有優良傳統和非優良傳統的區別」。〔註42〕

　　既然歷史文化遺產有精華與糟粕兩端，我們又該如何去具體繼承呢？在這個問題上馬克思主義史學對待歷史文化遺產的繼承態度是明確的即要採取批判式的繼承方式。如恩格斯在《路德維希‧費爾巴哈和德國古典哲學的終結》中講道：「像對民族的精神發展有過如此巨大影響的黑格爾哲學這樣的偉大創作，是不能用乾脆置之不理的辦法加以消除的。必須從它的本來意義上『揚棄』它，就是說，要批判地消滅它的形式，但是要救出通過這個形式獲得的新內容。」〔註43〕毛澤東同志對古代歷史遺產的繼承方針也早就十分明

〔註40〕 向燕南：《祝賀白壽彝教授九十華誕暨多卷本〈中國通史〉全部出版大會綜述》，《回族研究》，1999 年第 3 期，第 12 頁。
〔註41〕 毛澤東：《新民主主義論》，《毛澤東選集》，第 2 卷，北京，人民出版社，1991 年版，第 707 頁。
〔註42〕 白壽彝：《史學遺產六講》，北京，北京出版社，2004 年版，第 7 頁。
〔註43〕 《路德維希‧費爾巴哈和德國古典哲學的終結》，《馬克思恩格斯全集》，第 21 卷，第 314 頁。

確得提出：「中國的長期封建社會中，創造了燦爛的古代文化，清理古代文化的發展過程，剔除其封建性的糟粕，吸收其民主性的精華，是發展民族新文化提高民族自信心的必要條件；但是決不能無批判地兼收並蓄。」〔註 44〕此後，學術界對此觀點在討論中逐漸達成了共識，並在如何具體的執行這一政策時各抒己見，進行了充分地論辯和交流。如林甘泉先生非常強調歷史文化遺產的階級性問題，在他看來：「屬於科學、文化、教育這個系列的精神文明，有一部分是有階級性的，另一部分則是沒有階級性的；屬於思想、政治、道德這個系列的精神文明，其總體和核心部分是有階級性的，但也並非所有的具體內容都有階級性。在討論歷史文明遺產的批判繼承時，我們必須堅持馬克思主義的階級分析方法，因爲只有這樣才能對歷史文明遺產的意義和價值作出科學的解釋。但是把所有的歷史文明遺產都貼上階級的標籤，並不是馬克思主義的階級分析方法，而是左傾的庸俗社會學。」〔註 45〕田昌五先生曾經說道：「在對歷史文化遺產應取何種態度和方法的問題上，過去有過兩種不同意見：一種意見是批判地繼承，另一種意見是抽象地繼承。現在看來，抽象繼承的提法雖然不無道理，但含義不明，容易使人產生誤解，導致全盤肯定。所以，這種提法以放棄爲好。正確的提法應該是批判地繼承。不過，批判地繼承也不能簡單化，簡單化了就會發生全盤否定的毛病。」〔註 46〕李侃先生也認爲：「這就需要我們刻苦學習和掌握辯證唯物主義和歷史唯物主義的理論武器，佔有大量的材料，對源遠流長、豐富多樣的歷史文化遺產加以清理、分析和鑒別。在歷史文化問題上，不分精華和糟粕，不問有用和無用，有益和有害，認爲凡古皆好，兼收並蓄，全盤接受，這當然是不對的。反過來，認爲凡古皆壞，過分苛求，以今律古，一概排斥，全盤否定，更是要不得的。」〔註 47〕而程大方先生則指出：「馬克思主義所講的對歷史遺產的批判，是有分析、有肯定、有繼承的批判，不是簡單的全盤否定一切。實質上，批判和繼承是不能分開的，是從不同側面反映同一過程的一對概念。」〔註 48〕

〔註 44〕 毛澤東：《新民主主義論》，《毛澤東選集》，第 2 卷，北京，人民出版社，1991 年版，第 708 頁。
〔註 45〕 林甘泉：《論歷史文明遺產的批判繼承》，《中國史研究》，1983 年第 2 期。
〔註 46〕 田昌五：《歷史文化遺產與社會主義精神文明》，《學術月刊》，1983 年第 6 期。
〔註 47〕 李侃：《朝夕集》，瀋陽，遼寧人民出版社，1985 年版，第 76 頁。
〔註 48〕 程大方：《對歷史遺產批判繼承的幾點理解》，《安徽大學學報》，1983 年第 3 期。

　　很明顯，各位史家雖然對怎樣繼承歷史文化遺產的具體方式有若干爭議。但對於歷史文化遺產的批判繼承性問題則是毫無疑義的。那麼「批判」與「繼承」二者之間的關係如何？我們應該如何做才能正確處理好歷史遺產的批判繼承性問題。在這一點上，如同對待歷史文化遺產一般，在新中國成立後尤其是1958年「史學革命」以後，往往把「批判」簡單理解爲「打倒」、「遺棄」，並且長時間成爲史學界的主流觀點。撥亂反正以後，尤其是在精神文明建設的大環境下，史學界在積極提倡繼承歷史文化遺產的同時，對「繼承」與「批判」歷史文化遺產二者之間的關係也給與了一些十分有義的觀點和看法。如趙吉惠先生說道：「我們認爲『批判』和『繼承』的關係，應當以『繼承』爲主，以『批判』爲次；以『繼承』爲目的，以『批判』爲手段，『繼承』是總結歷史遺產的根本目的，『批判』是爲達到更好地繼承歷史遺產的重要手段。如果相反，把批判當作目的，放在首位，就顛倒了本末，倒置了首尾。是爲在批判繼承問題上產生錯誤的認識根源。」〔註49〕蘇雙碧先生則從批判國粹主義的角度來論證「批判」與「繼承」之間的關係。他在《歷史遺產批判繼承新探》一文中說道：「批判和繼承是對立的統一。近代史上那些國粹主義者，對歷史遺產採取全部包下來的做法，是我們無產階級所不取的。無產階級對待歷史遺產，不論是多麼優秀的思想、道德和文學、藝術遺產，都必須用馬克思主義的階級分析法進行分析和批判，因爲不批判就不能繼承。批判的目的是爲了繼承，只批判不繼承，這是一種全盤否定歷史遺產的虛無主義態度，只有把批判繼承統一起來，才能剔除其糟粕，吸取其精華，才能把眞正珍貴的歷史遺產繼承下來，並成爲無產階級文化的一部分。」〔註50〕

本章小結

　　總之，「文革」之後的這場歷史文化遺產的回歸思潮是在全國精神文明建設的大潮下發動的。它既是對「文革」及新中國成立後肆意摧殘毀壞歷史文化遺產的一種反動，又是對改革開放後中國史學尋找新的出路及史學發展方向的一種偉大嘗試，尤其是在史學界力圖重建馬克思主義理論體系，批判回到乾嘉史學思潮的同時，仍在努力傳播和宣揚中國歷史文化遺產尤其是中國

〔註49〕趙吉惠：《歷史學概論》，西安，三秦出版社，1986年版，第166頁。
〔註50〕蘇雙碧：《蘇雙碧選集》，潮州市，華星出版社，1993年版，第164頁。

古代的歷史文化遺產，這是非常難能可貴的。但另一方面，我們也要看到：雖然我們在繼承歷史文化遺產，發揚中國史學優良傳統方面取得了一定的成績，但面對社會新形勢的巨變與西方新史學的衝擊，我們的史學界卻顯得那麼的軟弱無力。在這種新的史學形式下，在我們的史學界內部，一股宣揚史學危機，要求對史學進行一場新的徹底變革的思潮呼之欲出，一種史學危機論思潮的出現和爭鳴已經是在所難免並逐漸出現了。

第四章 史學危機：多級視野下歷史學現狀的認識與論辯

　　20 世紀 80 年代中期以後，隨著國內改革開放的進行與史學界歷史發展道路的追尋，特別是西方的一些歷史研究的新理論、新方法傳入國內以後，在一些年輕的馬克思主義史學家內部，逐漸長生了一種對歷史學現狀不滿，要求進行史學變革甚至個別人發出馬克思主義史學已經過時的言論，史學危機的呼聲愈演愈烈。但在另一些馬克思主義史學家眼中，尤其是一些老一輩的馬克思主義史家，他們並不認可歷史學現狀出現了什麼危機，如果有問題，最多只能說是史學的低谷期、轉折期。這部分人的觀點如同徐博涵先生所說：「現在，國內國際都有一些人說，馬克思主義發生了危機，或者說，馬克思主義過時了。我們的回答是，馬克思主義根本不存在什麼危機，相反，它正處在大發展的前夜。」〔註1〕很快，針對史學危機這一命題，史學界內部掀起了一場新一輪的論辯思潮並針對史學界落後時代發展這一社會現實而提出了一系列新的理論和見解，尤其是在歷史學研究領域的擴展以及歷史學跨學科研究方法上面，給中國馬克思主義史學的發展注入了新的生機與活力，中國史學界也因此進入了了一個新的時代。

第一節 有無史學危機：馬克思主義史家內部對歷史學現狀的不同解讀

　　20 世紀 80 年代中期以後，國內史學界的史學反思與史學重建一直遊走於

〔註 1〕 徐博涵：《迎接馬克思主義發展新高潮》，《社會科學評論》，1986 年第 10 期。

　　闡釋與考證之間，雖然也一度重視了對傳統史學遺產與史學傳統的繼承，但歷史學自身的體系比較桎梏，大多是對歷史學原來失誤的糾正或者是固有體系的修補，由於長時間與外界史學界的隔絕，並沒有能夠緊跟世界史學發展的潮流和趨勢，守成與落後的弊端也就愈來愈明顯。另一方面，隨著國內經濟的高速發展與西方新史學新方法新理論的湧入，中國歷史學的發展似乎越來越跟不上中國經濟與社會發展的速度，亦不能滿足人們對歷史知識與傳統文化等精神食糧的需求，因此，一種史學危機的呼聲愈來愈響並漸成聲勢。

　　1986 年初，《走向未來》編輯部組織了中國人民大學等高校的一群研究生對時下的歷史學方法中存在的問題進行探討，在他們看來史學界尤其是在中青年史學界研究人員內部已經彌漫著一種史學危機的聲音。而造成這種史學危機的原因從主體方面來看主要原因有三：「一是由於史學方法論的單一化；二是由於對歷史唯物論的機械運用；三是由於史學工作者的小生產式的研究方式。」〔註2〕同時，有的研究生還強調，正是因為「史學工作者老齡化問題」和「史學研究中缺乏先進科學手段，對事物不能做系統深入的研究，只能做一些缺乏定量分析的片面定性研究」，〔註3〕導致史學危機尤其是馬克思主義史學青黃不接，方法陳舊而趨於停滯。面對這種聲音，南開大學的劉澤華先生撰文聲稱：「就目前史學界的狀況而言，守成型的知識比較發達，進取型的知識相對來說是薄弱的。這種狀況不能滿足青年的追求，也不能適應社會改革的需要。於是呈現出史學價值見跌的趨勢，在這意義上，說史學存在危機，未嘗不可。」而要改變這種史學危機的現狀，「需要對馬克思主義進行再學習，對歷史需要進行再認識」，同時，劉澤華先生還認為：「方法不能從根本上提高史學的社會價值。方法有助於達到目的，但方法不能代替目的的追求，而干預生活則應是史學追求的目的，只有干預生活，才能使史學獲得生機。」〔註4〕

　　僅僅是馬克思主義史學方法出現問題而導致史學危機的發生嗎？有些史家則認為危機的原因絕不僅限於此。還是在 1986 年，何新先生撰文說道「近年以來，國內史學界出現了『史學危機』這一引人注目的提法。對此，有人採取視而不見的不承認主義，有人則主張採用局部的修補性辦法……他們沒

〔註2〕方學堯：《研究生漫談史學方法的變革》，《走向未來》，1986 年第 1 期。
〔註3〕劉方：《研究生漫談史學方法的變革》，《走向未來》，1986 年第 1 期。
〔註4〕劉澤華：《「史學危機」與歷史的再認識》，《書林》，1986 年第 2 期。

有意識到，當代史學的危機實際上正是當代史學理論的危機，即舊的史學範式的危機。這種危機的根源，首先就是由於那種歷史公式論提供了一個對歷史和解釋中國歷史毫無效用的理論範式，再加上那種『階級鬥爭動力論』和『暴力革命決定論』的支配性影響，使我們的歷史學具有極爲強烈的政治偏見和價值偏見。」〔註5〕貴州大學的林振草此時亦撰文認爲：「如果承認當前確實存在著史學危機的話，那就是屬於第三種含義〔註6〕的危機，即史學社會功能衰竭所呈現的史學危機。」〔註7〕1986年7月在武漢舉行的以「繼承與創新」爲主題的全國首屆青年史學研討會更是演變成了史學危機是否存在的大討論。如時任《讀書》雜誌副主編，《走向未來》主編的包遵信先生在會議上直言：「我認爲目前史學確確實實存在危機，沒有危機用不著反省，爲什麼要迴避這個問題呢？」〔註8〕而對於這種危機出現的原因，在他看來：「現在，社會正在從政治、經濟等方面進行深刻的變革，與現實相比，理論是貧乏的，僵化的」，「在這種變革和發展的時代，我們愈加感到史學脫離現實，思想僵化，模式固定，知識陳舊，不適合四化的需要，深刻地感受到一種『危機感』。」〔註9〕

　　史學危機，危機史學。中國史學界到底是個什麼現狀呢？一批馬克思主義史家尤其是年輕史家已經給出了他們所認爲的答案。但是，在馬克思主義史學家內部，特別是那些老一輩馬克思主義史學家看來，史學危機的言論則有些怵人聽聞，誇大其詞之感，「當前的史學危機，實際上是史學即將發生深刻變化，向更高的水平發展的先兆」。〔註10〕

　　早在1985年，北京大學的李開元先生便發表文章認爲：「從史學研究的狀況，人才流動的走向，史學在學術界和社會生活中地位的變化諸方面來看，

〔註5〕　何新：《古代社會史的重新認識》，《讀書》，1986年第11期。
〔註6〕　林振草先生在該文中所講的前兩種史學危機指的是由於「反常現象增多而且不能在範式指導下克服作爲危機形成標誌的」和「由於在理解和具體運用上發生偏差，從而導致該理論體系的社會功能衰竭作爲危機徵兆的」史學危機。參見林振草：《略論當代史學危機》，《貴州大學學報》，1988年第1期。
〔註7〕　林振草：《略論當代史學危機》，《貴州大學學報》，1988年第1期。
〔註8〕　蔡世華整理：《關於史學繼承與創新的對話——首屆全國青年史學研討會側記》，《歷史教學》，1986年第11期。
〔註9〕　蔡世華整理：《關於史學繼承與創新的對話——首屆全國青年史學研討會側記》，《歷史教學》，1986年第11期。
〔註10〕　黃留珠：《史學危機芻議》，《社會科學評論》，1989年第9期。

『史學危機』是存在的。但是，經過進一步的觀察後，我們發現這一場危機只是舊的政治化史學的危機，在這場危機裏面孕育著新的文化史學的蓬勃生機，也就是說，史學面臨著新的轉機。」〔註11〕緊接著，1986 年初，史學界的權威刊物《歷史研究》刊出編者的話，認爲史學界所議論的史學危機，主要談論的是史學理論和方法問題。而「所謂『史學危機』，實際上是史學正在發生轉機，正醞釀如何革新內容與形式，向著更廣闊的研究領域和更高的科學水平發展。」〔註12〕

在《歷史研究》刊出這則編者的話後，一些馬克思主義史家進一步發表文章闡述自己的觀點。如趙光賢先生認爲：「如果說我國史學存在著危機，我以爲在於對馬克思主義沒有理解透，用教條主義代替了馬克思主義，用形而上學代替了辯證法。這樣就僵化了馬克思主義，使它不能與時俱進，使它不能成爲眞正的歷史科學。其次在於讀書不多，掌握史料太少，對史書史料史事不搞考證，不能去僞存眞，以致眞僞雜糅，無法解決歷史問題。如果我們能認清史學危機的眞正所在，迷途知返，走上眞正馬克思主義的道路，危機就可以轉化爲生機。如認不清這點，空想一些沒有科學根據的理論，抹殺史學作爲一種科學的特殊性，那我們就要走回頭路；以新的教條和空論代替舊的教條和空論，那才是眞正的危機。」〔註13〕章開沅、瞿林東、龐卓恒諸先生在首屆全國青年史學討論會上亦不認可史學危機的言論，在他們看來：「目前我們史學界的情況，是建國以來史學研究的最好時期。這不是自我陶醉，也並非說沒有什麼問題，問題確實很多，許多人都在自覺地反省，而且，反省的深度、廣度、層次，都較之過去更深刻。」〔註14〕

到 1988 年，學術界對史學危機的討論更加認識和深刻，青年史家一再強調的史學危機論依然被一些老一輩史家所否定〔註15〕，但此時這一問題已不

〔註11〕 李開元：《史學面臨著新的轉機》，《文史知識》，1985 年第 12 期。

〔註12〕 《歷史研究》編輯部：《編者的話》，《歷史研究》，1986 年第 1 期。

〔註13〕 趙光賢：《史學危機究竟何在》，《光明日報》，1986 年 8 月 27 日。

〔註14〕 蔡世華整理：《關於史學繼承與創新的對話——首屆全國青年史學研討會側記》，《歷史教學》，1986 年第 11 期。

〔註15〕 張芝聯先生曾經對新老史家對史學危機現象的不同表現作爲分析比較，在他看來：「一般說來，『文革』前表現活躍的那些歷史學家，亦即那批在 30 年代到 50 年代之間培養起來的、現在都已年逾 55 歲的歷史學家，似乎多少都滿意於近十幾年來的史學狀況。他們喜歡作縱向比較，即同以前發生過的事進行比較，認爲他們的環境這些年來頗有改善，比「文革」中甚至「文革」前

是大家所討論的重點，一些學者所提出的史學無用論以及史學發展中所暴露出來的種種問題則成了大家討論的新話題。如黎澍先生在 1988 年與《求是》雜誌記者的對話中在談及史學危機時直言：「說史學沒有用處，這是錯誤的。我們每個人都生活在現實之中，也就是生活在歷史之中」，同時「要重視用歷史知識教育我們的青年，使他們成為有文化素養的公民。」〔註 16〕此外，上海史學界的一些專家學者在談論史學危機與史學改革問題時也承認目前史學界所存在的一些問題。如陳旭麓先生認為：「我不認為史學如同政治、經濟那樣出現危機，但有盲目性，主要表現為三多。」〔註 17〕其後，陳先生列舉了史學機構多，從事歷史研究的人員多以及歷史著作多（難以出版）等現象。熊月之先生也說道，我們也承認史學界確實存在著一些不景氣的現象，「具體表現為史學研究方法陳舊，手段落後，歷史學科門庭冷落（考生來源差、學生分配難、書籍出版難、史學工作者生活寒苦）等等。」〔註 18〕但他們多把史學界這種所謂「危機」的現象稱之為史學的低谷期。但他們同時又強調：「低谷的形成，還決定於史學發展的趨勢。此際的低谷是毗鄰的高峰的下延。高峰和低谷是相間的。」〔註 19〕

第二節　史學革新：史學危機思潮下的學界共鳴

一方是肯定，一方是否定。在 20 世紀 80 年代中後期，馬克思主義史學家內部關於史學危機的這場爭論顯得流彩紛呈，精彩異常。但無論是肯定的也好，否定的也罷，有一點是雙方所一致認同的即需要對馬克思主義史學進

都好多了。在他們看來，過去的十三年是繁榮昌盛的，氣氛寬鬆，國際交流成效顯著，雖然還有不盡如人意之處。但在 70—80 年代成長起來的歷史學家們則看法比較悲觀。他們喜歡作橫向比較，即同日本和西方國家進行比較，覺得這些國家的歷史學是一種更獨立、更豐富多彩和更欣欣向榮的學科，相形之下中國的歷史研究和教學的境況十分不妙。」參看其所著：《當代中國史學的成就與困惑》，《史學理論研究》，1994 年第 4 期。

〔註 16〕黎澍著，王學典編：《歷史文化》，重慶，重慶出版社，2001 年版，第 107～108 頁。
〔註 17〕陳旭麓：《史學如何走出低谷——上海史學工作者談史學改革》，《史學理論》，1988 年第 4 期。
〔註 18〕熊月之：《史學如何走出低谷——上海史學工作者談史學改革》，《史學理論》，1988 年第 4 期。
〔註 19〕劉修明：《走出低谷，重攀高峰》，《史學理論》，1988 年第 4 期。

行進一步的革新與發展，以求史學能夠跟上世界史學發展的潮流與中國改革開放以後社會大幅前進的步伐。如龔書鐸先生說道：「近年來，『史學危機』的說法頗爲流行。對於是說，贊成者有之，反對者亦有之。意見分歧，自不足爲奇……不過，二者之間也還是異中有同，無論主『危機』說或非『危機』說，不少同志認爲史學研究存在僵化、單調的現象，影響了史學的發展，需要加以改變。這恐怕不能說是無端的誇張。」〔註20〕

一、歷史學理論上的革新

中國史學革新的突破口在哪裏？一些史家認爲，歷史學理論上的創新是回應史學危機，給馬克思主義史學以生機和活力的關鍵。而「出路只有堅持和發展馬克思主義」，在他們看來：「我們認爲，所謂的馬克思主義的危機論，過時論，是根本錯誤的。這是對我們隊伍中存在的左傾教條主義、實用主義和言行不一的一種反動。要克服這種危機論和過時論，最根本的就是要清除我們隊伍中的這些不良傾向，堅持一切從實際出發，在實踐中眞正堅持和創造性地運用、發展馬克思主義理論，從而把我們的社會主義建設搞上去，讓社會主義制度的優越性充分顯示出來。」〔註21〕同時，還有一些史家強調史學危機的言論是青年史家的一種誤解，「是前些年流行的把史學理論等同於歷史唯物主義認識上的另一種表現形式」，在他們看來：「一直到現在爲止，我們還不能說已經形成了一門獨立的馬克思主義史學理論學科。一門學科還沒形成，就說它已經發生危機，這是令人費解的。」〔註22〕李時岳先生認爲：「不論危機或轉機，都表示傳統的史學理論和方法、現行的史學內容和形式，已不能令人滿意或不甚令人滿意，從而要求有新的探索、新的突破、新的變革。這種史學革新的呼聲是值得重視的。」而致使我國馬克思主義史學出現危機的要害在於：「學習和運用唯物主義的理論和方法，卻採取了唯心主義的思想路線。」〔註23〕黃留珠先生也附和道：「當然，面對危機，可以有不同的抉擇：要麼力圖迴避矛盾；要麼靜觀以待；要麼謙卑地匍匐在危機面前，承認自己

〔註20〕龔書鐸：《從「史學危機」想到的》，《福建論壇》，1987年第1期。
〔註21〕徐博涵：《迎接馬克思主義發展新高潮》，《社會科學評論》，1986年第10期。
〔註22〕蔣大椿：《唯物史觀與史學》，長春，吉林教育出版社，1991年版，第146頁。
〔註23〕李時岳：《史學的革新》，《汕頭大學學報》，1986年第1期。

的渺小和無能；要麼勇敢地接受挑戰，積極開拓，大膽探索。無疑，最後的一種抉擇，是廣大史學工作者應當選取的。這種抉擇，實質上就是在史學領域進行一場偉大的改革，以改革來解決危機。」〔註24〕而未來中國史學的目標則是建設「具有中國特色的新史學，將是發展了的馬克思主義、現代科學技術和中華民族優秀史學傳統的完美的結合體。她既是史學改革的根本目的，也是廣大史學工作者的奮鬥目標。」〔註25〕

同時，一些年輕學者如張豔國等則強調了第三次科技浪潮對中國史學界的影響作用，並認為「對中國理論進行再認識，把馬克思主義史學理論中國化」〔註26〕是擺脫目前史學危機的重要方法和手段。而這一主張是與老一輩史家所一貫強調的要「建設具有中國特色的馬克思主義歷史學」〔註27〕，「建立具有中國民族特色的馬克思主義史學」〔註28〕的目標是相呼應的。

二、歷史學方法上的革新

歷史學理論上需要創新，那麼歷史學方法上是否也需要創新呢？答案是肯定的。龐樸先生將史學危機的論辯原因，「歸結科學主義在史學領域的失敗」。〔註29〕在他看來，長時間以來，中國史學一直是實證史學與闡釋史學兩大史學流派的相互爭雄。但二者都有一個誤區，即標榜科學主義，過於強調歷史客觀主義，對於歷史的主體及人民的需要方面則過於淡漠。同時，在其它方面，一些史家也深表憂慮並提出了自己的觀點和看法。如王也揚先生說道：「要使史學方法論研究進一步深入，應該在方法論的實際運用方面給予更大的注意，投入更多的力量。方法的價值在於運用，也只有通過運用才能夠實現對方法本身的檢驗。」〔註30〕戚其章也認為：「如何改進史學方法的問題，是當前史學界面臨的一個重要課題。我認為，要改進史學方法，當務之急是大力加強馬克思主義史學方法的研究。如果捨此而旁騖，是不可能達到預期

〔註24〕黃留珠：《史學危機芻議》，《社會科學評論》，1989 年第 9 期。
〔註25〕黃留珠：《史學危機芻議》，《社會科學評論》，1989 年第 9 期。
〔註26〕張豔國：《歷史學的危機與現代化的抉擇》，《社會科學評論》，1986 年第 11 期。
〔註27〕田昌五：《建設具有中國特色的馬克思主義歷史學》，《世界歷史》，1984 年第 1 期。
〔註28〕瞿林東：《關於歷史科學的民族特色問題》，《光明日報》，1984 年 2 月 8 日。
〔註29〕龐樸：《科學主義與歷史研究》，《史學理論》，1987 年第 1 期。
〔註30〕王也揚：《注重史學方法論的實際運用》，《光明日報》，1986 年 9 月 10 日。

效果的。」〔註31〕

　　既要「深入」研究，又要「加強」基礎，具體實踐中我們又該如何實行呢？在這方面，誠如金沖及先生所堅持的：「歷史科學研究的方法決不能因循守舊，應該不斷革新和完善，包括廣泛吸收現代社會科學各方面的最新成果。歷史科學作為一種學科體系來說，應該是開放的，應該廣泛地吸取哲學、社會學、心理學、人類學等方面的最新科學成果，相互滲透，來豐富自己的研究手段。」〔註32〕胡如雷先生也認為我們既要堅持歷史學應該有自己的特點和自身的方法理論體系，但同時：「為了史學研究引進方法和開闢新的研究領域，社會心理學、人口地理學、民俗學、民族學、人類學以及決策理論、組織理論等等，都是史學工作者可以留心的領域。可借鑒的學科之多，不勝枚舉，恐怕在數量上大大超過了自然科學。因此，把系統論、控制論等方法引進史學領域是必要的，但目光也不必完全集中在『三論』和『新三論』上，在人文科學和社會科學的領域中，天地更加廣闊。」〔註33〕田居儉先生則從中國史學研究方法變遷的角度對歷史學研究方法提出了自己的建議。在他看來，我們強調在繼承和發揚傳統史學理論與方法的同時，還要「再辟蹊徑，加強對中國歷史的不同層次的規律進行探討，從以往的中國通史研究格局中解脫出來，從流行半個多世紀的經濟、政治、文化三足鼎立的史著框架中解脫出來，高屋建瓴，窮目局部，從事各式各樣專史和專題研究，特別是那些過去很少有人問津的鼎足之下的邊緣地帶或空白區域研究。」〔註34〕

　　在以上諸先生的觀點之外，一些學者還提出了一些比較新穎的觀點並對於非馬克思主義的史學方法也表達了與先前史學界完全不同的態度。如何振東先生提出要「重視對非必然性歷史的研究」，「重視對心理史學的研究」以及「重估歷史學的社會價值」等，並強調「史學工作者不僅要客觀地描述歷史，還要對歷史不斷的進行反思」。〔註35〕吳廷嘉先生發文直言《要重視和加強史學方法論研究》，在他看來：「我國史學戰線造就過不少理論戰士，但是，就整個史學界而言，史學理論的研究工作卻是相當薄弱的。建國以來基本上

〔註31〕戚其章：《改進史學方法之我見》，《安徽史學》，1986 年第 3 期。
〔註32〕金沖及：《淺談歷史科學的特性和作用》，《歷史學年鑑》(1989)，人民出版社，1990 年版，第 21 頁。
〔註33〕胡如雷：《歷史研究方法芻議》，《河北學刊》，1986 年第 4 期。
〔註34〕田居儉：《略論中國史學研究方法的變遷》，《歷史研究》，1986 年第 2 期。
〔註35〕何振東：《拓寬史學研究的思路》，《人文雜誌》，1988 年第 4 期。

沒有對史學理論的總體構架展開過專門研究。而史學方法論的研究，又屬於其中最薄弱的一環，一直處於自流狀態，得不到應有的支持。」〔註36〕因此，在他看來，如果想從根本上加強史學方法論研究，必須從四個方面進行：「1.加強對史學理論總體架構的研究，明確史學方法論在史學研究中的地位和作用；2.繼承和發展唯物史觀的基本研究方法；3.在汲取和改造其它學科研究方法的基礎上，發展和豐富史學研究法；4.對非馬克思主義的歷史學派的學術成果採取揚棄態度，積極地從中吸取一切科學的歷史研究方法。」〔註37〕

三、歷史學功用上的革新

歷史學的功能是什麼呢？我們認為一般主要有兩點，一為求真，一為致用。而改革開放以來史學危機的呼聲之所以一浪高過一浪，一方面固然是歷史學的理論和方法需要進一步的更新與發展，但從其致用的功能來看，即歷史學如何更好地為現實服務的方面來看，我們的確遇到了許多的問題和挑戰，還有許多新的工作要做。而對於歷史學功用上的革新，很多史家早就注意到了。如謝本書先生認為：「堅持把改革放在一首位，經濟建設是如此，社會科學的建設也不應該例外。作為社會科學重要組成部分的歷史科學來說，其發展也離不開改革」，而「正確處理歷史與現實的關係，改進歷史研究的方法，促使歷史研究產生更多更好的精神糧食，豐富人們的精神生活，提高群眾的文化素養，鼓舞人民為社會主義四化建設而貢獻力量、為共產主義理想而頑強奮鬥，這就是改革歷史研究的立腳點和出發點，也是改革歷史研究的途徑和歸宿。」〔註38〕戴逸先生也指出，針對社會上流行的「史學無用論」，史學逐漸被冷落的現象。要求歷史科學工作者，「首先應該反躬自問，怎樣改進自己的知識結構、思維模式和研究方法，怎樣拓展研究領域、開闢具有現實意義的課題，加強其應用性，使歷史科學能夠適應當前改革開放的需要」。〔註39〕

如何加強史學的功用性，一些史家從歷史學理論的角度提出了基礎歷史學與應用歷史學的概念。如按照蔣大椿先生的觀點，馬克思主義的基礎歷史

〔註36〕吳廷嘉：《要重視和加強史學方法論研究》，《歷史研究》，1986年第1期。
〔註37〕吳廷嘉：《要重視和加強史學方法論研究》，《歷史研究》1986年第1期。
〔註38〕謝本書：《改革歷史研究的途徑》，《雲南社會科學》，1986年第1期。
〔註39〕戴逸：《歷史科學的社會功能》，《中國歷史學年鑑》(1989)，人民出版社，1990年版，第14頁。

學主要指整理歷史過程的事實與探明歷史過程的眞理兩部分內容，而馬克思主義應用歷史學則是「根據現實政治和社會的需要來研究歷史，以運用所得的歷史知識爲社會現實服務」，同時認爲：「無論基礎史學，還是應用史學，都是人民所需要的，也都是社會主義事業所需要的。」〔註40〕同年劉文瑞發表文章《試論應用史學》，其觀點與蔣大椿先生相合。在劉文瑞先生看來：「把史學看成是單純的理論學科，是我國史學理論中的一大缺陷。由於缺乏應用史學這一概念，史學領域對諸多問題都採取了迴避態度」，並認爲，「劃分理論史學和應用史學，建立和完善當代應用史學體系，是振興史學的需要，也是史學『三個面向』的需要……應用史學的提出，實際上就是對史學體系的一種重新編排。在史學走向現代化的過程中，這項工作是必要的。從發展的眼光看，應用史學具有廣闊的前景，也必將給理論史學帶來新的活力，是大有可爲的。」〔註41〕當然，並非所有史家都認可上述史學的這種劃分的。如趙軼峰先生就說道：「『應用史學』的提出，反映了當代中國歷史學實現現實社會價值的要求，是積極可取的」，〔註42〕但「歷史學科的內部劃分，現在既是一個謀求史學服務於社會的現實問題，也是一個要求內在邏輯嚴整性的理論問題，對未來的史學發展關係重大。因之對『應用史學』概念。多進行一些討論，是必要的。」〔註43〕

另外一方面，一些史家還從史學現代化的角度談史學變革。如馬愛平認爲：「歷史學的現代化，就是繼承史學傳統，廣泛吸收利用科學技術發展中形成的最先進的技術手段，科學方法論和科研成果，充實和提高史學工作者的知識水平和技能，使思維能力深化，從集中於某一點或某個面去思考問題，發展到從立體結構運動地去觀察和思考問題，更科學地探索社會運動規律，預測社會發展」，〔註44〕在馬愛平看來：「歷史學要爲現代化服務，它自身也應走向現代化。」〔註45〕

〔註40〕蔣大椿：《基礎歷史學與應用歷史學》，《上海社會科學院學術季刊》，1985 年第 1 期。
〔註41〕劉文瑞：《試論應用史學》，《西北大學學報》，1985 年第 4 期。
〔註42〕趙軼峰：《應用歷史學的提法有待商榷》，《安徽史學》，1986 年第 4 期。
〔註43〕趙軼峰：《應用歷史學的提法有待商榷》，《安徽史學》，1986 年第 4 期。
〔註44〕馬愛平：《現代化與歷史科學——史學發展之我見》，《社會科學》，1986 年第 2 期。
〔註45〕馬愛平：《現代化與歷史科學——史學發展之我見》，《社會科學》，1986 年第 2 期。

挑戰與回應，這是歷史學發展的必由之路。這次史學危機的大討論在一些史家看來，「是一批新崛起的中青年史學工作者對我國歷史學現狀的挑戰」〔註46〕，但有挑戰就有回應，我們的馬克思主義史學家尤其是老一輩的馬克思主義史學家在歷史學理論、方法以及歷史學的實用性等方面的諸多創新正是對這些中青年史家所提出的諸多問難的一種積極回應，當然這種革新也是中國歷史學在新時期適應時代發展的一種必然選擇了。

第三節　市場經濟大潮對中國歷史學發展的挑戰：史學危機論的餘波

1992 年，鄧小平南巡講話之後，市場經濟的大潮席卷全國，而如何發展歷史學，使其與商品經濟、市場經濟的發展相適應，則成了史學界所要面對的新問題，也是一些史家所認爲的史學危機在 20 世紀 90 年代依然沒有結束的重要原因。如彭衛先生在 1992 年《史學理論》編輯部組織的商品經濟下史學研究如何發展和深入的座談會上講道：「生活在今天的史學家需要擁有更爲強烈的自主性……但這『並不是抽象、虛幻的救世意識，而是對自己存在如負載自己存在的世界的建設性努力，具體些說，就是讓史學研究走向深入的同時也協調地走向社會，走向大眾，只有這樣，今天的史學家才能完成生存實現和價值實現。」〔註47〕孫曉先生在這次座談會上也提出了許多眞知灼見。在他看來，歷史學要想適應商品經濟大潮的衝擊：「第一，要重新商定衡量檢驗歷史研究的價值標準，標準應該多樣化，從而帶來史學研究的多元化。第二，要採取多種形式的表達方法，尤其在應用史學方面，要利用現代聲、光、電等手段，表達自己的成果，這將給歷史研究注入新的血液。第三，合理估計自身價值，求得心理穩定。史學研究在某種意義上是研究者自身的危機，除了研究者作繭自縛外，還有自身心理反差與失落。在商品社會中，史學有自己的領域，不應該把這個學科過份膨脹擴大，史學家也不應該膨脹擴大自我。」〔註48〕

其後，一些史家紛紛撰文，要求史學進一步發展和變革以求與市場經濟

〔註46〕 林甘泉：《「挑戰」與「回應」：歷史學發展的必由之路》，《歷史學年鑒》(1989)，人民出版社，1990 年版，第 15 頁。
〔註47〕 彭衛：《商品大潮與史學發展六人談》，《史學理論研究》，1993 年第 1 期。
〔註48〕 孫曉：《商品大潮與史學發展六人談》，《史學理論研究》，1993 年第 1 期。

的發展相適應，如張豔國要求加強史學的普及性工作，他說道：「在我看來，從事高、精、尖純學術性、基礎理論性的歷史教學與科研應該是整個隊伍中絕對的少數，應該通達必要的社會渠道鼓勵更多的人去從事帶有應用意味的史學工作，帶有史學社會化的普及性工作，從而在商品經濟中重新爲史學定位，重新確立其社會價值和社會地位。這樣的歷史學科才能在新的歷史條件下不惘然無措，才不會失去改革自己、適應社會需要而發展自己的契機。」〔註49〕而齊世榮先生在吉林大學講學時也直言：「歷史學研究的內容陳舊，沒有時代感，未能掌握時代精神的脈搏，吸引人的題目不多，所以不被重視，這就迫使史學工作者開拓創新。」〔註50〕而創新的內容，在齊先生看來，一是研究的內容要有時代感，二是要有新材料。

　　同時，還有一些史家從傳統史學功能的繼承性上來論述商品經濟下的史學發展。如戰繼發認爲：「史學危機的根本原因在於史學工作者不明史義，不能使傳統史學的經世功能發揚光大，以適應時代發展的要求」，〔註51〕而「要想使史學度過危機，獲得長足發展，不但要在史學方法上不斷探索，更重要的是繼承和發揚我國古代史家治史之要義，加強史學的經世功能，使史學與現實接軌，並賦之以時代的精神，讓史學知有今務。」劉信君在《社會科學戰線》上也撰文指出：「史學只有爲現實服務才有價值，才更有強大的生命力」而「史學工作者應該承擔起這個光榮的重任，發揮史學經世致用的優良傳統，在宣傳愛國主義中作出自己的貢獻。」〔註52〕

　　當然，面臨市場經濟的衝擊，也有一些史家是不認可史學應該走向市場的。如王學典先生就認爲：「我們可以說，歷史學家可以『下海』，但歷史學不能下海，歷史學家可以走向市場，但歷史學不能走向市場。高度發達充分發展的專業分工是市場經濟的本質要求，歷史學進一步回到自身中來，就是對市場經濟時代的最大適應。除此之外，任何其它方式的適應，看來都有背史學的本性。」〔註53〕

〔註49〕張豔國：《歷史學科也要適應市場經濟的發展》，《史學理論研究》，1993 年第
　　　　2 期。
〔註50〕齊世榮：《關於史學研究的創新問題》，《史學集刊》，1994 年第 4 期。
〔註51〕戰繼發：《史義與傳統史學的經世功能發微》，《史學理論研究》，1995 年第 4
　　　　期。
〔註52〕劉信君：《史學經世致用思想的嬗變》，《社會科學戰線》，1995 年第 2 期。
〔註53〕王學典：《向內轉：市場經濟背景下歷史學的應有選擇》，《史學理論研究》，
　　　　1994 年第 2 期。

「史學的生命和活力，就在於能面向現實，敢於接受變化中的世界和中國的挑戰，堅持用自己科學研究的成果，去參與新的生活的創造。中國的第二次革命正在召喚著中國史學的新發展，時代期待著更多的史學工作者克服種種困難，繼續遨遊在史學這一學海之中，爲推動這次革命走向成功作出自己的貢獻。」〔註 54〕我們相信，市場經濟雖然給中國史學的發展帶來了一些困難和挑戰，但在我國新老史學家的積極努力和不斷創新之下，中國歷史學的明天必定會更加美好。

本章小結

瞿林東先生曾經認爲，史學界的這次史學危機的爭論並不是什麼眞的危機，而是史家的一種史學反省，是「老、中、青史學工作者中都不同程度地有一種自覺的意識，而青年史學工作者在這方面表現地更爲突出。」〔註 55〕我們今天來看，瞿先生的這種觀點不無道理。同時，我們還應看到，20 世紀 80、90 年代的這次史學危機的討論實際上還是史學界面對社會思潮的衝擊與外來史學衝擊下的一次自我調整與改變。只不過這次調整和改變的發起者是大陸新崛起的年輕一代史家而已。他們所鼓勵和提倡的所謂史學理論和史學方法並不是我們所一貫堅持的從馬克思主義史學內部轉變或者從傳統史學中提取其精華部分開始，而是向外轉，更多的借用西方的史學方法與理論甚至是採用心理學、社會學、人類學等跨學科的方式來進行史學研究。其治學理念和改革的勇氣是非常值得我們提倡和嘉獎的。然而，史學的革新是循序漸進的過程，而非一朝一夕可完成。其對傳統史學及馬克思主義史學的過於苛責，甚至有些人提出了馬克思主義史學的過時論、無用論，這也導致了其陷入了唯心主義的主觀決定論，其史學的一些目的和要求自然也就成了史學界批判的對象。但無論如何，這些年輕的史家所提出的史學危機的觀點畢竟引起了史學界的重視並促使了馬克思史學的進一步的發展與變革，如張旗所言：「史學危機呼聲的出現是新時期中國史學對社會轉型的不適反應和初步調整。」〔註 56〕馬克思主義史家也在這種論辯與爭鳴中對馬克思主義史家群體

〔註 54〕 姜義華：《新時期呼喚史學的新發展》，《近代史研究》，1994 年第 2 期。
〔註 55〕 蔡世華：《關於史學繼承與創新的對話——首屆全國青年史學研討會側記》，《歷史教學》，1986 年第 11 期。
〔註 56〕 張旗：《史學危機與危機意識》，《河北學刊》，2003 年第 5 期。

自身及馬克思主義史學的理論、方法及其與社會現實之間的關係等進行了一次歷時多年的大變革。而中國史學思潮的發展趨向也逐漸在史學危機的大討論中由史學闡釋與史學考證的兩大治學方向的爭鳴逐步轉移到了歷史學的普及及其功用上了，中國歷史學也因此進入了一個新的發展階段。

第五章　走出歷史：跨學科史學思潮的興起

　　歷史學方法論是歷史學體系的重要組成部分，但長期以來，國內史學界對歷史學方法論的研究一直比較薄弱。階級鬥爭史學長期佔據著主流的統治地位，其它的史學方法被處以邊緣和弱化的地位。20世紀80年代中期開始的這場史學危機的大討論可以說給中國史學界重新敲響了警鐘。如何才能讓中國史學界重新恢復生機和活力，痛定思痛，在絕大多數的史學工作者看來，重新檢討馬克思主義史學固有的史學方法論體系，吸取中國傳統史學研究的優點和長處，引進西方的新史學方法理論體系則成了大家新的奮鬥目標與願望。而走出歷史學自身的世界，走向自然，走向社會，走向跨學科則成了史學界的新希望，中國史學界的歷史方法論情結也在這種轉變中完成了它在新時期的世紀跨越。

第一節　從自然到社會：跨學科史學研究思潮的勃興

　　什麼是歷史學的跨學科研究，史學界目前並沒有統一的認識，一般認為，歷史學的跨學科研究包括廣義與狹義兩個部分組成，「廣義上說，跨學科史學包括運用自然科學和社會科學的理論和方法的史學，但狹義上主要是指運用社會學、人類學、經濟學、政治學、心理學等相鄰學科的理論和方法進行研究的史學」。[註1] 歷史學的這種研究方法早在20世紀上半葉年鑒學派興起之

[註1] 龐卓恒、李學智：《歷史學方法論》，《中國歷史學四十年》，北京，書目文獻

後已漸居西方史學界史學研究的主要手段。而對於馬克思主義史學的發展，國內史學界由於長期受到左傾史學的影響，階級鬥爭史學一直居於主流的指導地位，直到 20 世紀 70 年代末 80 年代初才漸有學者提倡歷史學要進行跨學科的研究，在他們看來，「所謂史學的跨學科研究，是指運用其它學科的理論、方法、成果乃至研究技術來考察史學課題的一種綜合研究方法」。〔註 2〕「跨學科研究在某種意義上來說是科學研究的真正深入的發展，而不是膚淺的湊合。」〔註 3〕而跨學科史學研究的興起，就新時期來講，最早進行史學實踐探索的是金觀濤、劉青峰夫婦。正是他們夫婦二人最早將系統論、控制論等現代自然科學的有關理論方法引入到歷史學的研究與實踐之中，中國歷史學此時也開始走出了自己固步自封的牢籠，開始走出歷史，走向自然。

1980 年，金觀濤、劉青峰夫婦在《貴陽師院學報》上連續發表文章，其目的用該刊編者的話來說：「本文作者是兩位年輕的科學工作者。他們試用現代科學控制論的原理來研究、分析中國封建社會的經濟、政治、意識形態三個結構系統之間相互作用、相互制約的關係，從而論證了中國封建社會的長期性、停滯性和歷史振蕩的周期性這二者之間的內在聯繫。」〔註 4〕緊接著，金觀濤又在《讀書》上發表文章，繼續宣傳自己這種新歷史寫作方法的初衷，在他看來：「過去歷史研究的方法基本上還是停留在運用『單純因果分析』和『歸納法』的階段。這種方法雖然取得了很大成果，但在進行整體研究，特別是剖析各種因素之間的交互作用和互為因果的歷史現象時，就會發生困難。」〔註 5〕而系統論、控制論的引入恰好就解決了上述問題，同時最敏感的也是最核心的關於這種新方法與歷史唯物主義的關係問題，金觀濤也做了說明：「我們認為，運用控制論方法研究歷史，是不會與歷史唯物主義相衝突的，而可以使歷史唯物主義更豐富、更細密、更精確。」〔註 6〕此後，金觀濤和其妻子劉青峰合作，撰寫了《興盛與危機》，《在歷史的表象背後》等著作，將

出版社，1989 年版，第 103 頁。
〔註 2〕 龐群編譯：《小議史學的跨學科研究》，《世界史研究動態》，1981 年第 5 期。
〔註 3〕 童斌：《跨學科研究與歷史學》，《國外社會科學》，1979 年第 5 期。
〔註 4〕 金觀濤、劉青峰：《中國歷史上封建社會的結構：一個超穩定系統》，《貴陽師院學報》，1980 年第 1 期。
〔註 5〕 金觀濤：《系統論、控制論可以成為歷史研究者的工具》，《讀書》，1981 年第 11 期。
〔註 6〕 金觀濤：《系統論、控制論可以成為歷史研究者的工具》，《讀書》，1981 年第 11 期。

其史學思想進一步展開並引領了史學界一場新的史學方法革新的熱潮。

當然，任何一種新的史學方法或者說一種新的史學理論的引入與應用其初始階段都不可能是一帆風順的。在金、劉的文章剛發表之後，就有學者發表文章對金觀濤、劉青峰的史學主張提出質疑和問難，對二人在文中的一些觀點和主張進行批駁和商榷，認爲其文章有「歷史研究中的非馬克思主義傾向」〔註7〕，「『不是現代科學的光芒照進晦暗的』歷史研究，而是歷史唯物主義的光輝正普照、并永照歷史科學」。〔註8〕

但是，學界的這種批駁問難的聲音並沒有減緩歷史學走向自然的步伐，相反的，這種史學界辯論的熱潮更激發了史學界尤其是年輕學者對系統論、控制論等自然科學方法論的研究興趣並紛紛加入到了介紹、引入系統論的史學大軍中來，如劉昶、李桂海等人撰文亦從現代自然科學的角度出發來論證中國封建社會存在的長期性問題而受到學界重視，後者還利用系統論、控制論、結構論等有關理論著成了《現代人與歷史的現代解釋》一書，並認爲：「對歷史的現代解釋，這是歷史科學現代化的必經途徑。」〔註9〕霍俊江、吳廷嘉、程洪等人則積極主張歷史科學要早日實現其現代化，而「歷史科學要現代化，必須引進現代自然科學的有效方法和手段，使研究進一步科學化、定量化和精確化」〔註10〕，同時爲了使馬克思主義在新時期得到更快更好的發展，「如何汲取這些自然科學的最新成果，就成爲一個十分嚴肅而重大的問題」，〔註11〕最關鍵的是「史學領域的一個新動向，是進行多學科的綜合研究。尤其自然科學的滲透，已經向傳統史學發起挑戰……每個研究理論問題的，也同樣不可抗拒地被迫研究自然科學的成果。」〔註12〕

程洪等人將自然科學對史學的滲透視爲新史學來臨的重要時刻，可以說

〔註7〕康健文：《歷史研究中的非馬克思主義傾向——簡析〈中國歷史上封建社會的結構：一個穩定的系統〉》，《貴陽師院學報》，1981年第4期。

〔註8〕吳築星、林建增：《讓什麼光照進歷史科學領域？——與〈中國歷史上封建社會的結構：一個超穩定系統〉一文作者商榷》，《貴陽師院學報》，1981年第4期。

〔註9〕李桂海：《現代人與歷史的現代解釋·前言》，武漢，湖北人民出版社，1989年版，第4頁。

〔註10〕霍俊江：《歷史科學的現代化問題》，《求索》，1983年第2期。

〔註11〕吳廷嘉：《馬克思主義史學研究與當代自然科學的最新成果》，《社會科學研究》，1984年第4期。

〔註12〕程洪：《新史學：來自自然科學的「挑戰」》，《晉陽學刊》，1982年第6期。

從一定程度上反映了許多史學工作者尤其是大部分年輕史家要求改變現有僵化的歷史學方法體系的心聲。「而持懷疑態度的人，一般都抱著觀望的態度。而且他們大半在知識準備上也顯得不足，無法提出具體的反對意見」。〔註13〕此後，隨著 20 世紀 80 年代中後期史學危機論的提出，歷史學進一步的走向自然，系統論的引入被作爲一特殊的史學現象引起了大家的討論與激辯，而跨學科思潮也在這種討論與激辯的聲潮中進入了一個新的時期。

此時，以系統論等自然科學內容爲核心的「三論」熱席卷全國，各地紛紛舉辦各種各樣的「三論」講習班，而高校中各種有關「三論」與歷史科學、自然科學關係的學術討論會，研討會也是頻繁召開，學界的大小刊物上也闢有專欄介紹自然科學與歷史研究的有關文章，甚至連領導人都在談論「三論」，無怪乎連錢學森先生都感歎道：「『三論』現在已經被普遍接受了。」〔註14〕

「三論熱」的同時也帶動了史學界對自然界其它科學方法的興趣以及計量史學、比較史學、心理史學等新史學方法的傳播與應用。吳廷嘉、董進泉等人紛紛發表文章對歷史學與自然科學之間的關係及自然科學引入史學的的應用及其重要性等內容髮文介紹，同時各地的史學討論會尤其是由《中國史研究》、《近代史研究》、《世界史研究》等編輯部與復旦大學共同舉辦的「歷史研究與現代自然科學方法論」的討論會以及 1986 年的全國史學理論研討會的舉行，將歷史學走向自然的熱潮推向了一個新的高峰。另一方面此時的新史學方法的引入與介紹，則有龐卓恒、范達人、陳春聲、彭衛〔註15〕等新時代的翹楚，趙吉惠、彭衛等所主編的《歷史學方法論》、《歷史學的視野》等有關史學方法論的書籍更是闢有專章對這些新的史學方法予以介紹與評析。而這些新時代的年輕史家在堅持唯物史觀的固有原則和基礎下，積極進行新方法的探索和研究，無疑是進一步擴大了中國史學研究的範圍和領域，同時也在客觀上推動了國內跨學科史學思潮的前進步伐。

但是，「三論熱」或者說歷史學走向自然能否解決中國歷史學存在的一些

〔註13〕羅志田主編：《20 世紀的中國：學術與社會·史學卷》，濟南，山東人民出版社，2001 年版，第 679 頁。

〔註14〕錢學森：《關於馬克思主義哲學和文藝美學方法論的幾個問題》，《文藝研究》，1986 年第 1 期。

〔註15〕參見龐卓恒：《歷史的統一性、多樣性與歷史的比較研究》，《天津社會科學》，1985 年第 1 期；范達人：《歷史比較研究芻議》，《歷史教學問題》，1985 年第 1 期；陳春聲：《統計分析方法在史學研究中的運用》，《學術研究》，1985 年第 3 期；彭衛：《借鑒·汲取·提高》，《光明日報》，1984 年 10 月 31 日。

問題呢？它與馬克思主義史學的關係又該如何界定。此時的馬克思主義史家雖然不再像 80 年代初期那樣對某一重大史學理論問題動輒掀起大規模的學術爭鳴，但還是有一些學者對其持分析地批判態度的，如中國社會科學院的沈定平先生認爲：「系統論與控制論都有它應用的範圍，如果不是建立在馬克思主義唯物史觀的基礎上而直接應用，難免會出現各種各樣的問題。」〔註 16〕楊國宜的觀點與之類似，也認爲：「要使系統方法論得到正確運用，獲得最佳效果，還是必須以馬克思主義作指導。這是因爲它雖然從一個方面揭示了客觀世界的普遍聯繫，加深了唯物辯證法的理解，但畢竟未能從總體上把握世界，還沒有達到方法論的最高層次，即科學世界觀和哲學方法論的高度。這樣，它就不能不有自己的局限性。系統方法論是屬於中間環節的方法，有它的科學性和獨立性，在不少的學科中都可運用；但在不同世界觀的指導下，運用的結果是很不相同的。」〔註17〕「也有的學者比較委婉地批評指出：「我們應當有志於建立和發展中國自己的馬克思主義的史學方法論體系。它首先應當是以馬克思主義唯物史觀爲靈魂，同時繼承和發揚中國史學傳統的優秀成份，並且有選擇地攝取國外社會科學和自然科學的合理、有益和有效的方法、手段。這是一種有中國氣派和風格的史學方法論體系。」〔註 18〕王學典先生更是直接地指出，系統論的思想既不是一種歷史觀，也沒有相應地科研成果的支持，因此其發展「正像回到乾嘉去一樣不能使中國史學得到新生一樣，走向系統論去也不是中國史學的出路」。〔註 19〕

　　以系統論爲代表的自然科學的史學思潮熱可以說是中國史學走出歷史，走向學際整合進行跨學科研究的第一個階段，雖然由於其自身的局限性，自然科學方法的引入並不能完全解除史學危機的呼聲，但它畢竟開啓了中國史學跨學科研究的道路，加快了中國史學與世界史學發展的接軌。與此同時，中國史學也在朝著另外一個方向前進，即走向歷史視閾之外的社會學等社會科學領域，在系統論史學思潮逐漸回落的同時，史學界的比較史學、心理史學等跨學科史學研究方法的引入與實踐進程加快，西方的年鑒學派及其相關

〔註16〕《中國史研究》編輯部等：《系統論與歷史科學》，鄭州，中州古籍出版社，1987 年版，第 412 頁。
〔註17〕楊國宜：《略論科學歷史觀與系統方法論》，《安徽史學》，1986 年第 3 期。
〔註18〕劉修明：《史學方法論的引進要慎重》，《光明日報》，1982 年 12 月 15 日。
〔註19〕王學典：《二十世紀後半期中國史學主潮》，濟南，山東大學出版社，1996 年版，第 129 頁。

的史學理論此時也迅速在史學界擴大傳播開來。且一旦一種新的史學理論和方法逐步被史家掌握並成熟運用以後，歷史學的再一次生機必將很快到來，而中國社會史研究的復興與繁榮，正是在這種史學大背景之下出現的必然現象，跨學科史學此時也真正在中國史學界逐步確立並繁榮發展起來。

　　1985 年，歷史界的權威期刊《歷史研究》刊發了專門評論員文章《把歷史的內容還給歷史》，「籲請史學界擴大治史視野，復興和加強關於社會史的研究」，並認為，「這樣做，可以另闢蹊徑，促進史學的改革和創新，突破流行半個多世紀的經濟、政治、文化三足鼎立的通史、斷代史等著述格局，從研究社會生活的角度著手，開拓和填補鼎足之下的邊緣地帶和空白區域，同時再以社會生活的歷史演變為中介，連接和溝通鼎立的三足，復原歷史的本來面貌，使之血肉豐滿，容光煥發。」〔註20〕其後，馮爾康、喬志強、陳旭麓諸先生各自從不同角度，積極提倡開展社會史的研究。如馮爾康先生在回顧中國社會史的研究進程時講道：「瞻望前途，我們充滿信心，這就是史學界研究社會史的趨向，這就是與社會史相關的哲學社會科學研究的進展，這就是當代開展交叉學科研究的趨勢，這就是眾心渴望與努力實現雙百方針」，〔註21〕在他看來，社會史的研究就是「研究歷史上人們社會生活的運動體系的」〔註22〕。喬志強先生在《需要開展社會史的研究》一文中也指出：「我們都知道；對歷史的研究和對其它自然學科，社會學科的研究一樣，需要作全面的、立體的考察，需要作多層次。多角度的瞭解，才能逐步認識歷史的全貌。只偏重於政治、經濟、文化，軍事任何一方面，只能是專史，是不全面的……要瞭解和研究歷史上社會的構成、社會生活和社會功能。」〔註23〕陳旭麓先生則認為：「真正能夠反映一個過去了的時代全部面貌的應該是通史，而通史總是社會史」。〔註24〕其後，在諸先生的帶領下，中國社會史的研究進入了一個新的時代，各地紛紛召開社會史研究的座談會，許多高質量的社會史研究的論文得以發表，一大批優秀的社會史研究著作如喬志強《中

〔註20〕本刊評論員：《把歷史的內容還給歷史》，《歷史研究》，1987 年第 1 期。
〔註21〕馮爾康：《中國社會史研究的回顧與展望》，《中國歷史學年鑑》，北京，人民出版社，1987 年版，第 9 頁。
〔註22〕馮爾康：《開展社會史研究》，《歷史研究》，1987 年第 1 期。
〔註23〕喬志強：《需要開展社會史的研究》，《史學情報》，1988 年第 4 期。
〔註24〕陳旭麓：《略論近代中國社會史的研究》，《陳旭麓文集》（第 2 卷），上海，華東師大出版社，1997 年版，第 181 頁。

國近代社會史》，陳旭麓《近代中國社會的新陳代謝》，馮爾康《中國社會結構的演變》，趙世瑜《吏與中國傳統社會》等也很快出版發行並在學術界掀起巨大影響，社會史的研究也逐漸由學術的邊緣地帶逐步走向了學術的中心。而對於社會史快速成爲中國史學「顯學」的原因，除了其自身的發展迎合了中國史學的發展趨向與世界史學的發展潮流之外，一個很重要的原因就在於其方法上的開放性，如岳慶平先生認爲，隨著各學科之間的相互滲透、相互協作已逐漸成爲史學界一重要史學趨勢，「歷史學與社會學、人類學和民俗學的整合既可以是與其中一門的整合，也可以是與其中兩門或全部的整合」〔註25〕，而具體方法實踐中如社會學中的理論和方法如結構理論、功能理論、衝突理論等皆可借鑒。

　　隨著社會史研究的快速發展，跨學科研究顯得越發地迫切和重要，1987年，《史學理論》代發刊詞中已經強調歷史學「必須不斷更新自己的研究手段和擴大自己的史料範圍，必須同其它社會科學學科和自然科學發生橫向聯繫」，而其刊物所刊發的內容，則「與歷史學有關的交叉學科、邊緣學科以及新興學科的研究等等，本刊將力求作爲重點加以提倡」。〔註26〕其後，該刊在 1988 年的「新春寄語」中更是直言：「從國際史學的發展狀況來看，史學的變革必須走跨學科的道路」。同時，朱本源、陳啓能、李幼蒸諸先生亦積極提倡，汪暉、楊念群、劉志偉、王笛等後起之秀亦在 20 世紀的最後 10 年逐漸崛起，在學術成果上尤其以楊念群、黃興濤、毛丹等所編著的《新史學——多學科對話的圖景》一書爲代表，該書「是一部在梁啓超之後嘗試展現當代新史學全貌的文萃，一部突破了傳統單一學科研討框架而策劃的論文集著，一部中國史學界首次多學科交叉研討會的全景記錄，一部集萃了九大學科頂尖學者探究歷史新型範式的長卷」，〔註27〕跨學科史學思潮的發展在此時可以說已經是蔚爲大觀了。

第二節　新時期與新史學：跨學科史學思潮析論

　　中國的跨學科史學思潮發起於歷史學擺脫了自身傳統僵化體系的束縛，

〔註25〕 岳慶平：《社會史研究中學科整合》，《社會科學輯刊》，1989 年第 5 期。

〔註26〕 陳啓能：《時代・歷史・理論——〈史學理論〉代發刊詞》，《史學理論與歷史研究》，北京，團結出版社，1993 年版，第 65～67 頁。

〔註27〕 楊念群、黃興濤、毛丹：《新史學——多學科對話的圖景・題記》，北京，中國人民大學出版社，2009 年版，第 1 頁。

以走向系統走向自然始，隨著史學危機論的出現，中經計量、心理、比較等各種史學方法的傳播利用，跨學科史學逐步由自然走向了社會，社會史的復興即是其中最主要的體現，而中國史學的發展在這種跨學科研究的過程中也逐步走向了自己的社會科學化，中國的新史學步伐已經悄然起步了。那麼 21 世紀的今天，我們應該如何看待這場跨學科史學思潮的發生與發展呢？

一、馬克思主義與跨學科：對階級鬥爭史學方法束縛的解脫與馬克思主義史學方法論體系的重建

「長期以來，我國的歷史研究基本上是在馬克思主義理論指導下進行的，但在具體運用這一指導理論時，卻一直存在著教條主義和簡單化的傾向，往往將複雜的歷史問題歸結爲一個純而又純的公式，然後用它來指導研究、評價成果，與之不符的就批判。」〔註 28〕在史學方法的具體運用上，階級鬥爭方法即是一例。階級鬥爭方法本是馬克思主義史學方法論的重要組成部分，在具體的史學研究尤其是在對階級社會的研究中具有十分重要的意義。但是，由於我們史學上的左傾錯誤，階級鬥爭方法被過於強調，甚至被視爲唯一科學的馬克思主義史學方法，給我國的史學的發展帶來了極大的危害。如同一些史家所強調的：「過於對階級觀點理解與應用上的問題，主要是簡單化和教條主義。我們認爲這種意見遠遠沒有擊中要害。我們覺得，癥結不在於簡單化，也不在於教條主義，而在於對馬克思主義的階級觀點從根本上的曲解和誤解。」〔註 29〕改革開放以來，隨著史學界撥亂反正的進行，階級分析方法開始被重新認識和評價，馬克思主義史學方法論體系也開始重建，而這也爲跨學科史學思潮的出現提供了必要的前提和方法論基礎。

對階級分析法的重新認識，早在 1980 年有關歷史動力問題的討論時，葛懋春先生就提出：「堅持馬克思主義的階級分析，還要求我們對待歷史上的階級鬥爭要具體問題具體分析，估計到階級鬥爭現象的複雜性，防止公式化，簡單化。」〔註 30〕其後，楊國宜在《光明日報》上發表文章，還要求在堅持階級分析法的同時，「再對各個階級內部進行深入細緻的階層分析」

〔註 28〕 王正：《十年來我國史學理論和史學方法研究述評》，《社會科學家》，1989 年第 3 期。

〔註 29〕 王學典：《階級觀點認識》，《史學理論》，1988 年第 2 期。

〔註 30〕 葛懋春：《史學理論研究中的階級和階級分析》，《東嶽論叢》，1980 年第 2 期。

〔註 31〕，楊國宜的這種觀點將階級分析法看得更加細緻與透徹了，但階級
分析法作為馬克思主義史學基本方法的地位依然未變。此後，隨著史學危機
論的出現與馬克思主義史學開始走出自身設置的牢籠，對馬克思主義史學方
法尤其是階級分析法的認識比先前要更加成熟了許多。如著名馬克思主義史
學家劉大年先生在論及歷史研究的對象時，已經把階級放在一定的時空觀裏
去談論階級，並認為人們在階級社會裏還在不斷再造這種階級關係，如他說
道：「離開時間、空間的統一去談論階級、社會關係的客觀實在及其運動，
不但要走入迷宮，而且毫無意義。我們還必須看到，在階級社會裏，人們不
僅是階級關係和利益的承擔者以及這種關係的產物，並且他們又再生產，構
造這些關係。」〔註 32〕而他石先生在同期發表的文章中更是直言：「階級分
析不是唯一的歷史研究方法」，他認為：「階級分析方法有一定適用範圍，不
能用它解決一切問題；在階級分析的一切適用範圍內，如果僅僅運用這一方
法而不用其它方法，也不可避免地會發生錯誤。馬克思主義史學方法是由多
種方法組成的方法論系統，階級方法是其一種，不是全部。」〔註 33〕他石
的這種觀點可以說比之先前諸位先生的觀點前進了一大步，使階級分析方法
的地位開始正確地回歸到它本來的歷史應有位置。其後，孔立、陳高華等諸
等諸先生分別發表《歷史現象的階級分析》與《加強史學理論、歷史學方法
論的研究》等文章，對階級分析只是馬克思主義史學的一種史學方法及其在
歷史研究中的具體運用等觀點加以敘述，而馬克思主義史學方法體系的重建
也在這種史學認識中重新煥發了新的生機和活力，如戚其章先生所言：「如
何改進史學方法的問題，是當前史學界面臨的一個重要課題。我認為，要改
進史學方法，當務之急是大力加強馬克思主義史學方法的研究」，而「我們
在歷史研究中堅持馬克思主義史學方法，並不意味著對於其它方法就可以一
概排斥了。馬克思主義從來不是一個封閉的理論體系……既然這樣，便產生
了兩個『正確對待』的問題：一是正確對待我國傳統的研究方法；二是正確
對待現代自然科學研究方法。」〔註 34〕跨學科史學思潮正是在這種對階級
觀點的重新認識和解讀之下開始走向系統論，走向自然界的，它開啟了新時

〔註31〕 楊國宜：《也要重視階層分析》，《光明日報》，1984 年 3 月 7 日。
〔註32〕 劉大年：《論歷史研究的對象》，《歷史研究》，1985 年第 3 期。
〔註33〕 他石：《階級分析不是唯一的歷史研究方法》，《世界歷史》，1985 年第 1
　　　　期。
〔註34〕 戚其章：《改進史學方法之我見》，《安徽史學》，1986 年第 3 期。

代的第一步。

二、史學危機與學科分化：新時期中國歷史學發展的必由之路

　　跨學科史學思潮的興起是與 20 世紀 80 年代中後期興起的這場史學危機的大討論分不開的。前文已述，雖然當時史學界對史學危機是否存在有著嚴重的爭議，或認爲是中國史學的低谷期，或認爲是轉機期，或認爲是繁榮期甚或根本就沒有史學危機。但無論哪種史學認識，積極要求史學變革，進行史學創新，促進中國史學的快速發展的目標是一致的。尤其是我國的中青年學者，要求走出國門，積極引進海外先進的史學理論與方法論體系的情感顯得尤爲強烈，我國的跨學科史學思潮的研究正是在這種背景下進入了一個新的高潮階段。

　　如爲了促進史學革新，如何正確認識系統論在歷史學領域的繁榮以及其與馬克思主義的關係，李時岳先生撰文指出：「辯證唯物主義與歷史唯物主義在認識論上屬於整體的系統考察」，「不過馬克思、恩格斯沒有看到現代科學技術革命的成果，自然不可能建立現代的系統理論和方法論。但馬克思主義是不會排斥現代科學成果的。」〔註35〕同時李時岳先生還反問道：「史料批判方法尚且可以用來爲確定事實材料的眞實性服務，系統科學方法論爲什麼不能用來豐富馬克思主義，爲探討歷史事實之間的聯繫和歷史過程的規律服務呢？」〔註36〕還有一些馬克思主義學者認爲，爲了恢復歷史唯物論自身方法論體系的本來面目，系統網絡分析法、結構功能分析法、層析分析法、中介分析法、模式分析法、無序有序過程分析法與開放式多元研究法以及多學科研究法等皆可以引入史學領域。在他們看來，「史學作爲涉獵領域最廣、研究內容最豐富的一門綜合學科，同各門科學都在不同層次上存在交叉點，史學方法當然應該而且能夠從自然科學或交叉學科的最新成果中汲取營養，從而得到豐富和發展」。〔註37〕另一方面，我們的一大批年輕史學工作者和學習者面對著史學界的嚴峻形勢，他們不僅憂慮史學危機的現狀，更是主張要積極引進新史學的方法和理論，進行跨學科研究。如我國新時期培養起來的一群研究生在漫談史學方法的變革時，就認爲史學危機之所以發生的原因，就在

〔註35〕李時岳：《史學的革新》，《汕頭大學學報》，1986 年第 3 期。
〔註36〕李時岳：《史學的革新》，《汕頭大學學報》，1986 年第 3 期。
〔註37〕吳廷嘉：《要重視和加強史學方法論的研究》，《歷史研究》，1986 年第 1 期。

於「史學方法論的單一化」、「史學研究中缺乏先進科學的手段」，而如果想徹底解決這一危機，在他們看來，一方面要堅持「史學研究的根本方法就是歷史唯物主義」，同時，在具體的史學研究中還要具體問題具體分析，積極利用多學科方法來解決歷史研究中的實際問題。如自然科學方法的引入與利用，跨學科方法的引入與利用等。當然，並不是什麼理論和方法都可以無原則的引入和利用，這些年輕的史學工作者也強調跨學科方法的有限性，如一些年輕史學工作者說道：「我們也應該看到，史學研究不應該任意搬用自然科學的方法，史學運用這些方法發揮作用有一定的限度。」〔註 38〕國內的年輕史學工作者尚且如此，那麼一些身在海外的年輕學者態度如何呢？1988 年，《史學理論》刊發了一篇文章《來自大洋彼岸的聲音——我國留美博士生談史學改革》，在程洪、翟強、王晴佳等這些年輕的海外學者看來，史學危機亦是史學契機，「在其它學科的挑戰面前，史學有著自身的理論優勢，如能汲取其它學科的理論長處，必能發揮出巨大的能量」，「在中國國內，其它學科向史學的挑戰，正是史學發展的大好時機」〔註 39〕。同時，如果要實現中國史學的現代化，破除史學危機，就「要求我們在研究手段和方法的運用上徹底打破各學科之間的界限」，因為「如果把現代科學的發展看成是一種新學科不斷湧現的過程，那麼在 20 世紀 80 年代的今天，另一新的發展過程已取而代之：這就是一個學科間不斷融合同時不斷分裂的過程，在這一過程中，一方面無數個新的學科分支從原來的學科中分出來，另一方面各學科間相互滲透，互相結合，不分你我。在這種新的學術發展情形中，學術方法的互相借鑒已成了一個必然的趨勢」。〔註 40〕在其前後，國內還專門就史學危機與史學革新等議題多次召開會議，如 1986 年的全國青年史學工作者會議與 1988 年的全國史學理論研討。學者們雖然就各自的方向和目標，對跨學科的內容以及其與馬克思主義的關係等有若干爭議，但總體來看，在堅持馬克思主義歷史唯物主義的大前提下，充分吸取外來的先進成果，積極進行史學的跨學科研究已逐漸成爲學界的一種共識了。而這種史學現象如同吳懷琪、吳廷嘉二先生在全國史學理論討論會上所強調的，「馬克思主義是一個開放的體系，它承認並

〔註38〕方學堯等：《研究生漫談史學方法的變革》，《走向未來》，1986 年第 1 期。
〔註39〕程洪：《來自大洋彼岸的聲音——我國留美學生談史學改革》，《史學理論》，1988 年第 2 期。
〔註40〕張信：《來自大洋彼岸的聲音——我國留美學生談史學改革》，《史學理論》，1988 年第 2 期。

吸收一切科學成果，在方法論上也是這樣」，「馬克思主義一定要堅持，但要在發展中，在正本清源中堅持」。〔註41〕

三、跨學科與新史學：西方跨學科理論與方法的傳播與應用

　　如果說史學危機作爲一種外界原因，間接促成了跨學科史學思潮的發展，那麼在 20 世紀 80 年代大量西方史學與學術著作被大量的翻譯並介紹到國內，則成了廣大史學工作者得以迅捷瞭解西方史學與學術的現狀，並能夠迅速作出反映並從中理解、消化轉化爲自身學術理論與方法體系的精神食糧。

　　如 1984 年開始，由金觀濤主編的「走向未來」叢書開始出版發行，其主編目的，如其在「編者獻辭」中所言：「我們期望她能夠：展現當代自然科學和社會科學日新月異的面貌；反映人類認識和追求眞理的曲折道路，記錄這一代人對祖國未來命運和人類未來的思考。」〔註42〕而該套叢書，既有如《計量歷史學》、《系統思想》、《人的現代化》等西方著名學者所編寫的學術名著，也有中國的新生代史家借助利用跨學科思想所撰寫的學術經典，如劉昶的《人心中的歷史》，金觀濤的《在歷史的表象背後》等。據《人民日報》報導：「《走向未來叢書》，自今年三月在全國刊行以來，受到了廣大讀者、特別是青年讀者的熱烈歡迎……一致指出叢書的出版適應了時代潮流，符合當前新的技術革命和知識更新的迫切需要。」〔註43〕一套由一群中青年史學工作者編著的叢書能夠獲得學界這樣的肯定與贊許，是非常難能可貴的。與此同時，與《走向未來叢書》相類，由甘陽主編的《文化：中國與世界》，華夏出版社出版的《二十世紀文庫》以及湯永寬主編的《當代學術思潮譯叢》也很快出版並流行開來，這麼多西方學術與史學名著在這麼短的時間內得以出版發行，對於廣大知識分子而言，無疑相當於知識大爆炸一般，而「選擇，不僅僅是拿來」〔註44〕，這麼多學術著作的翻譯出版一方面「比較迅速、準確、系統地介紹當代外國社會

〔註41〕彥雨：《一九八六年全國史學理論討論會綜述》，《安徽史學》，1986 年第 4 期。

〔註42〕金觀濤主編：《走向未來叢書・編者獻辭》，成都，四川人民出版社，1986 年版，第 1 頁。

〔註43〕何昌宇：《〈走向未來〉叢書深受讀者歡迎》，《人民日報》，1984 年 7 月 17 日。

〔註44〕陳昕等：《選擇：不僅僅是拿來——談當代學術思潮譯叢》，《中國圖書評論》，1987 年第 3 期。

的新科學、新流派、新觀點」〔註 45〕，另一方面，「這些都對中國學者探索史學方法的革新，提供了信心上的資源，使他們開闊了眼界」〔註 46〕。

　　同時，我們還要看到西方史學理論尤其是年鑑學派被史學界重新認識並翻譯介紹到國內史學界的重大影響作用。「文革」後，張芝聯先生較早的介紹了年鑑學派的有關學術思想，並將其連載在 1979 年出版的《世界史研究動態》上，到 20 世紀 80 年代，年鑑學派的輸入成為了學界一個比較突出的學術現象。張芝聯、何兆武、朱本源、李幼蒸諸先生成為了介紹與研究年鑑學派史學思想的主力軍。這些先生的作品如張芝聯先生的《漫談當代法國史學與歷史學家》、朱本源先生的《兩個世紀以來西方世界的兩大發展趨勢》、何兆武先生的《從分析到思辨的歷史哲學》、李幼蒸《法國當代歷史思想》等文章對當時的史學界產生了十分重大的影響。同時，劉昶所著的《人心中的歷史》與王晴佳的《西方歷史觀念》等中青年史學工作者的著作中亦曾闢有專節論述年鑑學派的有關理論。楊豫翻譯，巴勒克拉夫先生的名著《當代史學主要趨勢》書中更是集中了大量的篇幅介紹了年鑑學派的有關情況。並認為：「當前趨勢的主要特徵是歷史學與社會科學的結合……從廣泛意義上講，這正是年鑑學派的首要成就。」〔註 47〕年鑑學派是西方著名的史學流派，其最早由費弗爾與布洛赫兩位先生共同創立，因為其倡導總體史與跨學科的史學研究模式而很快風靡歐洲並在二戰後逐步成為了西方主流的史學研究流派。其對中國史學發展的推動作用誠如一些史家所論：「以年鑑學派為代表的現當代西方史學，自引進中國後，對促進歷史學的發展、對促進歷史學的現代化，特別是促進歷史學家開闊視野、深化認識、更新觀念、拓展方法，就其總體而言，具有不可低估的積極意義」。〔註 48〕

〔註45〕 潘龍傑：《一套介紹國外學術思潮的大型翻譯叢書——當代學術思潮譯叢》，《博覽群書》，1986 年第 11 期。

〔註46〕 羅志田主編：《20 世紀的中國：學術與社會‧史學卷》，濟南，山東人民出版社，2001 年版，第 685 頁。同時，我們還要看到，當時學界對西方史學與學術名著大量翻譯，積極進行跨學科研究的同時，無意中也滋長了一部分人的資產階級自由化與歷史虛無主義學風，這是這些學術名著被介紹翻譯到國內的學者們所沒有意料到的。具體請參看本文下一章歷史虛無主義思潮的學術批判一節。

〔註47〕 楊豫譯，巴勒克拉夫著：《當代史學主要趨勢》，上海，上海譯文出版社，1987 年版，第 87 頁。

〔註48〕 張廣智、陳新：《年鑑學派》，臺北，揚志文化股份有限公司，1999 年版，第 199 頁。

本章小結

　　跨學科史學研究從 20 世紀 80 年代始，時至今日，依然是中國史學界研究歷史與史學的重要史學方法之一，雖然西方的新史學研究與正統的馬克思主義史學研究之間在對經濟基礎、心態作用、社會發展模式等方面有一些認識上的差異〔註 49〕，但馬克思主義史學本身就是一種長時段的理論，其對史學跨學科研究認識上的趨同〔註 50〕與強調下層社會的作用等方面的共通性決定了我們依然可以在新的時代吸收西方新史學理論的特點和長處，積極促進我國的馬克思主義史學在新時代的變化與發展。而我們現在要做的，正如同蔣大椿先生所要求的，在堅持唯物史觀基本原理的大前提下，積極建立馬克思主義史學方法論體系，「還應當循著以下三條途徑去作出努力，一是吸取國內外傳統史學有關方法論和方法的研究成果；二是吸取現代自然科學和現代社會人文科學有關方法論和方法的一切有價值的成果；三是吸取馬克思主義著作已經提供給我們的有關史學方法論和方法的成果。我們既然是在馬克思的旗幟下進行探索，後者無疑應當具有更為重要的意義」。〔註 51〕

〔註 49〕姚蒙編譯，勒高夫等主編：《新史學》，上海，上海譯文出版社，1989 年版，第 35 頁。

〔註 50〕在王學典先生看來：「馬克思恩格斯歷史理論的核心，是唯物史觀。但從純科學的角度看，唯物史觀不過是 19 世紀的一種社會學理論，19 世紀社會學理論的一種。唯物史觀對歷史的指導作用，嚴格來講，就是一種跨學科的研究。」參見其所著：《二十世紀後半期中國史學主潮》，濟南，山東大學出版社，1996 年版，第 139 頁。

〔註 51〕蔣大椿：《馬克思、恩格斯著作中所見之歷史研究方法》，《歷史研究方法論集》，鄭州，河南人民出版社，1987 年版，第 110 頁。

第六章　歷史虛無：馬克思主義史家對歷史虛無主義史學的剖析與批判

　　進入新時期以來，隨著史學界對馬克思主義史學理論的正本清源與對西方新史學理論與方法的引入與利用，中國歷史學逐步恢復到了它正常的發展軌道之中並日漸煥發出勃勃生機。但是，在我們的馬克思主義史學家內部，尤其是在一些年輕的史學家內部，在其日漸學習並掌握西方的一些史學理論與方法之時，卻又逐漸產生了一種對馬克思主義歷史學甚至對本國的歷史與文化的虛無主義的思想與態度，如沙健孫先生稱他們：「一、提出否定革命、『告別革命』的主張，認為革命只起破壞性作用，沒有任何建設性意義。二、把『五四』以來中國選擇社會主義發展方向視為離開所謂的『以英美為師』的『近代文明的主流』而誤入了歧路；宣稱經濟文化落後的中國沒有資格搞社會主義，新中國成立以後搞的不過是小資產階級的空想社會主義。三、用攻其一點不計其餘的方法歪曲中國共產黨的歷史，否定或掩蓋它的本質和主流，把它說成是一種錯誤的延續。」〔註1〕徐國利等先生在其所編的《回讀百年》一書中更是將這些對馬克思主義史學理論與方法體系質疑甚至是否定的派別歸稱為「告別派」〔註2〕。由此，一場馬克思主義史家群體與虛無主義史

〔註1〕　參見危兆蓋：《警惕歷史虛無主義思潮》，《光明日報》，2005 年 3 月 15 日。
〔註2〕　「告別派」，意取李澤厚、劉再復所著之《告別革命》一書，該書認為：「我
　　　　國在二十世紀就想爭時間，走捷徑，特別是想走革命的捷徑。」而中國的新
　　　　出路則是在改良，在告別一切革命。由於李、劉二人的此書「成為全面否定

家的交鋒與論辯也就再所難免。雙方的這場交鋒始於馬克思主義史家對《河殤》論的民族虛無主義與文化虛無主義的批判，中經馬克思主義史家與「告別派」在中國近現代史研究的基本理論與方法問題、對中國近代的半殖民地半封建社會與西方侵略的不同認識、對中國近代歷史上的人物與重大歷史事件的評價問題以及對中國近代歷史上的革命與改良等諸多核心問題上的論爭與辯論而漸成高潮，後進入 21 世紀以來又有一些所謂的違背歷史眞實與馬克思主義史學基本原則的「創新之論」的提出與馬克思主義史家對其的批判與諸多導向等。而論爭的結果，是經過我們的馬克思主義史家與歷史虛無主義史家的多次交鋒，終於將這股歷史虛無主義的思潮暫時壓制下去，但在新的世紀裏我們必須時刻對其保持警惕，以求我們的馬克思主義史學能夠在新的史學環境中更好地健康地成長。

第一節　歷史虛無主義史學思潮在新時期的逐漸興起與泛濫

　　什麼是歷史虛無主義？田居儉先生認爲：「虛者，模糊歪曲也；無者，抹殺消除也。」〔註 3〕龔書鐸先生說道：「歷史虛無主義並不是完全虛無，而是有所虛無，有所不虛無。歷史虛無主義虛無的是中國革命的歷史，是中國共產黨的領導、馬克思列寧主義的領導，是社會主義制度和人民民主專政，但對叛徒、漢奸、反動統治者則不虛無，而是加以美化，歌功頌德，把已被顛倒過來的歷史再顛倒回去，混淆是非。」〔註 4〕而對於新時期歷史虛無主義興起的具體時間，學界現在尚無定論。但早在 1986 年，學術界召開「孫中山和他的時代」學術討論會的時候，已有學者對過去半殖民地半封建社會的提法以及對孫中山先生的傳統評價提出了質疑與挑戰，在他們看來：「今天對孫中山及對中國近代史的研究該結束過去的陳陳相因，是開闢一個新的階段的時

馬克思主義史學理論方法及其指導下的中國近現代史研究成果的代表作。『告別革命』遂成爲這股思潮的典型代名詞」。參陳飛、徐國利等：《回讀百年——20 世紀中國社會人文論爭》，鄭州，大象出版社，1999 年版，第 962 頁。

〔註 3〕　田居儉：《歷史豈容虛無——評新時期史學研究的若干歷史虛無主義言論》，《高校理論戰線》，2005 年第 6 期。

〔註 4〕　龔書鐸：《歷史虛無主義二題》，《高校理論戰線》，2005 年第 5 期。

候了。」〔註5〕從今天的學術視野來看，與其說當時已有虛無主義史學的出現
傾向，不如說是一種比較激進的學術觀點的提出。但這種激進的學術觀點並
也爲「告別革命論」的提出造就出了一個動因的種子，在當時的史學界並未
掀起多大的波瀾。很快，兩年之後的《河殤》兩度在電視上播出及其解說詞
的大量出版，則給了史學界一巨大的影響。雖然其「以生動的畫面向觀眾展
開了深層的思考，這種合視覺形象與理論剖析爲一體的藝術形式的確是一種
創造」，但其所貢獻的另一種悖論即「在現實和理想之間，在歷史和未來之間，
在沉澱和昇華之間，《河殤》都選擇了後者」〔註6〕這也就不可避免地造成了
其在《河殤》一劇及其在講說詞中所一再宣揚的「我們祖先已經創造了的文
明，黃河不能再孕育一次」，而「文明衰敗的根源，不在於外部力量的打擊，
而在於內部機制的退化」〔註7〕，我們的前途，我們的命運則是奔向藍色文明，
奔向大海，「黃河東流萬里，最終還是流入大海」〔註8〕等帶有很強民族虛無
主義與文化虛無主義的言詞論調，並招致了史學界對其強烈的學術抨擊與批
判。歷史文化虛無主義的傾向暫時被學界限制並打壓下來。

　　但時光荏苒，進入 20 世紀 90 年代之後，由於受到資產階級自由化與商
品經濟大潮等社會思潮的諸多影響，歷史虛無主義思潮又漸趨抬頭，他們打
著學術自由的旗號，對以馬克思主義唯物史觀爲指導的中國近代史研究的一
些基本理論與基本觀點，對中國近代社會的性質以及中國近現代史中的一些
比較複雜的政治人物等進行了重新的認識與評價，雖然這種認識與評價中的
很多觀點帶有學術商榷的性質，是一種相對來說還算比較正常的學術爭議與
學術討論，但亦有很多所謂的爲中國史學發展而憂心的史學工作者，他們衝
破了這一學術公義的尺度，以一種「新觀點」的姿態出現，如有些學者認爲
近代中國社會的性質是不是半殖民地半封建社會值得懷疑，帝國主義的侵略
是有過還是有功值得討論，人民的反侵略鬥爭是否多餘甚至是一種錯誤，反
對封建主義的革命鬥爭是否不如改良等。〔註9〕一些學者就當面直陳，認爲這

〔註5〕 李澤厚：《開闢中國近代史研究的新階段》，《文匯報》，1986 年 12 月 30 日。
〔註6〕 王滬寧：《〈和殤〉所貢獻的悖論》，《和殤論》，北京，文化藝術出版社，1988
　　　 年版，第 154——第 155 頁。
〔註7〕 崔文華編：《和殤論》，北京，文化藝術出版社，1988 年版，第 14 頁。
〔註8〕 崔文華編：《和殤論》，北京，文化藝術出版社，1988 年版，第 14 頁。
〔註9〕 參見張啓華：《近代史研究中的若干新觀點評析》，《警惕歷史虛無主義思潮》，
　　　 北京人民教育出版社，2006 年版，第 84 至 88 頁。

些所謂鼓勵、提倡學術「新觀點」的學者就是一種歷史虛無主義史學的表現，其目的就是要「否定歷史的正面，頌揚其反面」，是一種徹底地「歷史唯心主義思潮」。〔註10〕無論這些學者對其評價是否公允，但脫離馬克思主義唯物史觀的指導，運用其所謂的主觀臆斷的新理論新觀點來「改良」中國的史學與中國社會的發展道路、發展模式，本身就是對事實的褻瀆，對真理的背叛，這也是我們現在這些新時代的馬克思主義史學工作者在對中國當代歷史虛無主義史學思潮回顧並面對各種紛繁複雜的社會思潮與史學新思潮的衝擊而又必須作出各種取捨和選擇時，就應該冷靜面對，理性選擇的，同時更應該擁有理性分析的精神並保持高度原則性的學術立場。

具體來看，反顧上世紀的這段歷史虛無主義史學的表現：在中國近代史研究的指導思想與基本理論與方法問題上，有的學者認為中國近代史研究需要在理論上有所突破，如他們說道：「在現存的近代史框架裏，某些本來還應進一步推敲的結論一旦為人們普遍接受，往往成了駕馭史料和指導近代史研究的理論原則，甚至被冠之以歷史規律，使人深信不疑」而「半殖民地半封建社會的道路從本質上說是一條中國式的，或大體適合中國國情的資本主義道路」。〔註11〕在這位專家看來，中國近代社會的性質已經被解讀為中國的資本主義道路了。但這還算是一種比較溫和的史學論調。1995 年發表在《成都大學學報》上的另一篇文章可就沒那麼客氣了，在這位學者看來，「民族利益成為中國近代歷史中的最高利益，從而中國近代史也就從民族利益的立場，民族矛盾的角度，以極其濃鬱的民族主義色彩，被主觀先驗地解釋為一部中華民族反抗帝國主義侵略，爭取民族獨立的民族解放鬥爭史」。〔註12〕民族矛盾導致後世史家民族反抗史的書寫，不仔細咀嚼的話還真覺得有一些道理，中國近代史在這位學者眼中已經轉變成了「主觀先驗」的解釋史。

對於西方對中國的侵略戰爭，這本來不是一個什麼應當爭議的學術問題。馬克思主義者向來認為：「中國要從農業國家走向近代工業化國家，必須首先徹底地進行反帝反封建的革命鬥爭，沒有獨立和民主，就不可能有工業

〔註10〕 邵雲瑞：《歷史虛無主義三詁》，《警惕歷史虛無主義思潮》，北京人民教育出版社，2006 年版，第 59 頁。
〔註11〕 郭世祐：《中國近代史研究需要理論突破》，《史學理論研究》，1993 年第 1 期。
〔註12〕 周清泉：《中國近代史應當提到近代世界歷史範圍內研究》，《成都大學學報》，1995 年第 3 期。

化的富強國家。」﹝註13﹞對於發展資本主義與反抗外國侵略之間的關係，我
們也一向主張：「打破近代中國閉關鎖國的小生產狀態，發展中國的資本主
義，這是一個進步，應當肯定。但不能因此否定或低估中國人民抵抗資本帝
國主義侵略以維護民族獨立的積極意義。」﹝註14﹞但在這一時期，一些史家
卻又開始唱起了西方侵略者的讚歌，並對其歌功頌德，如有的人就認爲：「西
方的大炮也是一身兼二任，它既是在野蠻的侵略中國，又是在強迫中國這個
老大帝國走出封閉，走出中世紀，走向近代化」，「從某種意義上來說，是鴉
片戰爭一炮響，給中國帶來了近代文明。」﹝註15﹞有的人對西方的宗教侵略
則奉承道：「他們是傳教士，當然要宣講耶穌，但他們活動的重點是針對中國
富強和治國的需要介紹西方的學術文化。對實行宗法專制制度的晚清來說，
這是一種啓蒙性質的活動。」﹝註16﹞更有甚者認爲：「對於列強的入侵，武力
抵抗無疑是正確的；但這種抵抗注定要失敗，另做選擇也是明智的」，「我的
假設，即故棄武力抵抗，盡早與英方締約，只是『事後諸葛亮』的一種策略
選擇，在當時不具有現實可行性，它的意義僅僅在於，爲研究這段歷史的人
們提供道德批判以外的價值標準。」﹝註17﹞最後的結論在該書的作者看來，
只有這樣做，清軍將士的血就不會白流。

　　對於中國近代革命與改良之間的關係，是當代歷史虛無主義者與馬克思
主義史學者論爭和激辯的核心問題，他們所討論的時間的長度與問題的廣度
也最廣泛。如對於太平天國運動的評價，一些虛無主義者否認太平天國運動
的革命性質，在他們看來，「如果說，兩個政權，清王朝與太平天國都是封建
政權，我認爲消滅哪一個都是一樣的！鞏固哪一個也是一樣的……正是以曾
國藩爲代表的湘軍實現了中國重新統一重建社會秩序，恢復和發展中國社會
生產力的歷史任務，其歷史功過是不言自明的。」﹝註18﹞對於慈禧的地位以
及其與清末維新運動之間的關係，有的人則認爲：「慈禧新政畢竟帶著比洋務
新政、戊戌維新內容更廣、步伐更快的姿態出現在 20 世紀初的中國舞臺上，

﹝註13﹞　胡繩：《關於中國近代史研究的若干問題》，《光明日報》，1981 年 4 月 20 日。
﹝註14﹞　張海鵬：《也談外國侵略與近代中國的「開關」》，《紅旗》，1987 年第 6 期。
﹝註15﹞　鄭焱：《打破束縛，更新觀念》，《學術研究》，1994 年第 4 期。
﹝註16﹞　袁偉時：《晚清大變局中的思潮與人物》，海天出版社，1992 年版，第 153 頁。
﹝註17﹞　茅海建：《天朝的崩潰》，北京，三聯書店，1995 年版，第 559～560 頁。
﹝註18﹞　徐泰來：《論曾國藩的歷史作用和地位》，《湖南師範大學學報》，1995 年第 5
　　　　　期。

對於推進中國近代化進程的歷史作用不可低估。」〔註 19〕而最令馬克思主義
者反對，批駁最多的，則莫過於「告別革命」論的提出了。在他們看來：「自
辛亥革命以來，就是不斷革命：『二次革命』、『護國、護法』、『大革命』，最
後就是 49 年的革命，並且此後毛澤東還要不斷革命。直到現在，『革命』還
是個好名詞、褒詞，而『改良』則成爲一個貶詞，現在應該把這個觀念明確
地倒過來；『革命』在中國並不一定是好事情，我覺得，通過 80 年代末的巨
變，中國有了一個很好的反思現象，是改變話語的時候了。」〔註 20〕在稍後
出版的《告別革命》一書中歷史虛無主義者更是將「告別革命」論進一步系
統化、具體化，如其在書中寫道：「革命容易使人發瘋發狂，喪失理性」，「革
命殘忍、黑暗、骯髒的一面，我們注意的很不夠」，「我們決心『告別革命』，
既告別來自『左』的革命，也告別來自『右』的革命。21 世紀不能再革命了，
不能再把革命當作聖物那樣憧憬、謳歌、膜拜，從而再次悲歌慷慨地煽動群
眾情緒，最終又把中國推向互相殘殺的內戰泥潭。」〔註 21〕中國的近代歷史
是否就像歷史虛無者所宣揚的那樣呢？我想每一個具有中國近代史基本常識
的人都可以作出自己的明確判斷，但我們在對歷史虛無主義史學思潮進行分
析評判的同時，卻顯然大大地低估了其對於整個學術界所帶來的惡劣影響。
如有的史家說道：「進入 90 年代，『告別革命』的思想愈演愈烈，它表現在哲
學、文學、藝術，特別是近代史等方面」，同時「在『告別革命』的思潮中，
一部中國近代史被完全顛倒了。」〔註 22〕

　　同時，對於近代精英人物的史學評價，在虛無主義史學思潮的錯誤引導
下，我們還看到了一個個完全不同的慈禧、李鴻章、袁世凱，他們忽如一夜
之間都成了慷慨之士，正義之群。如有的人標榜：「西太后不是頑固的守舊派，
她渴望著中國的繁榮與昌盛。她同情、支持有利於中國富強與發展的改革，
但認爲改革必須立足於一定的原則，並且應在政府主導下循序漸進。」〔註 23〕
有的人吹噓：「李鴻章的近代化方案『符合歷史唯物主義基本原理，也切合當

〔註 19〕劉平：《慈禧新政評議》，《學海》，1993 年第 5 期。
〔註 20〕李澤厚、王德勝：《關於文化現狀、道德重建的對話》，《東方》，1994 年第 6 期。
〔註 21〕李澤厚、劉再復：《告別革命》，香港，香港天地圖書有限公司，1995 年版。
〔註 22〕谷方：《評「告別革命」》，《求是》，1996 年第 15 期。
〔註 23〕馬勇：《甲午戰敗與中國精英階層的分化》，載《甲午百年祭：多元視野下的中日戰爭》，知識出版社，1995 年版。

時的中國實際。……是可以挽救中國實際的。」〔註 24〕還有的歷史虛無主義
者更是將虛無主義史學的特性發揮到極致。如《另說袁世凱》一文的作者寫
道：「袁世凱推行的發展資本主義的政策，正反映了當時社會歷史發展的總趨
勢」，「正是由於袁氏北洋政府政治上的寬鬆政策，陳獨秀、李大釗、胡適、
魯迅等一代新文化大師脫穎而出；毛澤東、周恩來等老一輩無產階級革命家
在北洋時代成長起來。」〔註 25〕這是一種何等的「另說」，這是一種何等的「創
新」，歷史虛無主義史學這種任意歪曲歷史、脫離歷史基本事實的歷史書寫與
歷史評價是令我們非常痛心，非常遺憾的。作為一個馬克思主義史家，面對
虛無主義史學的這種歪曲歷史的現象，我們應該時刻保持清醒的頭腦並利用
各種合理的手段和力量，堅決打對其對馬克思主義史學的挑釁和進攻，以保
證中國歷史學在 21 世紀能夠長久健康的發展。

第二節　馬克思主義史家對歷史虛無主義史學思潮的批判

　　歷史虛無主義史學對中國史學界的惡劣影響是不言而喻的。因此，在其
出現的那一刻，便遭到了史學界的堅決反對與強烈抵制。早在 20 世紀 80 年
代末，針對學術界出現的一股否定本民族歷史與文化的文化虛無主義思潮，
尤其是以《河殤》在電視上播出並恰好國家正處於資產階級自由化思想思潮
的瘋狂攻擊的時代背景之下，對整個中國史學界造成大量的不良後果和惡劣
影響。因此，國家教委社會科學發展研究中心立即組織了北京的部分高校的
專家學者針對學術界的文化虛無主義思潮而展開集中的學術批判。此後，為
了進一步打擊中國歷史尤其是中國近代史研究中的一些重大歷史問題與人物
評價問題以及對馬克思主義基本史學理論與方法在中國近代史研究中的地位
與運用問題中的虛無主義史學的不良傾向，國家教委高等學校社會科學發展
教育研究中心與北京市史學會還曾連續於 1995 年和 1996 年聯合在北京召開
了關於「中國近現代史研究的歷史觀和方法論」以及「五四運動和二十世紀
中國的歷史道路」為主題的學術討論會。學術界各界人士有 100 餘人參加或
提交論文或公開發表演說，《光明日報》、《高校理論戰線》等國家重要學術期

〔註 24〕姚傳德：《李鴻章的近代化思想評析》，《社會科學家》，1994 年第 2 期。
〔註 25〕《另說袁世凱》，《河北學刊》，1994 年第 4 期。

刊亦紛紛加以報導，給歷史虛無主義者以沉重的打擊。而 1996 年國家有關部門組織的「中國近代（1940～1949）重大歷史是非問題系列講座」更是將反對歷史虛無主義者，弘揚中國歷史與文化的高潮推向了一個新的高潮與階段。此後，史學界在以龔書鐸、梁柱、沙健孫、張海鵬等老一輩堅貞的馬克思主義史學家的帶領之下，紛紛以各種方式與歷史虛無主義者展開鬥爭，捍衛中國馬克思主義史學的純潔性與中國歷史學發展的正當性。此後，虛無主義史學之聲有所減弱，但並未消亡。爲此，進入 21 世紀以來，中國史學會與教育部高等學校社會科學發展中心聯合舉辦的「近現代中國歷史研究與歷史虛無主義思潮」的學術研討會可以看作對歷史虛無主義者在新時期的最沉重一擊。將來中國史學之發展道路與前途如何，我們堅信：只要我們沿著老一輩馬克思主義史家所走過的道路，以唯物史觀爲指導，以求眞與經世爲目標，堅守歷史學的客觀性與科學性等學科本性，不迷信，不盲從，中國馬克思主義史學的明天肯定會更加美好。

具體來看，仔細回顧一下史學界在新時期對歷史虛無主義史學進行剖析與批判的過程，其著重點主要集中於對以《河殤》爲代表的歷史文化虛無主義史學的批判，對以「告別革命」論爲代表的對中國近代歷史重大理論與事實的批判以及對新時期以來一些抹殺歷史事實，任意「創新」，曲解歷史等所謂「史學新觀點」的批判，而這些所謂的「新觀點」，「新理論」不僅存在於中國歷史學的研究領域之中而且已經延伸到了文學、藝術等其它非歷史學科的學術領域之中，給整個學術界造成了極大的混亂和破壞。因此，批判歷史虛無主義史學的非科學與非理性特徵，分析並找到歷史虛無主義史學的源頭，找到解決歷史虛無主義史學的辦法，便成爲我們皆下來要做的事情。而這一系列地工作都是從批判《河殤》，批判文化虛無主義開始的。

學術界對《河殤》論批判，早在《河殤》一劇在全國公開播出以後，一些學者就認爲其是「反映了一種失衡心態」，中國文化的這個主體「是歷史給定的，你可以改變它，但不能棄絕它」。〔註26〕還有一些學者認爲《河殤》的背後有一種激情的陰影，在他們看來，「文化的結果，難以用單一的、因果的方法解釋。尤其如此具體的聯繫，更不好匆匆定論」。〔註27〕其後學術界還紛

〔註26〕崔文華編：《河殤論》，北京，文化藝術出版社，1988 年版，第 184 頁。
〔註27〕王曉東，秋田草：《激情的陰影──評電視系列片〈河殤〉》，《中國青年報》，1988 年 7 月 10 日。

紛召開討論《和殤》一劇的座談會，討論會等，對其批評之風漸重，而在國
家教委社會科學發展中心組織的對文化虛無主義者的這場大批判中，更是有
多位史學界的著名學者從不同的層面對其進行了學術剖析與批判。這其中瞿
林東與蔡樂蘇兩位先生的觀點比較具有代表性。瞿林東先生從怎樣看待中國
歷史與怎樣看待中國文明兩個方面，指出：「〈河殤〉的作者們是以『呼喚全
民族反省意識』相標榜的，其言可謂高矣，其意可謂深矣。可是，如果『全
民族』真的按照他們的『思想』和『理論』去『全面思考』的話，只能是對
中華民族歷史的詛咒、文明的否定、命運的悲歡，只能得到一個民族虛無主
義的『意識』。」〔註28〕蔡樂蘇先生則從現實背景，歷史經驗與理論來源三個
方面認為《河殤》是民族虛無主義思想為主題的一典型實例。〔註29〕

　　而對於如何克服這種以《河殤》為代表的文化虛無主義思潮，龔書鐸、
錢鈞、錢遜等諸先生的觀點則比較具有代表性。在龔先生看來：「四項基本原
則是立國之本，改革開放是強國之道。這是我們對待繼承傳統文化和吸收西
方文化的基本出發點。就是說，要在黨的領導下，以馬列主義、毛澤東思想
為指導，從有利於實現社會主義現代化的現實出發，批判繼承傳統文化，批
判地吸收西方和其它外來有益文化，發展社會主義新文化。」〔註30〕錢鈞先
生的觀點頗多應和龔先生，錢鈞先生從繼承中國優良傳統文化的角度出發，
認為：「到社會主義時期，文化為社會主義服務，它還要更上一層樓。批判地
繼承發揚古今中外的優秀遺產，永遠是文化革新的天職。我們的任務，就是
要使傳統文化走向社會主義現代化。用中國特色社會主義文化，推動有中國
特色的社會主義建設高潮的到來。」〔註31〕錢遜先生則對歷史文化虛無主義
的遏制問題提出了一些更加具體實際的設想即：「第一個問題：要從理論、歷
史、思想三個方面進行研究」，「第二個問題：在『破』和『立』的關係上要
以『立』為主」。〔註32〕

〔註28〕瞿林東：《是憂歌，還是輓歌？——評〈河殤〉宣揚的民族虛無主義》，《民族
　　　　文化虛無主義評析》，北京，人民大學出版社，第 136 頁。
〔註29〕蔡樂蘇：《〈河殤〉與西方現代化理論——民族虛無主義思想來源的一個實例
　　　　分析》，《民族文化虛無主義評析》，北京，人民大學出版社，第 162 頁。
〔註30〕龔書鐸：《正確對待傳統文化和現代化》，《民族文化虛無主義評析》，北京，
　　　　人民大學出版社，第 13 頁。
〔註31〕錢鈞：《民族文化虛無主義的歷史回顧》，《民族文化虛無主義評析》，北京，
　　　　人民大學出版社，第 76 頁。
〔註32〕錢遜：《關於克服民族文化虛無主義的幾點想法》，《民族文化虛無主義評析》，

　　對於以「告別革命論」為主題的學術批判，學術界對於其批判論述的學術性著作和論文比較多且在內容上各有側重。如方克立先生說道：「值得注意的倒是 90 年代文化研究和討論的所謂話語轉換，即一些人所說的放棄激進的社會政治批判性話語，轉而採取文化上的保守主義話語。在今天，文化保守主義確乎已成為一種值得注意的思潮，但它關心的主要不是中國傳統文化，而是要反思整個中國近代史。」〔註 33〕沙健孫先生則對告別革命論者的錯誤方法論進行了嚴厲地抨擊，他指出：「鼓吹告別革命的人們不懂得不同性質的矛盾要用不同的方法去解決。他們不具體去考察各個時期社會矛盾的特殊情況和歷史特點，無條件地排斥一切革命，而把改良絕對化、神聖化。這種改良崇拜本身就是十足的主觀主義、教條主義，它把複雜的社會歷史問題極度地簡單化了。他們的結論是先驗的，不是通過對中國社會矛盾、階級關係和政治形勢的分析得出來的。這種歷史觀和方法論本身就具有反歷史、反科學的性質。」〔註 34〕張海鵬先生更是一針見血地指出：「告別革命論錯在哪裏？所謂告別革命，實際上是要告別馬克思主義，告別社會主義，告別近代中國人民的全部革命傳統。」〔註 35〕谷方先生則通過具體分析告別革命論的一些具體的論點問題，得出的結論也同張海鵬先生的觀點相若，即：「告別革命論者雖然否定一切革命，但是否定革命並不是他們的目的，而是他們的手段。他們力圖通過各種手段來達到否定社會主義的目的。因此，告別革命就是告別社會主義。」〔註 36〕

　　對於在 20 世紀 90 年代歷史虛無主義者對中國近代史研究中的一系列有關如中國近代社會性質問題，對近代歷史人物與事件等重大問題的理解與歪曲的問題，馬克思主義史家也予以堅決地抵制並給與最嚴厲地學術批判。如張磊先生就曾經嚴厲地說道：「標榜反對迷信，要求總體反思和徹底拋棄過去的研究方法和理論是不恰當的。因為這種見解根本否定了建國以來馬克思主

　　　　北京，人民大學出版社，第 26 頁和第 32 頁。
〔註33〕方克立：《略論90年代的文化保守主義思潮》，《民族文化虛無主義評析》，北京，人民大學出版社，第 145 頁。
〔註34〕沙健孫：《近代中國的歷史主題和發展道路》，《走什麼路——關於中國近現代歷史上的若干重大是非問題》，濟南，山東人民出版社，1997 年版，第 54 頁。
〔註35〕張海鵬：《告別革命論錯在哪裏？》，《走什麼路——關於中國近現代歷史上的若干重大是非問題》，濟南，山東人民出版社，1997 年版，第 93 頁。
〔註36〕谷方：《評告別革命論》，《走什麼路——關於中國近現代歷史上的若干重大是非問題》，濟南，山東人民出版社，1997 年版，第 82 頁。

義的指導地位和作用，混淆了眞假馬克思主義，曲解了思想解放的科學精神，
不利於科研工作的健康發展。」〔註37〕張海鵬先生亦認爲：「我們只有通過近
代史的研究努力論證中國半殖民地半封建社會的性質，全面地總結民主革命
時期反帝反封建的歷史經驗，我們對中國近代史的認識才是深刻的……重寫
近代史如果是要突破這些基本思路，恐怕不能不回到 40 年前舊中國資產階級
的、地主階級的史學著作的老路上去，那樣做不是創新，而是復舊。」〔註38〕
再如對中國近代史上一些重大歷史事件的評價，我們也可以從一些史家的言
論和著作中看到我們的馬克思主義史家捍衛馬克思主義史學的決心和勇氣，
如以辛亥革命爲例，爲什麼那麼多仁人志士會選擇革命而非改良去拯救中
國，「我們很難發現當時的熱血青年是因抽象的革命教條或道義壓力而投身革
命的例子。相反，吸引他們信仰革命並勇於犧牲的，倒往往是極爲眞摯、深
切的對於同志，對於父老鄉親，對於國家和民族的愛心。」〔註 39〕龔書鐸先
生亦一再強調：「辛亥革命並非激進主義思潮的結果」，應當公正、客觀地評
價辛亥革命，「辛亥革命雖然失敗，但它的偉大的歷史功績不可磨滅。這次革
命的偉大功績，恰恰是搞掉了清政府，結束了 2000 餘年的君主專制，建立了
共和國。」〔註40〕因此，實事求是地說：「用暴力方式還是用和平方式去爭取
社會的發展和進步，二者孰優孰劣，孰是孰非，如果脫離了歷史條件和歷史
環境，抽象地提出問題，本身就是毫無意義的甚至是荒唐的。一切以時間、
地點、條件爲轉移。說革命任何時候都好或都壞，同說改良任何時候都好或
都壞一樣，都是對歷史的不尊重。」〔註 41〕再如對近代歷史人物的評價標準
問題。對於一些缺乏歷史事實和依據，恣意創新，任意假設，違背歷史發展
規律的近代歷史人物的「學術原創」，有學者認爲，出現這些不良傾向的原因，

〔註37〕　張磊：《關於中國近代史研究的幾點思考》，《學術研究》，1991 年第 2 期。
〔註38〕　張海鵬：《中國近代史的兩個過程論及其指導意義》，《高校社會科學》，1990
　　　　年第 5 期。
〔註39〕　李文海、劉仰東：《辛亥時期的志士爲什麼選擇了革命》，《走什麼路——關於
　　　　中國近現代歷史上的若干重大是非問題》，濟南，山東人民出版社，1997 年版，
　　　　第 257 頁。
〔註40〕　龔書鐸：《正確評價辛亥革命的歷史意義》，《走什麼路——關於中國近現代歷
　　　　史上的若干重大是非問題》，濟南，山東人民出版社，1997 年版，第 239 頁和
　　　　第 247 頁。
〔註41〕　李文海、劉仰東：《辛亥時期的志士爲什麼選擇了革命》，《走什麼路——關於
　　　　中國近現代歷史上的若干重大是非問題》，濟南，山東人民出版社，1997 年版，
　　　　第 258 頁。

「基本的一條是離開馬克思主義的指導」，同時還有「簡單比附現實中的改革開放政策」，「在思想方法上存在著片面性，是形而上學的」，以及「缺乏嚴謹的學風」〔註42〕等綜合因素造成的。而要克服這些不良傾向，我們所要做的事情還有很多，但其中最基本的就是我們「一定要尊重基本的歷史事實，否則，就會偏頗」，同時，「不能忘記基本歷史聯繫，不要割斷歷史，又要把問題提到一定的歷史範圍，不要忘記時間、地點、條件，要具體情況具體分析」。〔註43〕

經過學術界一系列地宣傳和批判，歷史虛無主義史學受到了極大的打擊和挫折並漸入低谷。進入21世紀以來，中國的馬克思主義也進入了一個新的發展繁榮階段，但「告別革命論」思潮所帶來的不影響依然存在，並以各種各樣的「新形式」出現，而這也引起了馬克思主義史家的注意和重視。2005年，史學界召開的「近現代中國歷史研究與歷史虛無主義思潮」學術研討會集中體現了這一階段反歷史虛無主義史學的優秀成果。如甘林先生對學術界所謂「補課論」的批判，認為其所鼓吹的「中國當物之急是要補資本主義的課」，「要補新民主主義的課」實際上就是「用歪曲歷史的辦法為他們的立論製造史實依據，用曲解現行政策的辦法以提供所謂現實的依據。」〔註44〕傅迪對「中西文化論爭終結」說的實質論的批判，指出其「所列舉的兩個標準都不能證明論爭的終結。恰恰相反，論爭還將繼續不斷的進行下去。當然，這種鬥爭不是玩弄障眼法所標榜的什麼中國傳統文化和西方現代文化的鬥爭，而是馬克思主義與西方資產階級思潮的鬥爭，社會主義制度與資本主義制度的鬥爭。」〔註45〕除此之外，龔書鐸先生此時對《現代化與歷史教科書》等文章的批判，直陳其表面上是所謂「向西方學習，實現社會生活的全面現代化」，「實際上其最終的指向是現在，也就是要改變社會主義制度，走西方資本主義道路。」〔註46〕還有田居儉先生對新時期若干歷史虛無主義言論的

〔註42〕鄭師渠：《關於近年來近代史人物評價的問題》，《走什麼路——關於中國近現代歷史上的若干重大是非問題》，濟南，山東人民出版社，1997年版，第280～281頁。
〔註43〕丁守和：《正確評價歷史人物》，《光明日報》，1996年7月23日。
〔註44〕甘林：《補課論應當休息》，《警惕歷史虛無主義思潮》，北京，人民教育出版社，2006年版，第227頁。
〔註45〕傅迪：《所謂中西文化論爭終結說的實質》，《警惕歷史虛無主義思潮》，北京，人民教育出版社，2006年版，第259頁。
〔註46〕龔書鐸：《歷史不能任意塗改》，《高校理論戰線》，2006年第4期。

批判，如對所謂的三星堆遺址絕非內生，而是中東地區外來文明的謬論，再如對中國文明脫胎於紅海文明的奇談異說等田先生都進行了細緻地批評論述，並一再強調：「人們常說『忘記過去，就意味著背叛！』那麼，容忍歷史虛無主義虛無歷史，又意味著什麼呢？答案不言自明。因此，以唯物史觀爲指導的史學研究者，必須義無反顧地應對歷史虛無主義的挑戰。」〔註47〕

第三節　馬克思主義史家對歷史虛無主義史學的克服　　　　　與糾正

「無論對於中國的史學還是外國的史學，都不應該採取虛無主義的態度，而是應該採取批判的繼承的態度。」〔註48〕對待中國傳統歷史文化也是如此，如方克立先生多次呼籲，要：「建設有中國特色的社會主義新文化，是偉大的中華文明的復興，同時也是一項偉大的創造性的工作，是辯證綜合古今中外優秀文化的創造性成果。所以，我認爲，我們在今天應該高舉『古爲今用，洋爲中用，批判繼承，綜合創新』的文化旗幟，讓它在中國的社會主義新文化建設中發揮更大的作用。」〔註49〕所以，我們認爲，方克立先生的觀點非常正確，是每一個馬克思主義史家在對待我國歷史遺產與傳統文化方面都應該採取的積極態度。同時也是我們在史學研究與史學實踐中所必須遵循的一個基本準則。除此之外，我們還應該如何做才能更好地克服歷史虛無主義的出現和危害呢？

首先讓我們再來審視一下歷史虛無主義的本質和核心，其「從根子上說是歷史唯心主義。就方法論而言……歷史虛無主義者研究歷史，恰恰是把支流當主流，把現象當本質，將歷史上的某些失誤抽象化，並加以鼓勵地、片面地放大、渲染，從而達到歪曲歷史的目的」。〔註50〕另一方面，我們還應看到，歷史虛無主義所選擇的道路是非馬克思主義，非社會主義的，他們同馬

〔註47〕田居儉：《歷史豈容虛無──評新時期史學研究的若干歷史虛無主義言論》，《高校理論戰線》，2005 年第 6 期。

〔註48〕白壽彝：《在第一次全國史學史座談會上的講話》，載《中國史學史論集》，中華書局，1999 年 4 月第 1 版，第 411 頁。

〔註49〕方克立：《批判繼承，綜合創新》，《中央社會主義學院學報》，1999 年第 3 期。

〔註50〕梁柱，龔書鐸主編：《警惕歷史虛無主義思潮》，北京，人民教育出版社，2006 年版，第 7 頁。

克思主義史家有根本的史學發展道路與原則性的分歧，「歷史虛無主義打著學術討論的旗號，但有十分鮮明的政治傾向，是一種顛倒歷史、違反歷史唯物主義的反社會主義思潮」，〔註51〕而他們在「否定中國共產黨和中華民族歷史的時候，精心設計了一個突破口，即集中火力炮打中國共產黨的領袖和民族英雄」。〔註52〕很明顯，歷史虛無主義者的目的，就是「要把中國從社會主義道路扭轉到資本主義道路上，實際上還是倒退回舊中國的半殖民地半封建社會」。〔註53〕

那麼我們如何堵住歷史虛無主義者這一所謂的突破口，並從根本上對其予以反擊呢？在一些馬克思主義史家看來，方法很簡單，我們應該反其道而行之，更好地維護我們自己的民族英雄與民族領袖特別是我們中國共產黨自己的英雄和國家領袖。「爲了國家、人民的利益，無產階級對自己的領袖既不能搞個人崇拜，也不可無端否定、妄加誹謗。要科學地評價領袖人物的歷史貢獻，世世代代牢記他們的功績，維護他們的形象和威信。這是無產階級的利益所在」。〔註54〕而我們在中國近代史的史學研究中，與歷史虛無主義者歷史唯心主義的態度相反，在重視中國近代史學基本史學理論與方法論問題研究的基礎上，我們還應堅信：「馬克思主義的指導是史學發展的關鍵」〔註55〕，「馬克思主義是史學研究最根本的方法」。〔註56〕同時對於我們這些年輕的馬克思主義史學工作者來講，更應該「鞏固馬克思主義在意識形態領域的指導地位……深入學習馬克思主義的立場、觀點和方法，提高用發展著的馬克思主義指導史學研究的自覺性和堅定性，進一步增強政治意識、大局意識和責任意識」〔註57〕，爲進一步發展馬克思主義史學而貢獻出自己的一份力量。

〔註51〕 邵雲瑞：《歷史虛無主義三詰》，《警惕歷史虛無主義思潮》，北京，人民教育出版社，2006 年版，第 62 頁。

〔註52〕 邵雲瑞：《歷史虛無主義三詰》，《警惕歷史虛無主義思潮》，北京，人民教育出版社，2006 年版，第 62 頁。

〔註53〕 龔說鐸：《歷史虛無主義二題》，《高校理論戰線》，2005 年第 5 期。

〔註54〕 邵雲瑞：《歷史虛無主義三詰》，《警惕歷史虛無主義思潮》，北京，人民教育出版社，2006 年版，第 65 頁。

〔註55〕 戴逸：《馬克思主義的指導是史學發展的關鍵》，《走什麼路——關於中國近現代歷史上的若干重大是非問題》，濟南，山東人民出版社，1997 年版，第 372 頁。

〔註56〕 劉大年：《馬克思主義是史學研究最根本的方法》，《走什麼路——關於中國近現代歷史上的若干重大是非問題》，濟南，山東人民出版社，1997 年版，第 374 頁。

〔註57〕 田居儉：《歷史豈容虛無——評新時期史學研究的若干歷史虛無主義言論》，

　　歷史虛無是與歷史求真相對立而存在的。因此，克服歷史虛無主義的另
一個目的則是求真。而歷史求真不僅是中國歷史學長期存在的一個史學傳
統，同時也是馬克思主義史學所一直追求的價值目標，還是馬克思、恩格斯
等經典作家所一直提倡的。如馬克思在《資本論》第一卷第二版跋中說道：「研
究必須充分地佔有材料，分析它的各種發展形式，探尋這些形式的內在聯繫。
只有這項工作完成以後，現實的運動才能適當地敘述出來。」〔註58〕恩格斯
在為馬克思的《政治經濟學批判》所寫的書評中也指出：「即使只是在一個單
獨的歷史實例上發展歷史唯物主義的觀點，也是一項要求多年冷靜鑽研的科
研工作，因為很明顯，在這裏說空話是無濟於事的，只有靠大量的、批判地
審查過的、充分掌握了的歷史資料，才能解決這樣的任務。」〔註59〕很明顯，
馬恩在這裏的論述主要強調的是史料的真實性對歷史求真的重要作用。對於
克服歷史虛無主義在史學求真上的要求，我國的一些馬克思主義史家在各種
史學雜誌、期刊上也多有提倡，如有學者在批判民族虛無主義的理論誤區時
指出其：「缺乏反思傳統的全面性與客觀性。不可否認，民族自信心和自尊心
必須建立在對傳統進行深刻反省的基礎之上，否則就無法克服狹隘的民族本
位意識，問題在於這種反省應是全面的、客觀的、毫無成見的、實事求是的。」
亦有學者說道：「歷史虛無主義的『研究』方法不是以事實為出發點，不是全
面、系統地掌握有關資料，把握歷史事實的總和並闡明其內在聯繫，透過歷
史現象分析歷史的本質和主流，揭示歷史的發展規律，而是隨心所欲地挑選
零碎的歷史事實加以塗抹或剪裁，憑藉『新奇大膽』的想像肆意歪曲和否定
歷史。」〔註60〕而對於馬克思主義史家在史學求真上的要求，在 1995 年召開
的「中國近代史研究的歷史觀和方法論」的學術討論會上有比較集中的展現。
如金沖及先生在學術研討會上講道：「對歷史怎麼看有兩種情形：一種是真正
科學地講真實的歷史；另一種說不上是對歷史的研究，它是出於另一種考慮，
在那裏胡編歷史來達到某種特別的目的。」但無論怎麼認識，「創新不能違背

　　　　《高校理論戰線》，2005 年第 6 期。
〔註58〕馬克思，恩格斯：《馬克思恩格斯選集》，北京，人民出版社，1972 年版，第
　　　　2 卷，第 217 頁。
〔註59〕馬克思，恩格斯：《馬克思恩格斯選集》，北京，人民出版社，1972 年版，第
　　　　2 卷，第 118 頁。
〔註60〕田居儉：《必須尊重中華民族的歷史淵源──評歷史虛無主義的一種表現》，
　　　　《求是雜誌》，2006 年第 3 期。

事實」。〔註61〕胡繩武先生則基於對改革開放以來對一些如農民戰爭、辛亥革命、戊戌運動以及對張之洞等中國近代重要人物的所謂新看法和新觀點，說道：「研究歷史是材料第一，在嚴格的史實的基礎上提出自己的見解。當然，搞清楚史實很不容易，史實本身是個錯綜複雜的複合體，但還是可以搞清的。在搞清事實之後，才有可能對所有歷史上存在的錯綜複雜的歷史現象，包括人物、活動及其動機給與合理的說明。這是馬克思主義歷史研究的基本方法。」〔註62〕楊天石先生的觀點與金、胡二先生的觀點相若，先生針對「歷史學裏的保守主義思潮」，從歷史觀和方法論的角度加以評析，認為：「有這樣一些同志，研究問題的出發點是從假定出發，而不是從既成的歷史事實出發。歷史學的任務是研究已經過去的歷史，研究已經過去的社會生活裏的事件，只能從既成的事實出發，而不能從假定出發。」〔註63〕耿雲志則將楊天石先生的觀點進一步昇華。針對歷史虛無者對辛亥革命的否定性命題的結論，先生強調兩點：「首先，我認為發表意見的人對辛亥革命都沒有作過什麼深入的研究，既沒有專著，也沒有非常有份量的研究論文，他們的觀點是沒有什麼根據的，不過是一種大膽的假設，是一種基於對現實的變動而產生的感想。但歷史研究不是一種感想，而是一種嚴格的科學研究……第二，歷史學只討論已經發生的事情，不是從假定出發，也不是從感想出發」，〔註64〕在耿雲志先生看來，他們這種歷史假定如果不是從歷史事實出發，則毫無任何意義。即使對其反駁也是一件十分容易的事情。

本章小結

　　總之，經過新時期以來馬克思主義史家對《河殤》論者的文化虛無主義的批判，對以「告別革命論」為代表的歷史虛無者的批判以及對各種違背歷史事實的所謂「新觀點」、「新理論」的歷史虛無者的批判，我們的馬克思主

〔註61〕 金沖及：《創新不能違背事實》，《走什麼路——關於中國近現代歷史上的若干重大是非問題》，濟南，山東人民出版社，1997 年版，第 376～377 頁。

〔註62〕 胡繩武：《歷史研究要從史實出發》，《走什麼路——關於中國近現代歷史上的若干重大是非問題》，濟南，山東人民出版社，1997 年版，第 379 頁。

〔註63〕 楊天石：《歷史研究不能從假定出發》，《走什麼路——關於中國近現代歷史上的若干重大是非問題》，濟南，山東人民出版社，1997 年版，第 384 頁。

〔註64〕 耿雲志：《研究歷史要靠歷史真實》，《走什麼路——關於中國近現代歷史上的若干重大是非問題》，濟南，山東人民出版社，1997 年版，第 383 頁。

義歷史學在新時代有了新的進步和發展。而我們現在所要做的，就是堅守我
們的史學前輩在反對歷史虛無主義史學工作中所取得的一切優良成果，努力
發揚我們中國歷史與文化傳統中的優良遺產與傳統，堅持求真與經世史學目
的的和諧統一，樹立馬克思主義唯物史觀在我們史學研究中的指導地位，堅
決抵制和反對歷史虛無主義者的各種攻擊，將馬克思主義史學的光輝在新的
世紀中不斷發揚光大。

第七章 返璞國學：「國學熱」的再次 勃興

　　國學一項，中國古已有之，但它原來僅指貴族子弟攻讀詩書的學校。隨著近代西學東漸局面的出現，「國學」概念漸成，並在清末民初幾十年間漸成一股「國學熱」的史學思潮，但對於什麼是「國學」，學術界當時頗多爭論，並沒有形成統一的認識。20世紀90年代以來，「國學熱」再次勃興，並在21世紀的第一個十年漸成高潮。相較於20世紀初的那次「國學熱」，20世紀末的這次「國學熱」可以看作是對上次國學傳統的繼承和發展，但更深層次的原因，則是與當代中國國民的生活素質與文化素質提高相適應，對20世紀以來中國現代化過程的重新審視以及對20世紀80年代跨學史學思潮的盛行、對歷史虛無主義史學的批判以及「八九」政治事件之後，史學界開始反省自身，反對全盤西化，開始重新認識、吸取並發展中國自身優良的傳統與文化的必然結果。

　　當然，我們還要看到，「國學熱」的再次出現還是中國實證史學再次崛起的重要標誌，它與我們所一直提倡的唯物史觀為指導的馬克思主義中國歷史學研究並非是相互阻礙，而是並行不悖，相互促進的，積極吸取我們中國自身的優良傳統與文化，弘揚國學，更有利於促進中國當代馬克思主義史學的進步和發展。

第一節　「國學熱」思潮的悄然興起

　　早在20世紀80年代，中國傳統文化再次回到了史家的學術視野中。很

快，隨著史學界對「文革」史學傳統的反撥與歷史文化遺產繼承熱的出現從而很快引發了一股「文化熱」的社會與學術思潮。現在來看上世紀 80 年代的這次「文化熱」，雖然它並沒有引出國學的相關概念和內容，但卻為「國學熱」在 20 世紀 90 年代的出現提供了一個很好的學術前提和社會基礎。1992 年初，北京大學正式成立了中國傳統文化研究中心，並於 1993 年出版了《國學研究》第 1 卷。同年的 8 月 16 日，《人民日報》以整版的篇幅刊發了畢全忠的文章《國學，在燕園悄然興起》，該文認為：「在社會上商品經濟大潮的拍擊聲中，北京大學一批學者在孜孜不倦地研究中國傳統文化，即『國學』。他們認為研究國學、弘揚中華民族優秀傳統文化，是社會主義精神文明建設的一項基礎性工作……國學的再次興起，是新時期文化繁榮的一個標誌，並呼喚著新一代國學大師的產生。」〔註 1〕時隔一天，還是《人民日報》，其「今日談」欄目又發表了署名為文哲的的評論性文章──《久違了，國學》，在這篇文章中，作者以積極地心態提倡道：「歷史是不能割斷的，社會主義精神文明建設離不開我國優秀的文化傳統。所謂『有中國特色』，一個重要含義就是中國的文化傳統。深入研究中國傳統文化，發揚其精華，對繁榮社會主義新文化，提高中國人的自尊心，自信心，增強民族凝聚力等等，是一項不可缺少的基礎工程。」〔註 2〕

《人民日報》這兩篇文章的發表以及北大國學研究的開展給整個史學界帶來極大的影響，此舉也可以說標誌著「國學熱」的思潮已經在國內悄然興起。很快，《中國文化》、《學術集林》、《傳統文化與現代化》、《東方》、《尋根》、《原道》等宣傳中國傳統文化和學術思想的刊物紛紛刊行，《北京大學學報》、《文史哲》等重要學界刊物亦開始闢有專論國學內容的專欄。各出版社還紛紛策劃出版「國學叢書」、「國學大師叢書」等國學類叢書，國學思潮已經以一種恢宏壯闊、無可阻擋的氣勢再次在中國學術界沸騰起來，這種景象按照當時的一些學者來看：「隨著東亞經濟的騰飛，以儒、道為核心的東方傳統文化，再一次成為世界學人關注的熱點問題。隨之而來的是，我們具有悠久歷史傳統的『國學』，已成（呈）復萌之勢。」〔註 3〕

〔註 1〕 畢全忠：《國學，在燕園悄然興起──北京大學中國傳統文化研究散記》，《人民日報》，1993 年 8 月 16 日。

〔註 2〕 文哲：《久違了，「國學」！》，《人民日報》，1993 年 8 月 18 日。

〔註 3〕 此句為《文史哲》該刊編輯為其「國學新論」專欄所做之按語，見《文史哲》，1994 年第 3 期。

　　既然「國學熱」已然掀起，那麼對於史學界而言，下一步要做的就是如何在具體的史學研究中實現國學在當代社會中的史學價值與學術價值，彰顯中國傳統文化與學術成就在新時代的價值和魅力。其具體的史學要求，一如《〈中國文化〉創刊詞》所說：「在學術上應以中國文化爲本位，在廣爲汲納國外的各種新觀念、新學說、新方法的同時，刻刻不忘本民族的歷史；在方法上，提倡從一個一個的具體問題入手，反對『狗比貓大，牛比羊大』一類抽象比較，主張宏觀和微觀結合，思辨與實證結合、新學與樸學結合」。〔註4〕很明顯，強調實證，重視史料的國學研究傳統再次成爲了史學界應該注意並加以承接的重要傳統，但這種傳統又不同於 80 年代初的「回到乾嘉」的史學思潮。因爲這次的「國學熱」不僅是以堅持唯物史觀的指導爲前提的，同時廣泛吸收西方的新觀念，新學說，新方法。這也就無怪於在這一階段，陳垣、陳寅恪、傅斯年等民國年間蠻聲海外、學貫中西並且精於實證實證的史學大家們被史學界反覆提及，崇拜異常，儼然是「國學熱」下的新史學熱潮了。〔註5〕

　　如果說以陳寅恪等爲代表的民國學界大師們在此階段的「復活」算是「國學熱」的一重要表現的話，那麼「國學熱」下的另一個重要表現則是重視史學規範的討論與熱議，有學者指出：「進入 20 世紀 90 年代中期以來，關於學術規範問題的學術討論，既生動活潑，又嚴肅認眞，既有廣泛的讚賞與回應，也有激烈的爭論與駁難，完全有理由視作 90 年代中國學界最具純學術意義的一次學術討論，構成了世紀末中國學術發展取向的一大人文景觀。」〔註6〕亦

〔註 4〕　《中國文化》主編：《〈中國文化〉創刊詞》，《中國文化》，1989 年 12 月創刊號，1990 年 5 月版。

〔註 5〕　此一階段，按照張書學先生的觀點，認爲：「九十年代許多學人試圖在治史旨趣、作業方式和致知門徑諸方面向『中國現代史學的起步階段』回歸，與傅斯年開創的『史語所』接軌，沿著史料派開闢的實證道路前進。因此，九十年代史學發展的主要走向和特徵，被學者們概括爲『回到傅斯年』。」參見張書學、王曉華：《中國內地史學的走向》，《「傅斯年與中國文化」國際學術討論會論文集.》，天津市，天津古籍出版社，2006 年版，第 84 頁。侯雲灝則在其所著《20 世紀中國史學思潮與變革》一書中寫到：「學術界一般認爲，隨著『國學熱』的興起，出現一種崇尚考據、重視學術規範的史界『二陳熱』（按指陳垣、陳寅恪）。根據我們的研究，說『二陳熱』，其實是不準確的，確切地說應是一種『陳寅恪』熱。這種思潮的出現，除了要求重視考據工作、遵守學術規範的要求外，還有一種淡化或排斥馬克思主義理論的傾向。」參見其：《20 世紀中國史學思潮與變革》，北京，北京師範大學出版社，2007 年版，第 326 頁。

〔註 6〕　楊玉聖：《學術規範與學術批評》，開封，河南大學出版社，2005 年版，第 3

有學者認為新時期的這次國學的興起，是「走向內在研究的國學」，其「最值得注意的是學術規範的討論和實證研究的進展」。〔註7〕凡此種種，無怪乎李澤厚先生在談及 20 世紀 90 年代中國學術時，用頗具雜文式的筆調寫道：「學術領域則是『規範』至上，國學第一，崇考據、贊乾嘉、編材料、纂類書、『學問』才是本錢，其它不過是狗屁：所有這些，似乎合理地構成了今日中國『歟兮盛哉』的時代主調……90 年代學術風尚特徵之一是『思想家淡出，學問家凸顯』。魯迅、胡適、陳獨秀等退居二線，王國維、陳寅恪、吳宓等則被抬上了天。」〔註8〕

以上凡此種種，不一而足。不論你是否承認，「國學熱」作為一特別的史學思潮確實是再一次在新時期勃興了。當然，同時我們也要看到，不可能所有史家都會對「國學」的再次復興持讚賞和支持的態度。早在 1990 年，針對傳統文化與學術尤其是傳統文化的核心儒學逐漸復蘇的跡象，老革命家兼學者李一氓就說道：「我們都是經過五四運動以後的人，一般來說，也是受過馬克思主義教誨的人，看見孔子哲學仍然具有官方哲學的味道，橫行天下，真使人瞠目以對……事情更奇怪的是：現在泛濫的孔子學說——一個非常封建的學說，不僅企圖證明它會促進資本主義的發展，而且更進一步，企圖證明它還會促進社會主義的建設。」〔註9〕緊接著，1994 年，《哲學研究》刊發了一篇署名為羅卜的文章，其在文中認為：「『蘇東事變』以後，馬克思主義走向低潮，全盤西化論、民族虛無主義、神秘主義在喪魂落魄的人中間廣有市場。信仰的塌方帶來的世紀末的精神瘟疫……如果我們天真地以為僅僅從『國學』中就可以找到立國之本或重建民族精神的支柱，而以馬克思主義作為外來文化可以置之一邊，那就未免太迂腐了。」〔註10〕此後，在《歷史研究》創刊 40 週年紀念大會上，馬克思主義史學權威學者胡繩先生發表談話。在這次談話中，胡繩談到了羅卜的這篇文章，並對其基本觀點表示讚賞，但同樣認為：「不排除有人企圖用『國學』這一可疑的概念來達到摒棄社會主義新文化於中國文化之外的目的」，在他看來，「這是歷史學家，社會學家今天都應該注

頁。
〔註7〕黃卓越：《走向內在研究的國學》，《中國文化研究》，1998 年夏之卷。
〔註8〕李澤厚：《世紀新夢・後記》，合肥，安徽文藝出版社，1999 年版。
〔註9〕李一氓：《關於孔子學說的討論》，《文匯報》，1990 年 12 月 26 日。
〔註10〕羅卜：《國粹・復古・文化——評一種值得注意的思想傾向》，《哲學研究》，1994 年第 6 期。

意的問題」。〔註11〕鑒於胡繩先生在史學界的崇高地位和威望，他的這番話在史學界引起了巨大的影響。但事與願違，隨之而來的史學界並沒有掀起像批判「回到乾嘉」史學思潮時的陣勢和局面，而是遭到了許多學界精英的反擊和駁斥〔註12〕。

　　進入 21 世紀以後，「國學熱」漸趨發展並形成一個新的發展高潮。2001年，中央電視臺開始播放名師講座式欄目《百家講壇》，引起了社會上的廣泛關注，尤其是從 2004 年改版開始聘請學界精英講解國學典籍與中國傳統歷史文化以後，迅即掀起了國人對國學的巨大熱情並造就了像易中天、閻崇年、于丹等這樣的電視學術明星。2002 年，具有國學啓蒙性質的「安定門國學館」在北京孔廟開館，此外如南京的「金陵國學館」，上海的「孟母堂」，天津的「明德國學館」等亦紛紛傚仿成立。而隨著各地國學館的設立，各地兒童讀經、誦經漸成時尚，據有關媒體報導：「截至 2003 年底，中國已有 500 萬個家庭、60 多個城市的少年兒童加入誦讀儒家經典行列。」〔註13〕而到 2004 年，中國的「國學熱」已經進入了一個新的高潮和發展階段。如按照徐友漁先生所論，新時期的「國學熱」分爲兩個階段。第一個階段在 20 世紀 90 年代，「第二波始於 2004 年，這幾年興起的『國學熱』主要表現爲一系列引人注目的宣言、口號、事件和爭論，留在人們記憶中的，多半是媒體的炒作和一些極端主張的喧囂聲。對於『國學熱』而言，2004 年是非常重要的年份，它既是集中爆發的一年，也是作爲新起點的一年」。〔註14〕我們認爲，在這些所謂的宣言、口號和事件中，最著名的的莫過於由多位學者共同簽署的《甲申文化宣言》了。在這一年，由許嘉璐、季羨林、任繼愈、楊振寧、王蒙等五位先生提議，在北京舉行的「2004 文化高峰論壇」上，72 位著名學者共同簽名發表了《甲申文化宣言》，此宣言聲稱：「我們願與海內外華人一起，爲弘揚中華文化而不懈努力。願與世界各國人民一起，爲促進人類文明與社會發展共同奮鬥」。我們認爲，該宣言的發表與前文所講的《百家講壇》的改版事件，可

〔註11〕胡繩：《介紹一篇文章》，《瞭望》，1994 年第 6 期。
〔註12〕這些文章如錢遜：《國學研究中的一個重要問題》，胡偉希：《少一點獨斷，多一些寬容》，牟鍾鑒：《當審判官，還是做探索者？》等，這些文章參看 1995年第 2 期《孔子研究》的「傳統文化筆談」類文章。
〔註13〕祝沛章：《對當前「讀經運動」的思考》，《科教文匯》（下半月），2007 年第 1期。
〔註14〕徐友漁：《「國學熱」的淺層與深層問題》，《博覽群書》，2009 年第 11 期。

以說在一定意義上代表著「國學熱」第 2 個高潮的到來。此後，2005 年 11 月 19 日，北京大學的「乾元國學教室」正式面向社會開始招生。2006 年，《光明日報》設《國學》專號，每月分兩期出版，大力宣揚國學知識並推動國學在新世紀的傳播。同時，一些網絡媒體如新浪網亦開始推出「乾元國學博客圈」，希望通過網絡的力量開始宣傳、普及國學的知識，而湯一介、龐樸、余敦康、李學勤等國內著名學者專家亦鼎立加盟，對其行為表示支持。中國新世紀的這場「國學熱」思潮也因此就在這種政府與民間，學界與大眾的密切協作態勢下而快速發展起來。

同時，有一個問題是我們現在也無法迴避的，即和上世紀初的那場「國學熱」一樣，對於國學的具體概念到底為何，它具體應該包含哪些主要內容，學界雖多有爭論，但也沒有達成統一的認識和結論。如有的學者認為：國學就是「中國傳統文化的別稱」，〔註15〕有的學者認為：「國學的內涵，就是從事國學研究的內容。」〔註 16〕還有的學者認為：「國學應該包括四個層面的內容：一是物質層面，如中國的飲食、中藥、茶、酒、瓷器、服飾等；二是技術層面，如武術、中醫等；三是制度層面，如歷代律令典章制度；四是精神層面，如道德倫理標準、價值觀等。」〔註 17〕還有很多學者從各種不同的角度得出他們心目中的國學形象。但我們認為在這些諸多學者的討論和爭辯中，中國人民大學校長紀寶成的觀點比較具有時效性、代表性。他在 2005 年 5 月 26 日發表在《南方周末》上的《重估國學的價值》一文中說道：「國學有廣義與狹義之分。廣義的國學，即胡適所說的『中國的一切過去的歷史文化』，思想、學術、文學、藝術、數術方技均包括其中；狹義的國學，則主要指意識形態層面的傳統思想文化，它是國學的核心內涵，是國學本質屬性的集中體現，也是我們今天所要認識並抽象繼承、積極弘揚的重點之所在。」〔註 18〕

〔註15〕 李中華：《對「國學熱」的透視和反思》，《理論視野》，2007 年第 1 期。另一層面，一些學者並不認可此觀點，如詹杭倫在其所主編的《國學通論講義》一書中就說道：「今天我們所指稱的『國學』概念，不是指中國傳統文化本身，而是指研究中國傳統文化的『學問』和『學術』。所謂『學問』，側重於有關傳統文化知識體系的積累與梳理；所謂『學術』，側重於有關傳統文化研究方法的繼承與創新。」參見其《國學通論講義》，北京，中國人民大學出版社，2007 年版，第 4～5 頁。

〔註16〕 劉兆祐，汪弘毅：《國學導讀》，北京，中國人民大學出版社，2005 年版，第 3 頁。

〔註17〕 卜昌炯：《國學熱：尚古還是媚俗》，《出版商務周報》，2006 年 9 月 25 日。

〔註18〕 紀寶成：《重估國學的價值》，《南方周末》，2005 年 5 月 26 日。

第二節 新時期「國學熱」思潮出現原因析論

　　新時期的「國學熱」自 20 世紀 90 年代初期始,經過近 20 餘年的發展,時至今日,仍然沒有消弱的跡象,反而越加旺盛並逐漸延伸到海外。如 2004 年,全國第一所孔子學院在韓國掛牌成立,到 2009 年,全球已增至 282 所。同時,世界各地的許多大學校園中還掀起了一股「漢語熱」,「漢學熱」的中國潮流。「2005 年,聯合國教科文組織正式批准設立國際『孔子教育獎』,主要獎勵在教育、文化等方面做出突出貢獻的各國政要和專家。」〔註 19〕以上種種不過是時下「國學熱」走出國門之外的很少一部分的外部呈現而已。而面對國學這種快速發展與廣受歡迎的社會現實,反思這次「國學熱」思潮的發生及其存在的內在原因與社會發展之間的諸多關係便顯得尤為重要了,我們認為,這種反思和思考也必將有利於國學作為我們中國人自己的傳統和文化在 21 世紀的今天能夠更好地延續和發展下去。

一、傳統的延續:對 20 世紀中國實證精神與國學傳統的一種延續與承接

　　實證史學是 20 世紀中國重要的史學精神與史學傳統之一。按照王學典先生的觀點:「百年中國史學史,可以說是史料派與史觀派的對抗史。在這場世紀較量中,在某些極端時期,兩大史學陣營中的學人幾乎誰都不拿正眼看對方,誰得勢就壓對方,入主出奴,是丹非素。」〔註 20〕侯雲灝先生則系統地總結了 20 世紀中國的實證史學傳統,認為它「在 20 世紀屢屢泛起,又屢屢衰落。百年之中,大致經過了四次:世紀初的『為歷史而治歷史』思潮,二三十年代的『把歷史學語言學建設得和地質學、生物學等同樣』的新歷史考證學,80 年代初的『回到乾嘉時代』和 90 年代的『振興國學』與『南北二陳』。」〔註 21〕由此,我們完全有理由相信,20 世紀 90 年代開始的這場「國學熱」,其並非無源之水無本之木,而是有著自己的淵源和源頭,其內在所體現的實

〔註 19〕 董學清:《專家談孔子獎稱孔子思想具有重要現實意義》,新華網～山東頻道,
　　　　 2005 年 10 月 13 日。

〔註 20〕 王學典,陳鋒:《二十世紀中國歷史學》,北京,北京大學出版社,2009 年版,
　　　　 第 4 頁。

〔註 21〕 侯雲灝:《20 世紀中國史學思潮與變革》,北京,北京師範大學出版社,2007
　　　　 年版,第 307 頁。

證精神與彰顯中國傳統文化的情懷是 20 世紀中國的學界精英們所一直提倡並予以貫徹的，只是由於各種各樣的政治原因和外力因素的影響，使其時斷時續，但基本上延續了百年中國文化傳統與實證精神的發展與流傳。

　　具體來講，回顧國學在整個 20 世紀的發展脈絡，我們可以從其在國內的延續和發展，從西方的學術、思想、文化對中國固有文化傳統與學術精神的衝擊以及當時學術界對國學概念的提出及其內涵的不同解讀來尋找出其中的一些端倪。而「在當時國力貧弱、國勢衰頹、國運不濟及民族危亡之時，清季民初的知識分子，圍繞『國學』所展開的爭鳴和辯論，正反映出他們對國家、民族乃至文化前途等問題的深切關懷」。〔註 22〕

　　如晚清以來，一些中國的精英分子面對西學東漸，中學日衰而國人愈來愈趨向於西方這一社會現實，提出了「中學爲體，西學爲用」的觀念主張。張之洞在其《勸學篇》中即言道：「新舊兼學。四書五經、中國史事、政書、地圖爲舊學，西政、西藝、西史爲新學。舊學爲體，西學爲用，不可偏廢。」〔註 23〕此後，梁啓超在其《清代學術概論》一書中又說：「所謂『中學爲體，西學爲用』者，張之洞最樂道之，而舉國以爲至言。」〔註 24〕此後，與「西學」相對應，「中學」（國學）開始出現並被社會強調出來。但此時的「國學」是以「中學」的面目出現的。而真正要追溯國內第一次用到「國學」這一詞彙的話，我們還是要落實到梁啓超先生的身上。據劉夢溪先生的考證可知，梁啓超當時還有辦《國學報》的設想，在黃遵憲給梁啓超的信件中即可知曉：「《國學報》綱目，體大精思，誠非率爾遽能操觚。僕以爲當以此作一《國學史》，公謂何如？」〔註 25〕很明顯，黃是不同意梁啓超辦《國學報》的，但「國學」一詞卻是在中華大地開始出現了。此後，以章太炎、鄧實、黃節、劉師培等爲代表的國粹派興起，他們以《國粹學報》和《政藝通報》爲陣地，主張保存國粹，頌揚國學，反對君學，希望從中國的傳統文化中找到民主、共和的依據，藉以反對清王朝的君主專制，抵制社會盲目的全盤西化的社會風氣。對於其所倡導的國學的內涵，按鄧實在其《國學講習記》中所言：「國學

〔註 22〕 李中華：《國學、國學熱與文化認同》，《北京行政學院學報》，2007 年第 3 期。

〔註 23〕 張之洞：《張文襄公全集·勸學篇·外篇·設學第三》，北京，中國書店，第 8 頁，1990 年影印版。

〔註 24〕 朱維錚校注：《梁啓超論清學史二種》，上海，復旦大學出版社，1985 年版，第 79 頁。

〔註 25〕 黃遵憲：《黃遵憲全集》，北京，中華書局，2005 年版，第 433 頁。

者何，一國所自有之學也。」〔註26〕而對於該學派所重點宣揚的國粹，則見
黃節在其《國粹保存主義》一文中所說的:「夫國粹者，國家特別之精神也」，
「是故本我國之所有而適宜焉者爲國粹也，取外國之宜於我國而吾足以行焉
彝爲國粹」。〔註27〕同時，也是需要特別強調的就是此時國粹派所宣揚的國粹
並不等於傳統的儒家學說。相反，在他們看來，「儒家的『正統』、『一尊』是
歷代帝王肆意神話的結果，它作爲一種學術思想，本身有著許多不足爲訓之
處」。〔註28〕由此，提倡諸子之學，反對儒學的正統地位成爲了此階段國粹主
義史學思潮的又一特點。〔註29〕

　　辛亥革命之後，國粹主義思潮逐漸消退，國故之學漸興起來。尤其是1919
年五四運動之後，國內又逐漸出現了整理國故的史學思潮。國故之稱謂，最
早見章太炎先生所著之《國故論衡》一書。對於整理國故運動的出現，胡適
先生在《新思潮的意義》一文中有所說明:「現在有許多人自己不懂得國粹是
什麼東西，卻偏要高談保存國粹。林琴南先生做文章論古文之不當廢，他說，
『吾知其理而不能言其所以然!』現在許多國粹黨，有幾個不是這樣糊塗懵
懂的，這種人如何配談國粹?若要知道什麼是國粹，什麼是國渣，先需要用
評判的態度，科學的精神，去做一番整理國故的的工夫。」〔註30〕同時對於
國故的內涵，國故、國粹、國學以及國渣等概念的區別，胡適先生也給出了
自己的答案。如在1923年《國學季刊》的發刊宣言中，胡適先生說道:「『國
學』在我們的心眼裏，只是『國故學』的縮寫。中國的一切過去的文化歷史，
都是我們的『國故』;研究這一切過去的歷史文化的學問，就是『國故學』，
省稱爲『國學』。『國故』這個名詞，最爲妥當;因爲他是一個中立的名詞，
不含褒貶的意義。『國故』包含『國粹』;但它又包含『國渣』。我們若不瞭解
『國渣』，如何懂得『國粹』?所以我們現在要擴充國學的領域，包括上下三

〔註26〕鄧實:《國學講習記》，《國粹學報》，第19期，1906年7月。
〔註27〕黃維熙:《國粹保存主義》，《政藝通報》，1902年第22期。
〔註28〕吳雁南，馮祖貽等主編:《中國近代社會思潮》(第1卷)，長沙，湖南教育出版社，1998年版，第674頁。
〔註29〕羅志田先生認爲，此階段:「『講求國學或梳理出國粹的目的正在於因應中西之間的學戰』，『在中西之間已是包括商戰、兵戰到學戰的全面競爭之時，尋找全民族認同的象徵便成爲當時的急需。」參看羅志田主編:《國家與學術:清季民初關於「國學」的思想論爭》，北京，三聯書店，2003年版，第53頁。
〔註30〕歐陽哲生編:《胡適文集》(2)，北京，北京大學出版社，1998年版，第558頁。

四千年的過去文化，打破一切的門戶成見：拿歷史的眼光整統一切，認清了『國故學』的使命是整理中國一切文化歷史，便可以把一切狹陋的門戶之見都掃空了。」〔註 31〕由於胡適的學界領袖地位，其所作之文有如學界宣言一般，在學術界起到了很重要的學術導向的作用。此後，整理國故運動很快便轟轟烈烈地在全國開展起來，1922 年，北京大學的國學門宣告成立，1925 年，清華大學的國學研究院亦正式建成。各高校紛紛開設關於國學內容的教學課程，章太炎先生和錢穆先生還分別撰有《國學概論》一書，對此階段的「國學熱」又是一極大促進。而最為顯著的，則莫過於胡適先生的兩大高足顧頡剛先生和傅斯年先生所分別領導的「古史辯」運動與中央研究院史語所的研究工作，其諸般努力和諸多學術成果的出現更是將國學的研究熱潮推向了一個新的高峰。無怪乎今日之羅志田先生感歎道「從清季起，這一系列思想鬥爭最顯著的主線是（廣義的）學術與國家的關係，在近三十年間大體經歷了從保存國粹到整理國故再到不承認國學是『學』這一發展演化過程。從稱謂看，又大致經歷了從『中學』到『國學』/『國粹』再到『國故（學）』/『國學』這一過程。」〔註 32〕

但是，令我們扼腕不已的是，民國時期的這場「國學熱」畢竟沒有長時間延續下來，其原因除了因國內政局動蕩不安，禍亂頻繁，思想文化界多以西學為標榜，排斥甚至貶低故國之傳統文化以及外敵入侵，學界以救國相號召，治學趨向多元等諸多因素之外，學術界對國學概念的模糊定義，各自為戰，不能形成一個統一的合力也是我們不得不考慮的另一重要因素。這一點，錢穆先生在其出版的著作《國學概論》一書《弁言》中即寫道：「學術本無國界。『國學』一名，前既無承，將來亦恐不立。特為一時代的名詞。其範圍所及，何者應列國學，何者則否，實難判別。」〔註 33〕馬一浮先生亦認可錢穆先生的觀點，在馬先生看來：「國學這個名詞，如今國人已使用習慣了，其實並不甚恰當。照舊時用國學為名者，即是國立大學之稱。今人以吾國固有的學術名為國學，意思是別於外國學術之謂。此名為依他起，嚴格說來，本不可用。今為隨順時人語，故暫不改立名目。然即依固有學術為解，所含之意

〔註 31〕 歐陽哲生編：《胡適文集》（3），北京，北京大學出版社，1998 年版，第 10 頁。

〔註 32〕 羅志田：《國學與學術：清末民初關於「國學」的思想論爭·自序》，北京，三聯書店，2003 年版，第 4 頁。

〔註 33〕 錢穆：《國學概論·弁言》，北京，商務印書館，1997 年版，第 1 頁。

義太覺廣泛籠統,使人聞之,不知所指爲何種學術。」〔註 34〕而從「19 世紀末 20 世紀初,至改革開放前的『文化大革命』,其間經歷了近一個世紀的時間,我們一直處在與自己的民族文化傳統相背離的狀態。這種背離,導致中國近百年來的學術文化經驗及理論,一代一代地發生某種斷裂,甚至造成近百年來的歷史文化記憶的喪失。」〔註 35〕

　　從我們今天來看,這種歷史文化記憶的喪失或者說對國學的背棄與疏離最早以辛亥革命之後的新文化運動表現最爲明顯。此階段,新文化運動的主將陳獨秀先生曾針對當時的社會情形說道:「這腐舊思想布滿國中,所以我們要誠心鞏固共和國體,非得將這班反對共和的理論、文學等等舊思想,完全洗刷的乾乾淨淨不可。否則不但共和政治不能進行,就這塊共和招牌,也是掛不住的。」〔註 36〕還明確指出:「今效漢武之術,罷黜百家,獨尊孔氏,則學術思想之專制,其湮塞人智,爲禍之烈,遠在政界帝王之上。」〔註 37〕又比如李大釗先生在新文化運動期間論及孔子與憲法關係時亦言:「孔子者,歷代帝王專制之護身符也。憲法者,現代國民自由之證券也。專制不能容於自由,即孔子不當存於憲法。」〔註 38〕

　　如果說國學的內容是以復興傳統思想文化爲其核心任務之一的話,那麼很遺憾,新文化運動的結果恰恰是與之背道相馳,南轅北轍。當然,我們無益於貶低陳獨秀、李大釗等人對新文化運動的學術努力和主觀價值追求,其學術行爲的產生是受當時諸多社會因素的制約與特殊的時代背景所決定的,且其主觀目的,還是希望中國能夠早日實現民主和科學,脫離封建專制和蒙昧的舊社會。同時,我們還要看到,新文化運動時期的反對孔學,批判孔子,並非是一場主張徹底西化,全面反傳統的思想文化運動。如新文化運動時期的干將吳虞在讀到易白沙發表在《新青年》上的文章《孔子評議》一文後,寫信給陳獨秀說道:「讀貴報大論,爲之欣然。不佞常謂孔子自是當時之偉人,然欲堅執其學以籠罩天下後世,阻礙文化之發展,以揚專制之餘焰,則不得不攻之者,勢也。梁任公曰:『吾愛孔子,吾尤愛眞理。』區區之意,亦猶是

〔註 34〕 馬一浮:《馬一浮集》,第 1 冊,浙江古籍出版社,1996 年版,第 9 頁。
〔註 35〕 李中華:《國學、國學熱與文化認同》,《北京行政學院學報》,2007 年第 3 期。
〔註 36〕 陳獨秀:《舊思想與舊國體問題》,《新青年》,第 3 卷 3 號,1917 年 5 月。
〔註 37〕 陳獨秀:《憲法與孔教》,《新青年》,第 2 卷第 3 號,1916 年 11 月。
〔註 38〕 李大釗:《李大釗選集》,北京,人民出版社,1959 年版,第 77 頁。

耳，豈好辯哉！」〔註 39〕其後，陳獨秀先生也表示「反對孔教，並不是反對孔子個人，也不是說他在古代社會無價值，不過因他不能支配現代人心，適合現代潮流，成了我們社會進化的最大障礙。」，〔註 40〕李大釗先生也示意道：「余之掊擊孔子，非掊擊孔子之本身，乃掊擊孔子爲歷代君主所雕塑之偶像的權威也；非掊擊孔子，乃掊擊專制政治之靈魂也。」〔註 41〕

　　20 世紀 30 年代以後，愛國主義史學逐漸興起，「史學界各派別間出現了合流互融的趨勢」〔註 42〕，前期的「國學熱」也已經融入其間，並以中國通史的編撰與研究爲一時之重要特色。如錢穆先生的《國史大綱》，張蔭麟先生的《中國史綱》，范文瀾的《中國通史簡編》、翦伯贊的《中國史綱》等等爲代表。而此階段編撰通史的目的，則如錢穆先生在其《國史大綱·引論》中所言：「然中國最近，乃爲其國民最缺乏國史知識之國家……故愛之切。若一民族對其已往歷史無所了知，此必爲無文化之民族。此民族中之分廣，對其民族，必無甚深之愛，必不能爲其民族眞奮鬥而犧牲，此民族終將無爭存於並世之力量……故欲其國民對國家有深厚之愛情，必先使其國民對國家已往歷史有深厚的認識。欲其國民對國家當前有眞實之改進，必先使其國民對國家已往歷史有眞實之瞭解。我人今日所需之歷史知識，其要在此。」〔註 43〕張蔭麟先生的觀點與錢穆先生相若，在其所著《中國史綱》中，我們可以看到他的通史寫作的背景和目的，「現在發表一部新的中國通史，無論就中國歷史本身的發展上看，或就中國史學的發展上看，都可說是恰當其時。就中國歷史本身的發展上看，我們正處於中國有史以來最大的轉變關頭……在這時候，把全部的民族史和它所指向道路，做一鳥瞰，最能給人以開拓心胸的歷史觀。」〔註 44〕

　　新中國成立後，馬克思主義史學成爲中國歷史學發展的主流，國學一詞亦絕於史蹟，經過建國初的重新學習和思想改造之後，那些熟於典籍，精於考證的民國史家們也逐漸接受了唯物史觀的指導〔註 45〕，並積極在馬克思主

〔註 39〕 吳虞：《致陳獨秀》，《吳虞集》，成都，四川人民出版社，1985 年版，第 385 頁。
〔註 40〕 陳獨秀：《孔教研究》，《每周評論》第 20 號，1919 年 5 月。
〔註 41〕 李大釗：《自然的倫理觀與孔子》，《李大釗選集》，1959 年版，第 80 頁。
〔註 42〕 王磊：《建國前後的史學轉型》，中國人民大學博士論文，2009 年，第 9 頁。
〔註 43〕 錢穆：《國史大綱·引論》，北京，商務印書館，1994 年版，第 1～3 頁。
〔註 44〕 張蔭麟：《中國史綱·自序一》，北京，商務印書館，2003 年版，第 1 頁。
〔註 45〕 當然其中一些史家還是堅守著學術獨立，思想自由的學風。如陳寅恪先生在中央邀請其擔任歷史研究所二所所長時，先生即提出了兩個條件：「一、允許

義史學的範圍內進行史學實踐和史學探索。但是在另一方面,以傳統學術和文化為主要研究內容的學術研究雖也取得了一些成績,如二十四史的校點以及中國歷史地圖集的編撰等,但由於國內左的錯誤路線和激進主義思想路線的指導,導致批判史學盛行,尤其是 1958 年史學革命大爆發以後,馬克思主義史學的正常發展道路被徹底打斷,而廣大的以歷史考據、擅長實證研究的精英們則先後被打倒,有的甚至是被無情的奪去了寶貴的生命,這次革命的最終結果就是「摧殘、傷害了那些老專家、老教授們的自尊心,剝奪了他們最後所保存下來的那點尊嚴」,同時,對那些剛剛成長起來的年輕學者而言,史學革命還「直接扼殺了一批史壇新秀,並斷絕了新的專家成長教育之路,造成了今天青黃不接的局面」。〔註46〕

史學革命之後,以翦伯贊、范文瀾為首的一批馬克思主義史學家勇敢地站了出來,欲阻止已經越來越脫離軌道的史學發展現狀,但他們顯然錯估了社會現實和左傾史學的發展速度。此後「為革命而研究歷史」〔註47〕以及「把史學革命進行到底」〔註48〕的口號被提出,翦伯贊、吳晗等先生也先後淪為了被批判被打倒的對象,中國史學界徹底進入了一個混亂無序的局面,「文革」爆發後,它又被變成了「四人幫」的御用之學達數十年之久,中國歷史學也徹底進入了一個漫長地寒冬之夜。

「文革」之後,中國歷史學春天終於到來,馬克思主義史家在充分反思自己在過往左傾史學時期所犯錯誤的同時,亦力圖重建自己的馬克思主義歷史學新體系。但另一方面,在一些擅長歷史考證的史家內部,卻出現了要「回到乾嘉」的私議。關於這一部分內容,我們在前面的章節已經有所論述並分析了其發生發展的主要原因。但從國學的發展的角度來看,我們不得不說,其確是對國學研究有功勞有貢獻的,可以看做是 20 世紀 90 年代國學熱興起的一個前奏和重要前提。在我們看來,「其實質是一種要求重視史料考據、重視歷史事實,厭惡影射史學的一種矯枉過正的思想傾向」。〔註49〕但其所犯的

　　　研究所不宗奉馬列主義,並不學習政治;二、請毛公或劉公給一允許證明書,以作擋箭牌。」參看陸鍵東:《陳寅恪的最後二十年》,北京,三聯書店,1995年版,第 102 頁。
〔註46〕王學典:《20 世紀中國史學評論》,濟南,山東人民出版社,2002 年版,第 183～184 頁。
〔註47〕戚本禹:《為革命而研究歷史》,《紅旗》,1965 年第 13 期。
〔註48〕尹達:《必須把史學革命進行到底》,《歷史研究》,1966 年第 1 期。
〔註49〕侯雲灝:《20 世紀中國史學思潮與變革》,北京,北京師範大學出版社,2007

錯誤，正如葛懋春先生所言：「馬克思主義史學工作者對於乾嘉學派考訂歷史資料的有價值成果，當然應該批判繼承。即使對其運用形式邏輯整理史料的方法，也可以在唯物辯證法指導下有條件的運用。但是，籠統地認為歷史學應走回頭路，回到乾嘉學派去，其結果只能是回到史料即史學的老路，把歷史科學引向歧途。」〔註50〕

錢文忠先生在論及中國的現代化過程時曾經有一段名言，他說道：「中國的近代化、現代化就是在新舊判然對立的前提下艱難前行的，而幾乎完全是外來的『新』的價值是毋庸置疑，『舊』的價值是無須期待的。例外總是難免的，然而，就那一代乃至幾代中國人而言，主流的認知就是如此。外來的『新』等同於好、進步、健康、明智、高尚、文明，固有的『舊』等同於壞、落後、病態、愚昧、卑劣、野蠻。這樣的認識，今天看來當然是有失偏頗的。然而，在當時，就連中國一流的知識分子都難逃其羅網。」〔註51〕對於我們的國學發展來看，其興衰發展也與著上述文論中的「主流的認知」相伴隨，而今日國學的再次復興也正是在我們的史家歷次的「新」、「舊」認識沉浮數次之後的結果，只是這種認識讓我們付出了太多的時間、精力甚至是生命。

二、時代發展與民族認同：現代國家發展趨向下的必然選擇

新時期這場「國學熱」興起的第二個原因則是與當代社會不斷進步與民眾民族認同感不斷增強之後的必然結果。一方面，隨著社會發展的不斷進步，人們對物質和精神方面的需求也在不斷提高，而現代西方文明在高度發展的同時，其弊端和不足卻日漸暴露在我們的面前，因此，單純的學習西方，模仿西方，已不能滿足建設當代有中國特色社會主義文明的需要，對於社會主義精神文明的建設與人們對人文精神和文化素養的迫切要求來看，則更是如此。另一方面，國學的內核是中國傳統的思想文化，五千年的文明孕育了它豐富的思想內涵，足以滿足當代中國人文精神與社會主義精神文明建設的需要，亦足以克服我們在向現代化文明過程中所出現的種種不良傾向。時間進入 21 世紀以來，國學發展速度加快，不僅僅是學術界對歷史虛無主義史學思潮批判之後的反推

年版，第 319 頁。
〔註50〕葛懋春：《論史論結合中的幾個問題》，《文史哲》，1982 年第 2 期。
〔註51〕錢文忠：《「國學熱」的呼吸與歎息》，《解放日報》，2009 年 11 月 20 日第 17 版。

動力的結果,更像是政府與民間,社會與個人共同努力之下的集體事件。我們相信,在社會各界的共同努力下,國學發展的明天會更好!

(一)時代巨變與社會轉彎時的必然選擇

「史學思潮從來都與特定的政治思潮、社會思潮密切相關,甚至有時簡直是互為表裏、合為一體。」〔註52〕在 20 世紀 80 年代末,由於國內「八九」政治風波的影響以及文化虛無主義的泛濫,給馬克思主義史學帶來了極大的衝擊與挑戰。此後的國際局勢的變化尤其是「蘇東事件」的發生更使得這種複雜的局面變得更加嚴峻起來。與此同時,國內商品經濟的大潮也開始席卷全國,極大物質利益的引誘與歷史學在現實生活中的邊緣地位亦使得一部分史家心灰意冷。面對這種複雜的政治與社會局面,大部分史家還是能夠堅守住自己的政治信仰和學術底線的。他們正視社會現實,積極進行史學創新,努力在新時代的背景下走出一條當代中國馬克思主義歷史學發展的新道路。但不能否認,在馬克思主義史家內部還是發生了明顯的分化的:一部分人開始放棄馬克思主義的信仰,他們全面倒向西方,主張歷史虛無,否認近代以來中國共產黨的領導以及無數仁人志士通過革命換取來的革命勝利成果;一部分人則放棄了學術的研究生涯,轉而下海經商,試圖在歷史學以外的領域重新證明自己;當然,還有一部分人則是向內轉,注重史學的求真與實證研究。他們並不否認馬克思主義唯物史觀的指導地位以及中國共產黨的領導,同時又主張興復中國傳統文化,發展中國固有的學術傳統與注重實證的史學觀念,中國歷史學也正是在這種世紀的轉彎時刻又要面臨一個新的史學發展方向和學術選擇。而隨著國內政治的穩定與史學界對歷史虛無主義史學思潮的批判進行,「國學熱」在這種新的局面和形式下逐漸出現了。有學者曾經對「國學熱」的興起背景這樣總結道:「這種在政治意識形態中變形的激進革命理論和堅持反理性、反烏托邦的理論使中國學界逐漸喪失了自己傳統文化的『根』。言必稱西方,罵必向傳統,於是,出現了馬列、現代西方與中國傳統三方話語緊張的局面。在激進主義浪潮成為過去,人們又回眸本國傳統文化資源,而開始反省『偏食症』的惡果時,重新研究傳統文化,在文化心理逆轉中出現『國學熱』是必然的。」〔註53〕在今天看來,這種總結是非常具有

〔註52〕王學典:《二十世紀後半期中國史學主潮‧編前語》,濟南,山東大學出版社,1996 年版。

〔註53〕王岳川《國學熱的背景及走向》,《社會信息薈萃》,1995 年第 11 期。

時代價值和積極意義的。

（二）經濟發展與各種社會問題的出現

改革開放以來，中國經濟取得了高速發展，參看下列幾組數據：1979 年～2009 年國內生產總值的年平均增長率高達 9%，從 2001～2009 年的年均增長率更是高達 10.7%。同時，2010 年，中國的 GDP 總量業已超過了日本成爲世界第二大經濟綜合體，人均 GDP 也已經邁入了 2000～3000 美元這樣一個新的發展階段。

經濟的高速發展帶來了物質利益極大豐富的同時，「也帶來了各種社會問題、信仰問題、環境問題——拜金主義、信仰危機、超前消費、貪污腐化、公款吃喝、社會風尙扭曲、環境惡化、污染嚴重等等，現代化的弊端暴露無遺」。〔註 54〕

同時，經濟上的快速發展與思想文化建設上的不協調還帶來了人文精神的失落與道德倫理上的不斷缺失。當代學者陳思和曾一針見血地指出：「市場經濟的實踐喚醒了長期被壓抑的民族生命的原始衝動力，金錢拜物教的大勢如火如荼，席卷中國大地，讓許多人都對人文教育喪失了信心。人人都在理直氣壯地追逐金錢，人人都在追逐實際的利益，爲了在意識形態上適應這樣的需要，傳統的意識形態顯然因爲不合時宜而被擱置起來了，於是，破壞性的、唯利是圖的道德虛無主義彌漫了社會意識，人性中的惡魔性因素通過大破壞來實現大創造，往往起了決定性的作用。在這樣一個狀況下，人文精神的失落已經造成了對我們民族的精神世界的嚴重傷害。」〔註 55〕

陳思和先生的觀點非常切中時弊，而新世紀的這場國學復興運動正是在這種複雜的社會局面下應運而生的。既然各種不良的社會問題已然出現，同時人文精神的缺失亦難挽回，而這些問題出現的總源頭又是由於我們過度注重於經濟發展，輕視傳統，漠視文化造成的。那麼，重新審視中華文明，尤其是從中國傳統文化與學術精神中尋找精神慰藉的良方與治理各種社會問題的「靈藥」便成了我們當前所首先應該去做的工作。

因此，正是在這種精神尋找與文化重建中，我們已經自覺不自覺地開始

〔註 54〕 梁濤：《國學熱：向民族傳統的一次回歸》，《中國社會科學報》，2009 年 9 月 24 日第 3 版。

〔註 55〕 馮驥才主編：《教育的靈魂——人文精神與大學教育國際學術研討會論文集》，天津，天津大學出版社，2008 年版，第 68 頁。

了興復國學發展國學的過程,在我們看來,20 世紀 80 年代以來「文化熱」的持續與儒學的復興即爲此過程的前奏。〔註 56〕這正如錢遜先生所說的:「現在,很多人在研究傳統文化,無論中央領導,還是學者甚至普通老百姓,包括大學生在內,很多人都認爲我們還是需要傳統文化的。我們現在強調中華民族的偉大復興,這是離不開傳統文化的。現實生活中,我們遇到了許多問題:孩子的成長問題,自己的人生問題等。在試圖解決這些問題時,大家都是朝著一個方向去走,那就是如何從中國幾千年的傳統文化中汲取優秀的文化。」〔註 57〕

因此,我們現在要做的,即首先要明確:「國學和物質、潮流、時尚並非水火不容,如何尋找其中的結合點,才是讓國學不至於曲高和寡、躲進學院大廳的關鍵。」〔註 58〕

(三)民族、文化認同與傳統文化的宣揚

隨著現代文明的高度發展,現代西方文明社會也逐漸出現了宗教信仰與文化認同上的危機。如美國是世界上最富裕最強大的國家,但由於其國家爲一後起之移民國家,文化上的差異與民族上的複雜多樣也就越加明顯。美國哈佛大學教授塞繆爾・亨廷頓在其《文明的衝突與世界秩序的重建》一書中,曾提出了這樣一個震驚世界的觀點:「原先,西方化和現代化密切相聯……在變化的早期階段,西方化促進了現代化。在後期階段,現代化以兩種方式促進了非西方化和本土文化的復興。在社會層面上,現代化提高了社會的總體經濟、軍事和政治實力,鼓勵這個社會的人民具有對自己文化的信心,從而成爲文化的伸張者。在個人層面上,當傳統紐帶和社會關係斷裂時,現代化便造成了異化感和反常感,並導致了需要從宗教中尋求答案的認同危機。」

〔註56〕陳壁先生認爲:「這一系列的變化足以證明,很多人開始有一種尋根的心理需要並開始重新審視傳統。這種變化出現的主要原因有幾個方面:第一,研究傳統文化的學者們,在固有的傳統中發現一些有價值的東西,從而希望傳統的維度能夠成爲今天思想建構的資源;第二,市民階層逐漸形成,經濟發展,溫飽滿足,城市的人們倉廩實而想知禮節,有瞭解傳統,學習傳統的需要;第三,中國國力增強,有從民族主義角度重新審視傳統的要求。」參見其所著:《國學熱~十年人文熱點對話錄》,廣州,中山大學出版社,2007 年版,第 11~12 頁。

〔註57〕錢遜:《「國學熱」會一直發展下去》,《河南教育》(高教版),2008 年第 1期。

〔註58〕錢愛娟:《莫讓國學外熱而內冷》,《河南教育》,2008 年第 1 期。

〔註 59〕

　　亨廷頓所提出的這一現代化與認同危機的悖論如今早已被社會證實。因此，如何解決這一悖論則成了現代國家所要面臨的新課題，特別是在現代物質文明高度發達的歐美國家，宗教倫理與社會規範的建設為此已經被提到了一個十分重要的地位。那麼在我們已經為實現四個現代化而努力幾十年的新中國又該如何做才能有效避免或者減輕其在未來中國社會發展中的影響力呢？其實，答案很簡單。我們已經興起的並延續了十幾年的「國學熱」思潮尤以其宣揚的傳統思想與道德文化傳統恰是解決這一現代化悖論，重建中國社會道德倫理秩序的有益良方。

　　當然，處理好這一問題的前提，我們應該首先明確我們現在「所有的國學討論，歸根到底都是東西文化的交流，是現代化的進程當中來思考如何正確對待本國已有的文化傳統，如何繼承和發揚本國傳統文化中的優秀成分？如何建設具有本國、本民族特色的現代化國家？我覺得主要是圍繞著這些問題。我們應該重新認識傳統文化的價值及其在現代的意義。我們常常講要建設有中國特色的社會主義，換句話說，我們要建設中國特色的現代化中國。這個特色在什麼地方？離開了我們的文化傳統，我想這個特色就表現不出來、體現不出來。所以只有在認同我們的文化傳統，把我們的文化傳統繼承下來、發展起來，才可能有我們的特色。」〔註 60〕

　　那麼我們的文化傳統中有哪些具體值得我們繼承並發揚的優良遺產呢？我想我們每一個略讀過傳統文化、儒家經典的人都可以信手拈來，如《論語》中的「學而不思則罔，死而不學則殆」，《孟子》中的「得道者多助」，《荀子》中「鍥而不捨，金石可鏤」，《禮記》中「大道之行也，天下為公」等等。當然，我們還應該明白，我們所要掌握的，絕非是對中國傳統文化經典尋章摘句的能力，「中國的傳統典籍，古文僅是載體、是形式，社會大眾需要的，是它所負載著的作為其內核的精神———人生智慧、道德修養、人文精神」。〔註 61〕崔自默先生曾經言道：「在中國社會轉型的今天，繼承和找準民族精神的支撐體系，從傳統的優秀文化中發掘發現並吸收營養，是國學研究的目的和意義所

〔註 59〕 塞繆爾‧亨廷頓著，周琪、劉緋、張立平、王圓譯：《文明的衝突與世界秩序的重建》，北京，新華出版社，1998 年版，第 67～68 頁。

〔註 60〕 樓宇烈：《國學百年爭論的實質》，《光明日報》，2007 年 1 月 11 日。

〔註 61〕 馮保善：《「國學熱」帶給古籍出版的啟示》，《出版廣角》，2007 年第 4 期。

在。」〔註62〕而這些也正是我們今後所要繼續努力的方嚮之所在。

（四）政府與民間雙向的支持與推動

任何一次史學思潮或社會思潮的發生如果僅僅是學者的自發行為，而沒有獲得政府與廣大社會群眾的支持與積極呼應是很難持續進行下去的。而這次的「國學熱」思潮從上個世紀 90 年代起並一直延續到現在，正是滿足了以上兩個條件下的結果。如中國社會科學院宗教研究所研究員余敦康就說道：「『國學熱』是客觀事實……這是一次自下而上的熱潮，民間自發興起，大學響應，政府支持推動。」〔註63〕

首先我們可以看到，這次的「國學熱」一開始，便得到了政府的大力支持與推動，《人民日報》、《光明日報》利用大量篇幅進行跟蹤報導。此後，隨著「國學熱」的推進，中央電視臺還開設了「百家講壇」等欄目，利用電視傳媒等工具大力普及中國的傳統文化。此外，在學術研究上，國家鼓勵學者們進行國學方面的相關研究，支持北大、人大等高校建設國學研究院等專門的國學研究機構，還出資鼓勵編撰《道藏》、《儒藏》等大型傳統文化學術典籍叢書等。除以上諸般因素以外，國家所提倡建設和諧社會的主張也在一定程度上促進了「國學熱」的進行。同時，「傳統文化中對於人與自然的『天人合一』的觀念，倫理道德方面對人的持禮守法的約束，這一切都對當今和諧社會的建設有著理論支撐的價值；而現實中當人們在商業社會道德普遍滑坡的情況之下產生的精神危機，也急於尋找一個解決辦法，這些又構成了『國學熱』的一個現實心理基礎」。〔註64〕另一方面，民間推動「國學熱」的行為主體則大致分為兩種，即以學界精英們在高校進行的國學教育、國學研究和以一些電視學術明星和草根寫手們以及一些其它利用電視、網絡、通俗讀物等方式向社會宣傳、普及國學知識的活動。對於學校裏面推廣的國學教育和國學研究活動，由於其正規性、嚴肅性、科學性等特點，一般情況下，我們認為其能夠保證國學的推廣向一個比較良性的方向發展。〔註65〕但對於社會

〔註62〕崔自默：《毋溺於舊學，幸甚——有感於眼前的「文化熱」》，《藝術評論》，2006年第 3 期。

〔註63〕劉丹忱整理：《「國學熱」與國學的定位與前瞻》，《社會科學論壇》，2008年第 1 期（上半月）

〔註64〕劉雙貴：《「國學熱」的冷思考》，《河南教育》，2008 年第 1 期。

〔註65〕近年一些高校的高層國學研修班紛紛成立，如北京大學的乾元國學教室，清華大學的中華文化精髓與現代企業謀略高級研修班等等，但因其收取高額的

上以通俗性的方式推廣國學的行爲，雖然這種傳播以其淺顯簡單，通俗易懂的方式更易於爲大眾接受，且「這一現象說明，國學學術研究從象牙塔走向了民間，對於實現傳統文化精華的當代價值轉化，實現其人文教化功能，重構新的道德、文化體系具有很大的現實意義」。〔註66〕但由於其利益的高回報以及國學宣傳者身份的普世性等特點，導致了一些庸俗〔註67〕甚至是歪曲國學的現象，這也是我們在以後國學的教育與推廣活動中所要高度警惕的。

　　但總的來看，經過政府與民間雙向的積極努力和共同推動，國學推廣和普及工作已經取得了巨大的成績，國學這一中華民族自己的「學問」在21世紀的今天也已經在逐步走入大眾，走入民間。如吉林長春舉辦的「國學大講堂」其「初衷就是讓專家學者以低姿態走入普通民眾中，讓群眾從國學中汲取精神營養。目前專家們已把四書中的《論語》《大學》《中庸》都細講完畢，還講完了《孝經》，大家都特別喜歡聽」。〔註68〕而長春一家金融機構的白領劉先生這樣告訴記者：「每個周末，離開工作，聽聽這樣的講座，就好像是自己的精神和靈魂得到一次淨化。」〔註69〕

第三節　「國學熱」思潮的未來發展方向及其要注意的幾個問題

　　新時期的「國學熱」興起於20世紀90年代至今已有近二十個年頭。我們在總結政府和社會在推廣國學、發展國學所取得的巨大成績和成果的同時，也不應該迴避我們曾經和現在國學發展過程中所遇到的各種問題和挑戰。尤其是在21世紀的今天，如何發展國學才能更好地與我們的馬克思主義史學相適應，如何處理國學與中國傳統儒家文化之間的關係，如何正確面對

　　　學費而飽受非議，被認爲是「文化搭臺，利潤掛帥」，這是非常值得我們警惕和杜絕的。
〔註66〕 馮峨：《國學普及讀物出版熱之我見》，《人文科學專輯》，2008年第34卷。
〔註67〕 「對於眼下的『國學熱』，許多人都提出了一些疑慮和擔憂。人們最擔心的是商業化，膚淺化的操作會使國學變味。專家學者指出，目前『國學熱』裏透著過渡娛樂化、商業化的傾向，國學有被庸俗化的危險」。參見劉曉林：《這樣的「國學熱」可以嗎？》，《觀察與思考》，2007年第8期。
〔註68〕 海洋，王玉鈺：《在傳統文化中追尋精神家園》，《深圳日報》，2007年12月7日。
〔註69〕 海洋，王玉鈺：《在傳統文化中追尋精神家園》，《深圳日報》，2007年12月7日。

國學與西方文化的關係以及如何在全球化的世界形式下建設我們的社會主義新國學等一系列的問題已經擺在了我們的面前。因此，我們認爲，冷靜地審視我們現在所取得的成就和不足，正確地處理我們所要面對的各種問題和挑戰，則成了我們在未來一段時間內所要完成的新任務。

一、國學與馬克思主義的關係問題

馬克思主義是我們建設有中國特色社會主義的指導思想，同時馬克思主義史學還是當代中國的主流史學，「20 世紀中國馬克思主義史學主要指用唯物史觀做指導來進行人類歷史研究的歷史科學」。〔註70〕而我們現在所宣揚的國學其根基和主要內容則是中國傳統文化與學術，那麼隨著「國學熱」的不斷升溫，其與馬克思主義的關係應當如何處理？會不會阻礙甚至取代馬克思主義的指導地位呢？

面對這一問題，有些學者認爲這種憂慮似乎是過於擔心。在他們看來，「有人擔心『國學熱』的興起會對社會主義核心價值體系形成衝擊，動搖馬克思主義的指導地位，這是一種誤解。實際上，社會主義核心價值體系正是植根於中華民族優秀傳統文化之中的，講國學正是在馬克思主義的指導下挖掘傳統文化資源，使其服務於社會主義核心價值體系的構建。」〔註71〕亦有學者認爲：「在文化上，提倡國學也好，提倡西學也罷，都需要在馬克思主義指導下，以每個人自由而全面發展爲終極價值目標，經由重新估定，重新構建，讓它們煥發出新的生命力。」〔註72〕還有學者從國學與馬克思主義中國化的角度來認識二者之間的關係，認爲：「馬克思主義中國化的不斷完善與豐富發展，是中國共產黨人把馬克思主義的基本原理不斷與中國革命、建設與改革開放實際相結合的結果，同時也是不斷批判地汲取我國各民族優秀文化傳統的結果。在當今中國和當今時代，我們重提國學研究，對於進一步弘揚發展中華各民族的優秀傳統文化，不斷實現馬克思主義的中國化，更好地堅持和發展中國特色社會主義理論體系，實現中華民族振興的偉大歷史任務……讓中華優秀傳統文化更好更快

〔註70〕羅志田主編：《20 世紀的中國：學術與社會》（史學卷），濟南，山東人民出版社，2001 年版，第 131 頁。

〔註71〕耿加進：《我們應當怎樣看待當前的「國學熱」》，《南京工業大學學報》，2008年第 3 期。

〔註72〕姜義華：《近代以來國學的重估和重構》，《社會科學報》，2006 年 4 月 13日。

地走向世界都具有十分重要的意義。」〔註73〕

　　而對於新國學的建設，方克立先生曾經說道，我們應該「創建適應社會主義時代需要的新國學」，〔註74〕王富仁先生則說道：「『新國學』不是一個學術研究的方法論，不是一個學術研究的指導方向，也不是一個學術流派和學術團體的旗幟和口號，而只是一種學術的觀念。」〔註75〕我們認爲社會主義時代的新國學建設，則應該如紀寶成先生所說的那樣：「今天重振國學，不是對傳統國學的簡單回歸與重複，而是以現代的理念指導國學的研究與發展。我們力求具有明確的創新意識和與時俱進的時代精神；堅持以歷史唯物主義的立場、觀點和方法對待中國傳統思想與學術，取其精華，棄其糟粕，避免陷入單純復古的泥淖。」〔註76〕而其具體的態度，則如袁行霈先生所講的：「對待中國傳統文化應當採取三種態度，即分析的態度、開放的態度、前瞻的態度。所謂分析的態度，就是要分清精華和糟粕，吸取其精華，剔除其糟粕。所謂開放的態度，就是要處理好中外的關係，既要吸取世界上各民族優秀的文化成果，也要讓自己民族的優秀文化走向世界。所謂前瞻的態度，就是要正確對待古今的關係，立足當前面向未來，建立具有當代形態和前瞻意義的新國學。研究國學不是復古，是爲了現在和將來……我們要把國學放到中國實現現代化的大格局中，放到經濟全球化的大格局中加以研究，使之爲中國的現代化做出應有的貢獻。」〔註77〕

二、國學與傳統儒學之間的關係

　　我們既然已經明確要以馬克思主義爲指導，建設新時代馬克思主義新國學，而國學的核心內容之一，就是中國的傳統文化，是中國流傳多年的孔孟之學，儒家學說。因此，在對待中華傳統文化尤其是儒家思想與學說上，就應該有一個明確地態度和觀點。國學與儒學的關係如何？國學是否就等於儒學，它又是否能夠有一天成爲中國的主流意識形態呢？

　　要回答上面這些問題，首先我們要杜絕當代社會中所存在的一些文化復

〔註73〕 李慎明：《建立馬克思主義新國學觀和新國學體系》，《光明日報》，2010 年 2
　　　　 月 15 日。
〔註74〕 方克立：《創建適應時代需要的新國學》，《高校理論戰線》，2008 年第 8 期。
〔註75〕 王富仁：《「新國學」論綱（下）》，《社會科學戰線》，2005 年第 3 期。
〔註76〕 紀寶成：《國學何爲》，《光明日報》，2008 年 7 月 21 日。
〔註77〕 袁行霈：《國學有什麼用》，《人民日報》，2007 年 6 月 20 日。

古主義尤其是一些國內新儒家提出的所謂儒學官方化,建立儒家的王道政治等學說。做到這一點,首先我們要承認儒學在中國傳統社會所起到的巨大作用。「自從漢武帝『罷黜百家,獨尊儒術』以來,儒學在漫長的歷史過程中逐漸發展成為中國文化的主流。儒學主要是一門道德修養之學,同時也注重經世致用之道,把個人內在的心性修養與治國平天下的政治理想結合起來,其最高境界就是『內聖外王』、『天人合一』。」〔註 78〕但我們前文業已分析過,儒學只能是國學的重要組成部分和內容之一,在以馬克思主義為指導建設有中國特色的社會主義的今天,我們不可能將國學取代馬克思主義,更不可能將儒學取代國學。〔註 79〕因此,「我們對『國學』不能一味復古和盲目排斥,也不能固步自封和激進冒進,而應該繼承古代傳統文化的優秀成果,文化上求同存異,融彙古今,做到中西融通和互補,綜合創新,為創造出富有民族特色和時代精神的新文化,為社會主義精神文明建設,為構建我們的精神家園而共同努力」。〔註 80〕在這一點上,張岱年先生早就說過:「儒家是適應過去時代的思想體系,時異勢易,儒家不可能提供從根本上解決當代問題的方案。五四運動以後,儒家作為主導思想的時代已經一去不復返了。」〔註 81〕當代著名學者湯一介先生也認為:「就現時各國、各民族的實際情況看,大概沒有把儒家文化作為官方的意識形態的可能,儒家文化只能作為一種理論起作用。」〔註 82〕

　　從國學的內容來講,國學的內容亦絕不僅限於儒學,國學的主要內容是中國的傳統學術與文化,「儒家學說是中國傳統文化的主幹,在國學復興的潮流中是首要的,但同時也應當充分認識到中國傳統文化儒釋道三家合流與互補的本質,包括道釋兩家在內的思想文化同樣是中國文化的有機成分,也都具有其自身特有的價值。古人曾對三家在人生哲學方面的互補性有過精闢的

〔註78〕趙林:《『國學熱』的文化反思》,《中國社會科學》,2009 年第 3 期。

〔註79〕新儒家蔣慶先生所選編的《中國文化經典基礎教育誦本》,「獨取儒典,排斥百家,被學者批評為『其思路與主張「獨尊儒術,罷黜百家」的董仲舒無二致力,即反映了這麼一種傾向』,這實際上是狹隘化了的國學。」參見張遠山:《欺世盜名的「讀經」運動——兼及「文化保守主義」》,《書屋》,2005 年第 7 期。

〔註80〕羅才成:《對當前「國學熱」現象的幾點思考》,《南京工業大學學報》,2008 年第 3 期。

〔註81〕張岱年:《正確對待祖國民族文化遺產》,《求是》,1991 年第 11 期。

〔註82〕湯一介:《評亨廷頓「文明的衝突」》,《哲學研究》,1994 年第 3 期。

總結，提出『以儒治世，以道治身，以佛治心』。儒釋道三家文化同中有異，異中有同，相互補充，而不能互相取代，因此，對傳統文化有一個全面的清晰的認識，對弘揚國學來說至關重要。」〔註83〕

三、國學與「西學」之間的關係

「國學熱」需要解決的第三個問題即國學傳統與「西學」即西方文明與文化之間的關係。對於這一點，我們首先應該明確即持續多年的「國學熱」思潮不僅是國內各種因素綜合作用的結果，同時外力的推動作用也是我們所不可忽視的重要因素。如金開誠、舒年先生就認爲：「當前這個國學熱來的並不偶然，既有海外的驅動因素，在國內也有相當的社會基礎。但無論內外，各種各樣的人關注中華傳統文化，都是爲了古爲今用。」〔註84〕

從其包含的內容來看，國學既是中國傳統文化與學術的精華，那麼我們是否就不用吸取借鑒西方文明與文化的長處和優點呢？答案肯定也是否定的。中華文明源遠流長，有著光輝燦爛的歷史與文化。但在這種光輝燦爛之後，本身就是吸取中西之長，雜糅百家，經過數千年歲月的摩挲與年輪洗滌之後的結果。國學大師季羨林先生就曾經說道：「什麼是『國學』呢？簡單地說，『國』就是中國，『國學』就是中國的學問，傳統文化就是國學。現在對傳統文化的理解歧義很大。按我的觀點，國學應該是『大國學』的範圍，不是狹義的國學……很多人以爲國學就是漢族文化。我說中國文化，中國所有的民族都有一份。中國文化是中國 56 個民族共同創造的，這 56 個民族創造的文化都屬於國學的範圍。而且後來融入到中國文化的外來文化，也都屬於國學的範圍。我們現在的國學研究還很粗糙，很多應該包括的內容還沒有挖掘出來。」〔註85〕

因此，如果我們認同季羨林先生的觀點存在其合理性的根據的話，那麼理清中學與「西學」之間的脈絡和淵源則顯得頗爲重要。在這一點上，一些學者曾經說道：「對『國學』既不能採取固步自封的保守主義，也不能採取批判打倒的激進主義，應該是既繼承又超越，在多元文化的氛圍中，走中西文化融通之路，創建符合時代精神的新文化體系。因此，『國學熱』不應是排他

〔註83〕 許穎：《對「國學熱」的雙向思考》，《光明日報》，2008 年 2 月 18 日。
〔註84〕 金開誠、舒年：《試說「國學熱」》，《文史知識》，2006 年第 9 期。
〔註85〕 季羨林：《國學應該是大國學》，《人民日報》（海外版），2006 年 6 月 2 日。

主義。所謂『國學熱』，應『熱』在民族精神和世界文化的融合。」〔註 86〕我
們認為，上述觀點極有見地，與季羨林先生的觀點有頗多暗合之處。而我們
以後所建設的國學就是應該在「充分汲取和借鑒世界尤其是歐美近現代文化
中的精華成分，給國學注入新的生機，使之昇華到新的境界；不斷開拓視野，
注重東西文化比較，在世界文明發展的大格局中進行定位，不張揚狹隘的民
族主義，而是追求在世界文化多樣化背景下，既各美其美，也美人之美，致
力於將博大精深的中國文化作為『世界文化』的一部分，作為全人類共同的
精神財富加以集成、闡釋和光大。概而言之，我們所說的國學，乃是今人眼
中的國學，乃是國際視野中的國學，乃是現代形態意義上的國學。」〔註 87〕

　　綜文所論，「國學熱」這股當下的學術「熱」潮已經越來越「熱」，甚至
在歐美一些國家也出現了「中國文化熱」、「中國漢語熱」等具有連帶性質的
國學發展熱潮。有鑒於此，對於以後幾十年的國學發展路向、國學內在學術
體系的研究以及國學知識的普及等工作，我們又該如何選擇呢？有學者認
為：「當代的國學應當在對古典文獻和出土文物認真整理的基礎上，建立具有
中國特色的理論體系。」〔註 88〕有學者建言：「應克服『文化保守主義』和『文
化激進主義』兩種傾向……應該專門設立研究普及國學的機構，將國學作為
一門基礎的文化學科加以普及。」〔註 89〕還有學者認為：「國學研究要關注現
實、關注民生，既要潛心鑽研、探幽發微、求本溯源，又要著力於提高國民
素質和公民道德，淨化社會風氣，促進社會發展。」〔註 90〕等等不一而足。

本章小結

　　由以上種種，我們認為，準確把握「國學乃是國魂之學，代表著民族精
神，是民族凝聚力的源泉」〔註 91〕這一國學的精神內涵，冷靜面對我們在研

〔註 86〕李中華：《國學、國學熱與文化認同》，《北京行政學院學報》，2007 年第 3
　　　　期。
〔註 87〕紀寶成：《國學何為》，《光明日報》，2008 年 7 月 21 日。
〔註 88〕袁行霈：《國學的當代形態》，《光明日報》，2007 年 12 月 13 日。
〔註 89〕何賢桂：《我們需要怎樣的「國學熱」》，《中國教育報》，2008 年 5 月 22 日第
　　　　7 版。
〔註 90〕毛夢溪：《中國式文脈——中華文化主體亟待凸顯》，《人民政協報》，2005 年
　　　　11 月 7 日。
〔註 91〕劉丹忱整理：《國學熱與國學的定位和前瞻》，《社會科學論壇》，2008 年第 1

究、推廣國學方面所取得的已有成果。在堅持馬克思主義的指導之下，面向
世界，努力實現國學和馬克思主義中國化相結合的有關工作，積極推進大學
高校體系內的國學相關內容的研究以及國學學科的體系建設〔註 92〕。同時，
建立積極地民間普及國學知識的導向機構和手段，在向民眾宣傳國學、普及
國學知識的同時，反對把國學商業化，國學庸俗化的行為。為把「國學熱」
引向一個積極健康的發展道路和發展模式而積極努力。

期（上半月）
〔註92〕現在國內一些專家並不認可國學學科的建設問題。如北京師範大學輔仁國學
　　　研究所所長李景林先生就認為：「目前大學中建立的國學機構不應在已有的學
　　　科之外另建一個學科，而是應當推動各學科之間的交匯，促進學院學術和民
　　　間學術的交匯和融通，使這些國家機構成為學院學術與民眾生活相結合的平
　　　臺。」參見劉丹忱整理：《國學熱與國學的定位和前瞻》，《社會科學論壇》，
　　　2008 年第 1 期（上半月）。

第八章　由「雅」到「俗」：歷史通俗化史學思潮的出現

中國史學體系向分「雅」、「俗」兩端，「雅者，在大雅之堂之上，之內；俗者，在大雅之堂，之下，之外」。〔註 1〕「通俗史學，簡而言之，就是內容具有學術水準，而表現力求通俗的史學。其重在通俗，貴在通俗。只有通俗，才能使史學衝出少數人的小天地，爲廣大民眾所接受，成爲社會的公共財產。」〔註 2〕通俗史學的出現與發展，在我國古代即已有之，並在以後幾千年的發展演變中逐漸形成了自己一整套的話語體系和史學傳統。當代歷史學的通俗化、大眾化史學思潮或稱之爲「通俗史學熱」的出現，是在 20 世紀 90 年代

〔註 1〕 舒焚：《兩宋說話人講史的史學意義》，《歷史研究》，1987 年第 4 期。
〔註 2〕 黃留珠：《時代呼喚通俗史學》，《學習與探索》，1993 年第 6 期。學術界現在對通俗史學的研究尚處於起步階段，對其內涵的界定與外延的界限亦無定論。如舒焚先生看來：「俗史學或通俗史學是各個歷史時期民間的或人民群眾的史學」，「俗史學帶有很大的原生性質，和俗文學分不開。」（舒焚：《兩宋說話人講史的史學意義》，《歷史研究》，1987 年第 4 期）汪征魯先生在其主編的《中國史學史教程》一書中則認爲：「通俗史學是歷史演義、歷史小說、歷史紀實、蒙學鄉塾讀本等普及類歷史讀物的總稱，在擴大史學的社會影響、普及歷史知識方面作用很大。」（汪征魯主編：《中國史學史教程》，福州，福建人民出版社，2006 年版，第 185 頁）其它觀點可見周朝民：《中國近代通俗史學論》，《歷史教學問題》，1990 年第 2 期；彭衛：《中國古代通俗史學初探》，《當代西方史學思潮的困惑》，中國社科出版社，1991 年版；錢茂偉：《論史學的普及化與娛樂化》，《史學理論與史學史學刊》，2004～2005 年卷，社會科學文獻出版社，2005 年版；朱慈恩：《20 世紀上半期通俗史學述論》，華東師範大學博士畢業論文，2009 年；姜萌：《通俗史學、大眾史學和公共史學》，《史學理論研究》，2010 年第 4 期等。

以來商品經濟大潮的衝擊下，社會選擇與時代選擇的必然結果，是社會回應
史學危機論與「國學熱」史學思潮下的副產品，同時也是歷史學傳播手段在
進入電子化、信息化、網絡化時代之後的必然結果。歷史通俗化、大眾化的
出現，滿足了在建設和諧社會過程中，物質水平日益提高的人民群眾的文化
需求與精神需要，符合馬克思主義史學的根本利益，是我們為完成歷史學的
兩個使命和任務〔註3〕而應該積極努力和提倡的。

第一節　歷史通俗化史學思潮的出現

　　20 世紀末至 21 世紀最初的幾年，伴隨著持續的「國學熱」和電子化信息
化時代的來臨，「通俗史學熱」亦開始出現。「當代的通俗史學，其最主要的
特徵是與大眾傳媒（MassiveMedia）相結合，通過大眾傳媒的大事渲染和狂轟
濫炸來實現所謂的『史學大眾化』」〔註4〕。而在此階段一系列電視講史類節
目的出現如湖南衛視的《新青年》，鳳凰衛視中文臺製作的《世紀大講堂》，
央視的《百家講壇》等，則為「通俗史學熱」的出現提供了很好的前提和條
件。尤其是《百家講壇》欄目，其憑藉央視強大的電視平臺和輿論效應，努
力讓「眾多學術名家紛紛放下身段，走出書齋，聯繫民眾關心的熱點，以別
開生面的形式、通俗活潑的語言向民眾講述中國傳統文化，努力找尋將學術
文化與大眾文化融合的恰當路徑」〔註5〕而大受觀眾追捧。當代中國的通俗史
學也便在這種特殊的局勢和環境下開始了復興的第一波浪潮。
　　2001 年，中央電視臺開始播放講座式欄目「百家講壇」，其內容幾經改

〔註3〕 何茲全先生認為：「歷史學有兩個使命：一是認識人類社會歷史的客觀真實和
　　　客觀發展規律，二是把這些認識普及到人民群眾。也可以說，歷史學有兩個
　　　任務：一是提高，二是普及，通過研究歷史，不斷提高人類對社會對自我的
　　　認識。歷史使人積累經驗，總結經驗。經驗給人智慧，給人高明。但提高究
　　　竟是少數人的事，更重要的是把歷史給人的智慧和高明傳播給廣大人民群
　　　眾。歷史知識、歷史修養，是個人文化修養、民族文化素質中最重要的因素。
　　　要提高個人文化修養、民族文化素質，就要靠普及歷史知識。」參見其所著：
　　　《〈歷史學的突破、創新和普及〉自序》，《何茲全文集》（第2卷），北京，中
　　　華書局，2006年版，第1082頁。
〔註4〕 朱慈恩：《20世紀上半期通俗史學述論》，華東師範大學，博士學位論文，2009
　　　年。
〔註5〕 莫金蓮：《淺談學術文化與大眾文化融合視野下史學圖書的出版》，《出版科
　　　學》，2008年第5期。

版，到 2004 年閻崇年先生講播《清十二疑帝系列》時，收視率一路飆升，直穿到了中央電視臺科教頻道的第一位。此後，「《百家講壇》在牢牢守住學術品位的前提下，開始了轉型，力求架起一座讓專家、學者通向大眾的橋梁，並將內容定位於對中國傳統文化的通俗解讀，由『百科全書』轉變爲普及本『文史讀物』」。〔註 6〕而這種轉型之後的結果，是直接催生了劉心武、易中天、于丹、紀連海、王立群等「電視學術明星」的出現。他們所講的《劉心武揭秘〈紅樓夢〉》、《易中天品三國》、《漢代風雲人物》、《于丹〈論語〉心得》、《于丹〈莊子〉心得》、《正說清朝二十四臣》、《漢代風雲人物》等有關中國傳統歷史文化系列不僅使得《百家講壇》的收視率節節攀升，居高不下。還給圖書出版界帶來了多年未有的繁榮景象。據有關學者統計：「2007 年，《于丹〈莊子〉心得》首印 100 萬冊，創下近 10 年暢銷類圖書首印最高紀錄，自 3 月 3 日起，僅用 13 天時間便銷售一空。到 2008 年，《易中天品三國（上）》累計售出 270 萬冊，《易中天品三國（下）》售出 170 萬冊；《于丹〈論語〉心得》的發行量已突破 500 萬冊，3 月，英國麥克米倫公司以 10 萬英鎊買下中華書局《于丹〈論語〉心得》全球英文版權，這一數字打破了 2005 年企鵝公司購買《狼圖騰》時 10 萬美元的中文版權輸出紀錄。中華書局版權處表示，中華書局已經就《于丹〈論語〉心得》簽訂了韓、日、英等 16 個語種共 20 個版本的國際版權。」〔註 7〕

　　此後，在易中天、于丹等人電視講史活動的影響下，國內還出現了「三國熱」、「論語熱」等特殊的社會文化現象，這也反襯並促進了國內「國學熱」的持續進行。同時，一些文筆優美、語言流暢的一些歷史學著作，如黃仁宇的《中國大歷史》、《萬曆十五年》，張蔭麟的《中國史綱》，樊樹志的《國史大綱》，黎東方的以《細說三國》爲代表的「細說」系列等亦開始走俏書市。此外，國內各大電視臺亦紛紛仿傚《百家講壇》，如北京電視臺的《名師講壇》，河北電視臺的《燕趙大講堂》，湖北電視臺的《荊楚講堂》等。而他們的「選題大致框定在傳統文化、藝術和軍事題材範圍，力求學理性與實用性並存，權威性與前衛性並重」〔註 8〕，與《百家講壇》相得益彰，有力地促進了歷史

〔註 6〕 劉文波：《〈百家講壇〉爲什麼這樣火》，《人民日報》，2007 年 3 月 27 日。
〔註 7〕 彭霞：《〈百家講壇〉系列圖書暢銷現象研究》，湖南師範大學，碩士學位論文，2009 年。
〔註 8〕 朱贏：《解讀〈百家講壇〉》，華東師範大學，碩士學位論文，2008 年。

學通俗化、大眾化的進行，並將歷史學通俗化帶到了一個新的層次和境界。另一方面，我們還要看到，在國內通俗史學逐漸發展起來的同時，以赫連勃勃大王、當年明月爲代表的草根寫史階層開始崛起。其「是與精英相對立的產物。他們既非科班出身，也沒有接受過歷史教育與歷史寫作的專門培訓，而是渾然天成，想以自己的方式來表達他們所認知的那一段歷史」。〔註 9〕如赫連勃勃大王原名梅毅，曾從事於金融資本市場研究工作。取筆名爲當年明月的石悅，則曾是順德海關的公務員，後調入北京任中國海關總署緝私警察。但他們卻都有著一個共同的特點，即「他們醉心於歷史寫作並非出於職業和生存的需要，而是源於內心深處的衝動」，〔註10〕而他們作品魅力的彰顯，則如中華書局大眾讀物編輯室副主任宋志軍先生所說的那樣：「他們寫作的表現形式貼近當下大眾的閱讀習慣，寫作線索比較單一，富有個人特色。寫作上沒有技術規範的束縛，書寫比較自由，條條框框比較少，流露的眞性情讓讀者讀來比較過癮等。相比來說，學者寫史就不那麼個性張揚了。」〔註11〕正因如此，草根史家們才能借助於媒體、網絡等傳播媒介以及商業化的經營與全方位的包裝之下，在今天與精英史家及易中天等「電視學術明星」們的激烈競爭中占得一席之位。

有學者認爲：「通俗寫史用來打動讀者的並非秘密的武器，不外乎在寫作中注重具體的歷史情境的描寫以及對生動逼眞的歷史細節的刻畫。這使得他們的寫作，鮮明地區別於新傳統歷史寫作的精英身份、官方色彩和主流地位。所以，他們才能在網絡上如魚得水，遊刃有餘。」〔註 12〕在我們看來，上述觀點非常貼切和到位，但有一點是我們要非常強調和確認的，即生動並不等於虛構，細節也並非是杜撰。我們認爲的通俗史學的科學性和嚴謹性的唯一前提即對歷史事實本身的尊重。如果通俗史家在講史和撰寫著作時越過了這一前提，那麼通俗史學也便與歷史小說劃等號了，這也是我們十分反對並要求堅決杜絕的。所幸的是，我們的大部分通俗史家們也注意到了這一點並大

〔註 9〕 范國強：《草根寫史——中國史學的另一抹陽光》，《中國社會科學報》，2010年 1 月 26 日。
〔註10〕 湯文輝：《通俗歷史寫作的「南方現象」——從赫連勃勃大王、當年明月到賈志剛》，《出版廣角》，2010 年第 10 期。
〔註11〕 孫海悅：《草根寫史憑眞性情漸入佳境》，《中國新聞出版報》，2007 年 7 月 12 日第 4 版。
〔註12〕 解璽璋：《我看通俗寫史》，《書摘》，2008 年第 1 期。

力提倡歷史科學的眞實性與通俗性的統一。如王立群先生在接受記者採訪問其在《百家講壇》講座有什麼原則時，王立群先生認眞地回答道：「一是忠實於文獻記載，二是講出自己的觀點，三是講出我所認爲的歷史眞相，四是語言表述的通俗化。」〔註13〕草根史學的代表人物赫連勃勃大王也一再聲稱「我是一位嚴肅的歷史寫作者」，草根階層的另一位代表人物當年明月也在反駁別人論其代表作《明朝那些事》有戲說之嫌時說道：「我沒有戲說，更沒寫小說。可以負責任地說，《明朝那些事兒》中有90%的內容都是眞實的，都有史書記載。要說虛構，那只是一部分場景和細節。再說了，任何一部史書都無一例外地加進了寫史者自己的觀點，《史記》裏司馬遷寫韓信，爲什麼不從某年某月韓信出生開頭，卻直接寫韓信胯下受辱？這就很能說明問題。」〔註14〕

解璽璋先生曾經說道「通俗歷史寫作就是要用『細節』這個錘子敲開它的外殼，把藏在裏面的眞相和盤托出。這是通俗寫史的主流。但『細節』這個錘子也很危險，用力過度，也有可能會把『眞相』砸得面目全非，那就適得其反了。」〔註15〕我們認爲，解璽璋先生的這種看法，道出了通俗寫史的最關鍵和最重點所在，也是我們的通俗史家和一般通俗寫手們最值得注意和聽取的建議。

第二節　歷史通俗化史學思潮出現原因解析

進入新世紀以來，歷史通俗化或者說通俗史學的發展如此迅速，影響如此之大，在我們看來，這是由一系列因素綜合作用的結果。如民衆對文化的普遍需求與「國學熱」的帶動；史學傳播手段的更新與加快，電子化、信息化、網絡化使得史學傳播和史學接受都顯得不是那麼遙不可及；「良史工文」以及注重史學通俗化傳統的延續與承接等，都造就了今日「通俗史學熱」的現狀和局面。

一、時代呼求：通俗史家在「國學熱」下對民衆精神文化需求的一種時代表達

改革開放以來，隨著國內經濟的高速發展與人民群衆生活水平的提高，

〔註13〕王昆：《王立群：講出歷史的眞相》，《今日中國論壇》，2007 年第 6 期。
〔註14〕上青：《當年明月談草根史學：它擊中現代人的迷茫》，《南京晨報》，2007 年 11 月 22 日。
〔註15〕解璽璋：《我看通俗寫史》，《書摘》，2008 年第 1 期。

在物質生活已經得到一定滿足的同時，精神生活的需要也日漸提高。同時市場經濟條件下高節奏和高壓力的社會競爭現實也使得人們急需一副文化上的心靈雞湯的慰藉。但現實的情況卻並不盡如人意。一方面是因為我們長時間以來對傳統文化的冷淡和漠視，過於注重對西方文明和文化的嚮往，再加上一些特殊的政治和社會因素的影響，我們的傳統文化與我們現在的生活似乎是漸行漸遠，越來越顯得隔膜和疏離。另一方面，我們的社會主義精神文明建設雖已取得了一定的成果，但文化厚度上的缺失與傳統繼承上的缺乏還是顯得我們似乎生活在他者的國境中，而非大中華的世界。尤其是對於知識水平在中低層次以下的社會人民大眾，他們對中華傳統文化與歷史道德的現實追求也就顯得更加的強烈。

面對以上諸多問題，我們深深地感受到「傳統文化的根是深植在人們心中的，只要用合適的方式表達，就會得到廣泛的認同」〔註16〕，而以傳統文化為核心內容和價值的國學在人民群眾間的普及也因此已經顯得順理成章了。前面已經講到，20世紀90年代以來，「國學熱」已經如疾風驟雨般席卷中華大地，並甚至在一些海外國家都掀起了一股中國「文化熱」、「漢語熱」、「歷史熱」的旋風，到中國來學習我們的傳統、文化和歷史的留學生也是絡繹不絕。但仔細審視一下我們的「國學熱」就會發現，20世紀90年代的國學發展似乎主要局限於學術界與官方的主流媒體世界中，陳寅恪、王國維、陳垣等民國學術大師是當時的學術大明星，而我們的文化，我們的歷史真正走向民間走向大眾則是在進入新世紀以來以易中天、于丹等為代表的「學術明星」和以當年明月、赫連勃勃大王等為代表的「草根明星」們分別借助電視和網絡等當代傳播媒介的力量，將我們的文化、歷史逐漸與現代社會大眾相對接之後的結果。同時，這些「電視學術明星」與「草根網絡明星」之所以能夠被廣大人民群眾接受和普遍歡迎，正是在於他們能夠把高深久遠的國學給簡單化、通俗化了，變成了老百姓都能夠接受都能夠明瞭的時代語言。當然，將國學的深奧內容變成當代社會大眾都能夠接受的通俗性的文化作品，這裏面還有一個學術對接的問題。如袁行霈先生在講到國學的當代形態問題時說道：「當代的國學應當注意普及，在廣大人民群眾中弘揚中華民族優秀的傳統文化。近年來人民群眾對傳統文化的熱情持續升溫，海外華人華僑尋根的願望十分強烈。在這種形勢之下，國學研究應當義不容辭地擔當起普及優秀傳統文化的任務。國學要走出象牙之塔，

〔註16〕劉文波：《百家講壇為什麼這麼「火」》，《人民日報》，2007年3月27日。

在群眾中得到檢驗，找到知音。」〔註17〕很明顯，在袁行霈這種國學大師看來，弘揚國學已經不僅僅局限在「象牙之塔」，而是要走近人民大眾，這樣的國學這是真正的人民需要的國學，才是真正的國學當代形態。而對於如何完成國學與人民之間的對接或者說「普及」性的問題，亦有學者給出了解決這一問題的答案。如中國人民大學的李小樹先生就說道：「客觀地說，對於廣大民眾而言，在古奧難懂的傳統史著和學術模式的現代史書皆難卒讀的情況下，通俗化的歷史幾乎成為他們『探尋過去』的唯一的選擇。換言之，在現代大眾對舊有傳統的瞭解渴望中，只有通俗化的歷史能夠使這種渴望獲得滿足。」〔註18〕而如何實現歷史的「通俗」化問題，則是易中天、于丹等人給出了我們答案。從時下各種媒體期刊對他們的評價中我們也可印證這一點。如有人認為：「易中天、于丹等人的史學圖書之所以能受人歡迎，實在是因為他們在史學和普通民眾之間架起了一座學術文化與大眾文化融合的橋梁，同時也滿足了民眾學史學、用史學的心靈需求。」〔註19〕亦有學者指出：「易中天、于丹們的被熱捧，不是偶然的，正是因為他們用大眾化的敘事，將傳統文化中的『適用精神』從象牙塔裏請了出來，走到了民間，所以他們自然受到百姓的歡迎。」〔註20〕

　　從以上論述我們不難看出，歷史學的通俗化、大眾化史學思潮與「國學熱」是相互提高互為促進的。「國學熱」的持續升溫為「通俗史學熱」提供了前提和基礎，是「通俗史學熱」的源動力，後者則是前者的催化劑與助推器，進一步促進了國學的普及和逐步走向大眾。也正是在這種局勢之下，國學才能夠持續高溫，熱度不減。而通俗史學也因此逐漸發展、繁榮起來。從這一點來看，我們似乎不應簡單地給易中天、那年明月等人帶上「學術明星」、「草根史家」的帽子，而似乎更應該正式授予他們一個通俗史學家的稱號。雖然這一稱號在文中已有所提及。當然，我們的這一觀點和主張肯定會招來很多人的非議和反對，但我們仍願意引用某學者的話為易中天們說項。如該學者說道：「或許有人對易中天、于丹的走紅憤憤不平，可我們應該記住，再好的學說如果只是束之高閣，讓人在無知中膜拜，帶來的不是盲從就是拋棄。他們的貢獻不僅僅在於給我們打開了一個全新的審視國學的視角，更讓我們明

〔註17〕袁行霈：《國學的當代形態》，《光明日報》，2007 年 12 月 13 日。
〔註18〕李小樹：《關於通俗史學的幾個問題》，《博覽群書》，2009 年第 5 期。
〔註19〕莫金蓮：《淺談學術文化與大眾文化融合視野下史學圖書的出版》，《出版科學》，2008 年第 5 期。
〔註20〕馮保善：《「國學熱」帶給古籍出版的啟示》，《出版廣角》，2007 年第 4 期。

白，傳統更需要時代的內涵。」〔註21〕

二、媒介傳播：史學傳播手段進化與更新的必然結果

彭衛先生曾經說道：「通俗史學的流傳實質上是信息的一種傳描。效果是傳描過程的終點，它要受傳播者、傳播內容、傳播的技術手段、傳播時間和受眾五個因素的影響。通俗史學的傳播過程，也完整包括著上述五個環節。」〔註22〕如果我們接受彭衛先生的這一觀點，並對時下通俗史學的傳播過程也作一比對，那麼易中天等通俗史家可以看作是傳播者，通俗史學傳播的的主要內容則是以國學爲核心內容的中國傳統歷史與文化，傳播的時間和受眾者則是講究建設和諧社會建設的今天與以中低層知識貯備爲主體的人民大眾。對於這四個要素，我們前面已經略作分析，並認爲正是在易中天等通俗史家的努力下，在迎合了當今「國學熱」與社會人民大眾尤其是一般中低層知識分子對日益增長的文化需求和心靈慰藉的雙重要求下，才出現了當今的歷史科學的逐漸通俗化、大眾化的史學熱潮。

具體到當今通俗史學的傳播手段，相比於以往簡單的課堂式教育、紙質媒體的簡單傳播方式，更是發生了翻天覆地的變化，有學者曾經這樣說道：「攝影術的發明是現代視覺文化的第一波浪潮；其後的電影的發明則是現代視覺文化的第二波浪潮；而眞正的視覺文化的時代則是從以電子模擬電視爲代表的視覺圖像文化的普遍興起開始的。」〔註23〕因此，依靠電視、電影、網絡等史學傳播手段，史學傳播者的視頻講解和著作可以快捷而迅速傳遍千家萬戶。而大量的文獻、圖書、資料亦可以通過先進的電子手段而永久地得到保存並可以無限次地得到使用，這和古代的歷史典籍要經常注意保存和防護，防蟲防燒防黴等不可同日而語。同時，對於廣大的史學傳播的受眾者而言，「以互聯網爲流通渠道、以數字內容爲流通介質、以網上支付爲主要手段的數字出版的浪潮正在向我們席卷而來。紙張已經不再是書的唯一載體，不再是閱讀的最佳載體」。〔註24〕可以說，在新的 21 世紀裏，電子化、信息化、網絡化已經逐漸成爲史學傳播的最重要特徵，而這也是促進通俗史學在今時今日

〔註21〕趙恒平：《梳理國學熱》，《作文成功之路》，2009 年第 2 期。
〔註22〕彭衛：《中國古代通俗史學初探》，《當代西方史學思想的困惑》，北京，中國社會科學出版社，1991 年版，第 196 頁。
〔註23〕金元浦：《視覺圖像文化及當代問題域》，《學術月刊》，2007 年第 5 期。
〔註24〕祁庭林：《傳統出版該如何應對出版的挑戰》，《編輯之友》，2007 年第 4 期。

得以快速發展的重要原因。有的學者亦因此就說道「傳媒、市場、科技，當代世界三大強勢元素糾合於一體，交叉覆蓋，在人類頭頂籠罩了一層傳播文化網膜，造成了一種比實態真實還要強大的擬態真實。」〔註25〕

　　從當代通俗史學的具體傳播過程來看，以上觀點很容易得到印證。我們首先以易中天等最初的「電視學術明星」為例。易中天、閻崇年等人之所以受到社會那麼大的尊敬和關注，有人甚至稱其為「媒體教授」，他們的史學為「媒體史學」，〔註26〕除了其自身獨特的個人氣質和學術魅力之外，中央電視臺這一中國最重要的輿論宣傳媒介和電視演播平臺以及《百家講壇》這一國內最權威的電視講壇類節目，也是我們無論如何所不能忽視的。而對於電視在史學傳播中的重要地位，已有學者指出：「電視是既有聲音又有畫面的媒體，是一種比較感性、具體、形象化的傳播媒介，學術文化的傳播需要的是理性、系統化，甚至是具有概念化、抽象化的傳播。用電視這種感性化的傳播方式傳播較抽象理性化的學術文化內容，關鍵就是要找到兩者的『平衡點』，同時還在於電視傳播的語言符號系統準確、恰當的運用及豐富的影像表達。」〔註27〕

　　那麼對於電視的形象性和學術的嚴肅性之間的平衡點如何去尋找呢？在《百家講壇》的製片人萬衛看來，最主要的是要找到「選擇節目與觀眾需求的一個接點」，〔註28〕即以觀眾的需求為需求，以此為基礎，去尋找主講人及定位主講人的講解風格。從近十年來《百家講壇》的火爆以及其推出的閻崇年、易中天、于丹、紀連海等人多變身為「電視學術明星」來看，其顯然是找到了這個接點。用萬衛自己的話來講，就是將受眾群由過去的專家學者轉而定位為「具有初中以上文化水平的人」，同時將其節目的宗旨也由起初的「文化品位，科學品質、教育品格」轉變為「建構時代常識，享受智慧人生」，並最終將「講壇定位為開放的學術論壇」，而其現在的節目編排則是主打的三張

〔註25〕肖雲儒：《大眾傳媒與文藝新變》，《人民日報》，2006 年 9 月 14 日。

〔註26〕張承宗在其文章中認為：「『媒體史學』很可能成為一種新的史學流派。『媒體教授』們市場廣大，『如日中天』，也已經是客觀存在。對於這一現象，一切對歷史負責的史學工作者，都應該加以關注。」參見其：《要重視史學流派的研究》，《史學理論與史學史學刊》，2007 年刊。

〔註27〕谷佳璐：《〈百家講壇〉中的「易中天現象」研究》，湖南師範大學碩士學位論文，2010 年。

〔註28〕趙允芳：《做電視科教節目的王牌——訪中央電視臺〈百家講臺〉製片人萬衛》，《傳媒觀察》，2006 年第 11 期。

王牌即「懸念牌、名家牌和順勢牌」，〔註29〕以求更加地滿足受眾人群的文化品味和節目欣賞的需要。在此基礎上，《百家講壇》還進一步注重了將節目的科學性、藝術性和眞實性與電視的圖像化、形象化、具體化等具體特徵相結合，在易中天等人的精彩表演與演說之下，還「加入了影視片段、三維動畫、字幕、畫外音等視覺、聽覺元素，極大豐富了受眾的視覺感官，營造了文本的傳播語境，促進了受眾對文本內容的解讀與接受」。〔註30〕

　　同時，對於以赫連勃勃大王和當年明月爲代表的草根史家們來說，其成名及史學成就的獲得也與當今媒介傳播的飛躍有著密切的關係，只不過他們借助的不是電視這一官方媒體的主流傳播平臺，而是普及更廣泛，功能更強大的 20 世紀的網絡媒體。在報刊、廣播、電視、網絡四種傳播媒介而言，報刊是傳統的書籍類紙質傳播媒介的延伸，「廣播只延伸了人的聽覺，電視又延伸了人的視覺，而網絡則延伸了人的所有感覺」〔註31〕。而赫連勃勃大王和當年明月的史學成就也直接地證明了這一點。如赫連勃勃大王 2003 年在天涯網上開始其「中國歷史大散文」的寫作，很快便引起了眾網友的注意且點擊率極高，曾被譽爲「中國互聯網歷史寫作第一人」。〔註32〕當年明月則從天涯網轉戰到新浪網連載七冊《明朝那些事》，此書出版後銷售達數百萬冊，更是將通俗史學的發展推向了一個新的高度。

三、傳統繼承：對我國歷史文學〔註33〕傳統的一種繼承和發揚

　　對於歷史通俗化史學思潮在當代崛起的第三個原因就在於它在語言通俗性的具體表達上，有學者將其這一特性曾形象地概括爲「說書式」的表達，

〔註29〕趙允芳：《做電視科教節目的王牌——訪中央電視臺〈百家講臺〉製片人萬衛》，《傳媒觀察》，2006 年第 11 期。

〔註30〕陳鵬：《當代電視媒體中的傳統文化傳播》，山東大學，碩士學位論文，2009 年。

〔註31〕李彬：《傳播學引論》，北京，新華出版社，2003 年版，第 14 頁。

〔註32〕湯文輝：《通俗歷史寫作的「南方現象」——從赫連勃勃大王、當年明月到賈志剛》，《出版廣角》，2010 年第 10 期。

〔註33〕在白壽彝先生看來，歷史文學有兩個意思。「一個意思是指用歷史題材寫成的文學作品，如歷史小說、歷史劇本。另一個意思是指眞實歷史的文字表述。這可包含一般的文字表述和有高度藝術水平的傑作。」（參見其主編：《中國通史·導論》（第 1 卷），上海，上海人民出版社，1989 年版，第 329 頁。）本文所採納的即爲白先生所論之第歷史文學的第二層含義。

認為：「無論是《百家論壇》得以走紅的講史還是暢銷的通俗歷史讀物，其吸引大眾的秘訣之一，是採取了『說書』的形式，即語言鮮活、故事生動、聲情並茂、有點哲理，而且每個『說書者』個性獨特。」〔註34〕我們認為上述這種概括是非常貼切和準確的。易中天、當年明月們之所以能夠造成那麼大的影響力，能夠得到社會大眾的接受和歡迎，除了上文我們所強調的時代的人文需求與媒介影響，其重視語言的表達手法，在充分尊重歷史真實性的前提下，將歷史的內容能夠以比較通俗的方式展現出來，也是一個非常重要的原因。而重視歷史的敘述，強調歷史語言的運用和文字表達的傳統我們也可以稱之為歷史文學的傳統在我國古已有之，同時它也是我們馬克思主義史家重要的優良學風之一。因此，我們有理由相信，通俗史家在重視歷史語言的表述這一重要特性上正是在充分繼承歷史文學這一優良史學傳統和史學遺產之後的必然反映，只不過由於現代傳播媒介的進步和發展，其歷史語言不僅能夠在文本上有具體的展現，同時還能夠借助於電視、網絡等傳媒工具使之更加具體、更加形象地展現在我們的社會大眾面前而已。

對於中國古代歷史文學傳統的展現，早在先秦時期即有所體現，如孔子曾言：「質勝文則野，文勝質則史」，〔註35〕強調文采和質樸的一致性。孟子亦言道：「王者之跡熄而《詩》亡；《詩》亡然後《春秋》作。晉之《乘》，楚之《檮杌》，魯之《春秋》也。其事則齊桓、晉文，其文則史。孔子曰：『其義，則丘竊取之矣』。」〔註36〕從以上孟子的敘述我們可以看到其對歷史的寫作要求實現「事」、「文」、「義」的一體化。此後，中國歷代史家皆努力秉承這一原則，如司馬遷之《史記》、班固之《漢書》皆為千古之史學名著，無論其史學價值還是文學價值都十分巨大。《史記》被譽為「史家之絕唱，無韻之《離騷》」。〔註37〕而《漢書》則獲贊為：「固文瞻而事詳。若固之敘事，不激詭，不抑抗，瞻而不穢，詳而有體，使讀之者亹亹而不厭。」〔註38〕

〔註34〕陳衛平：《「國學熱」與當代學校傳統文化教育的缺失》，《學術界》，2007年第6期。
〔註35〕朱熹：《四書章句集注》，北京，中華書局，1983年版，第89頁。
〔註36〕焦循著，沈文卓點校：《孟子正義》，北京，中華書局，1987年版，第572～573頁。
〔註37〕魯迅：《漢文學史綱要》，《魯迅全集》，北京，人民文學出版社，1981年版，第420頁。
〔註38〕范曄：《班彪列傳》，《後漢書》，卷40下，中華書局，1997年11月第1版，第1386頁。

　　秦漢以後，歷史與文學已漸趨分離，但陳壽的《三國志》、干寶的《晉記》依然因爲其「善敘事」，「書簡略」而被後人稱讚。到唐宋之時，在出現杜佑、司馬光等史學大家的同時，一些史家亦在歷史著作的書寫尤其是歷史文學上提出了一些新的觀點和看法。如劉知幾在其《史通》一書中就認爲好的史書應該「尚簡」、「用晦」、善於敘事。他在《敘事》一章中講道：「夫史之稱之美者，以敘事爲先。至若書功過，記善惡，文而不麗，質而非野，使人味其滋旨，三復忘疲……其孰能如此乎？」〔註39〕對於敘事的要求，劉知幾亦講道：「夫國史之美者，以敘事爲工，而敘事之工者，以簡要爲主。簡之時義大矣哉！」〔註40〕在他看來，學會用「簡」並非易事，其中很重要的一個原則就是要懂得「用晦」，「晦也者，省字約文，事溢於句外。然則晦之將顯。優劣不同，較可知矣！夫能略小而存大，舉重若輕，一言而鉅細咸該，片語而洪纖靡漏，此皆用晦之道也。」〔註41〕此後到北宋年間，吳縝作《〈新唐書〉糾謬》時則認爲：「夫爲史之要有三：一曰事實，二曰褒貶，三曰文采。有是事而如是書，斯謂事實；因事實而寓懲勸，斯謂褒貶；事實、褒貶既得矣，必資文采以行之，夫然後成史。」〔註42〕吳縝的這段文論，可以說是在秦漢之後在歷史書寫上提出的最系統最科學的史學主張了，體現出了這一時期歷史書寫和史學發展的進步和成熟。

　　明清之際，中國傳統社會已趨沒落，但在歷史理論與史學理論上卻有著進一步的發展。在歷史書寫的要求上，姚鼐和章學誠二先生的觀點頗具代表性。姚鼐爲桐城派文學大師，其學派學先秦及唐宋散文之筆法，文章講究法度。如在其《敦拙堂詩集序》一文中，姚鼐說道：「夫文者，藝也。道與藝合，天與人一，則爲文之至。」〔註43〕在《述庵文鈔序》中又寫道：「鼐嘗論學問之事，有三端焉：曰義理也，考證也，文章也。是三者苟善用之，則皆足以

〔註39〕劉知幾著，姚松、朱恒夫譯著：《史通全譯》（上），貴陽，貴州人民出版社，1997年版，第317頁。

〔註40〕劉知幾著，姚松、朱恒夫譯著：《史通全譯》（上），貴陽，貴州人民出版社，1997年版，第326頁，

〔註41〕劉知幾著，姚松、朱恒夫譯著：《史通全譯》（上），貴陽，貴州人民出版社，1997年版，第335頁。

〔註42〕吳縝：《四部叢刊三編·六：〈新唐書〉糾謬·序》，上海，商務印書館，1935年版，第4頁至第5頁。

〔註43〕姚鼐著，劉季高標注：《惜抱軒詩文集》，上海，上海估計出版社，1992年版，第49頁。

相濟；苟不善用之，則或至於相害。」〔註44〕很明顯，在姚鼐等人看來，文章的寫作，「道」者爲先，但同時又要妥善處理好義理、考證、文章三者之間的關係，皆不可偏廢。章學誠則與姚鼐等人的觀點相左，認爲桐城派的文章寫作過於追求「法度」，以致於文章空洞而言之無物，在他看來，寫文章最著文德，文德者，「能爲古人設身而處地也。嗟乎，知德者鮮！知臨文之不可無敬恕，則知文德矣。」〔註45〕

　　近代以來，大師輩出，史著繁多。歷史書寫也逐漸經歷了從古代文言到近代白話文的寫作變化。但史家對歷史文學的要求並沒有因此而降低，梁啓超、張蔭麟、呂思勉等諸先生皆一時白話歷史寫作之大家，他們的各類作品，如《中國歷史研究法》、《中國史綱》、《白話中國史》、《三國史話》等亦爲當時風行一時之著作。而對於歷史書寫的具體要求，幾位先生關注的重點也各有側重。如梁啓超先生非常注重文章的生動性。而生動的前提就是要有出色的文采。一篇好的作品既要有較高的學術價值，又要有一定的文學價值，最重要的是要做到「簡潔」和「飛動」。前者「是講剪裁的功夫」，它的最高境界就是「章無剩句，句無剩字」，而「飛動」則是講「事本飛動，而文章呆板，人將不願看，就看亦昏昏欲睡。事本單板，而文章生動，便字字都活躍紙上，使看的人要哭便哭，要笑便笑」。〔註46〕張蔭麟先生則將歷史與美學相比附，認爲：「過去吾國文人，其於史界之美，感覺特銳」，「然則持審美態度之史家，其與史實之關係遂爲鏡中之人影歟？曰是亦不盡然……更且當之比對，其唯述史與寫照乎？……寫照與述史同者，其選擇乃在細節之取捨而不在竄易。雖然，猶有未盡也。」〔註47〕呂思勉先生則在歷史與文學的關係論述中認爲普及歷史，通俗歷史的重要性，在他看來：「文學固然有文學的趣味，歷史也有歷史的趣味，充滿了離奇變幻的情節，使人聽了拍案驚奇，這是文學的趣味，但意義實在是淺薄的」，「而古人所做的事情，我們絕不能全暸解，也不至於全不暸解。所以解釋古事，批評古人，也不是絕對不可以，不過要很謹

〔註44〕姚鼐著，劉季高標注：《惜抱軒詩文集》，上海，上海估計出版社，1992年版，第61頁。

〔註45〕章學誠：《文史通義全譯》（上），貴陽，貴州人民出版社，1997年版，第333頁。

〔註46〕梁啓超：《中國歷史研究法補編》，石家莊，河北教育出版社，2003年版，第142頁。

〔註47〕張蔭麟著，李洪岩編選：《素癡集》，天津，百花文藝出版社，2005年版，第244～245頁。

慎，限於可能的範圍以內罷了……瞭解事實的眞相，以滿足求知的欲望，又何嘗不是一種快樂？……因爲歷史上有許多問題，原是普通的問題，人人能夠瞭解的，學問的能夠通俗化，其原因就在於此」。〔註48〕

除以上諸先生以外，馬克思主義史學家也是非常注重歷史文學傳統的繼承與發揚。從我們的老一輩馬克思主義史學家李大釗、郭沫若、范文瀾、翦伯贊起，到新中國成立之後日趨活躍的吳晗、白壽彝再到新時期馬克思主義史學家的傑出代表王思治、李文海、晁福林等，前後相繼，代代相傳，無不重視歷史文學遺產的繼承並在歷史書寫上提出了自己的新觀點，新看法，共同譜寫了一曲馬克思主義史學的新篇章。

具體來看，早在 20 世紀 20 年代初，李大釗在其《史學要論》一書中闡述歷史與文學之間關係時，就表達了他對歷史編撰與歷史書寫上的看法。在他看來，歷史研究者必須有清醒的頭腦和專注的精神，不是一般的文學家和詩人所能擅長的，非要專門的史學工作者不可。在歷史的書寫方面，則可以有文學家的筆法，因爲這樣的作品因爲其文筆的優雅和內容的充實更易於爲大眾所接受和欣賞，但亦要以歷史事實爲前提，以歷史書寫的客觀性爲基礎，切不可恣意筆法，「這樣子編成的歷史，含有兩種性質：一方是歷史的文學，一方是歷史科學的資料」。〔註49〕很明顯，李大釗將歷史研究和歷史書寫分成了兩個獨立的類別，前者要求科學性和嚴謹性，後者則要求文學性與生動性，但亦要求有「限度」的呈現，不能夠隨便地歪曲史實。

在李大釗先生的開創基礎上，郭沫若、范文瀾、翦伯贊諸先生將馬克思主義史學進一步推向了一個新的高峰，並奠定了馬克思主義史學在新中國成立之後的主流地位。在歷史文學傳統的繼承和發展上，由於各位先生的專長和興趣各不相同，所以其強調和側重的重心自然也就有所差別。如郭沫若先生不僅是傑出的馬克思主義史學家，還是著名的文學家和劇作家。因此，探討歷史和文學，歷史和歷史劇之間的關係，就成了郭沫若先生在歷史文學思想上的重要外在體現。而這些觀點和看法我們可以在先生 1943 年發表的《歷史・史劇・現實》一文中比較清楚地看到。在他看來：「歷史的研究是力求其眞實而不怕傷乎零碎，愈零碎才愈逼近乎眞實。史劇的創作是注重在構成而務求其完整，愈完整才愈算得是構成」，「史學家是發掘歷史的精神，史劇家

〔註48〕 呂思勉著：《論學集林》，上海，上海教育出版社，1987 年版，第 507 頁。
〔註49〕 李大釗：《史學要論》，石家莊，河北教育出版社，2000 年版，第 44 頁。

是發展歷史的精神」。〔註50〕很明顯，在郭沫若看來，二者有著根本的不同，前者是科學而後者是藝術。同時，郭沫若先生也強調：「史劇既以歷史爲題材，也不能完全違背歷史的事實。」〔註51〕而歷史劇創作的目的，在郭沫若後來的文章中也有解釋，即：「主要的就是在求推廣歷史的眞實，人類發展的歷史」。〔註52〕

　　如果郭沫若先生側重討論的是歷史學與非歷史學之間的差別的話，那麼范文瀾、翦伯贊二先生重點討論的則是文史分途之後的歷史語言表達問題。在范文瀾看來：「對史學工作者來說，就是寫出文章來，應該切實些，清楚些，生動些，一方面能夠適當地表達自己所要說的話，另一方面使人看了不討厭。」〔註53〕翦伯贊也認爲：「歷史是生動活潑、豐富多彩的，歷史著作就不應『刷詁殷盤，佶屈聱牙』，而應在不影響科學性的原則下，儘量生動一些。」〔註54〕但同時他又認爲：「文章要寫得生動一些，但我們不是寫詩歌，可以全憑感情，也不是劇本，可以虛構。我們是寫歷史教科書，既要生動，又要準確，嚴肅」，而在生動、準確、嚴肅的要求之外，翦伯贊還提出「文章要裁剪，刪除繁蕪無用的詞句。句子要錘鍊，去掉不必要的字眼。不論是文章的剪裁或句子的錘鍊，都不要爲了美詞而害意」。〔註55〕

　　新中國成立之後，除翦伯贊、范文瀾諸先生外，馬克思主義史家對歷史文學又多有提倡和強調，而我們認爲這其中又猶以吳晗先生和白壽彝先生爲最。

　　吳晗先生是明史研究大家。新中國成立後，先後主持出版了「中國歷史小叢書」和「外國歷史小叢書」多種，其後又主持出版了《中國歷史常識》8冊，爲新中國之後在普及歷史、通俗歷史方面作出了自己重大的貢獻。而什麼樣的作品才算是合格的通俗作品呢？在吳晗看來：「內行人讀懂了不算，只有連外行人也能完全讀懂了，才算達到通俗的地步。」〔註56〕在歷史文學的

〔註50〕郭沫若：《歷史・史劇・現實》，《戲劇月報》，1943年4月第1卷第4期。
〔註51〕郭沫若：《歷史・史劇・現實》，《戲劇月報》，1943年4月第1卷第4期。
〔註52〕郭沫若：《郭沫若講歷史——在上海市立戲劇學校演講》，《文匯報》，1946年6月26日。
〔註53〕范文瀾：《歷史研究中的幾個問題》，《范文瀾歷史論文選集》，北京，中國社會科學出版社，1979年版，第217頁。
〔註54〕翦伯贊：《秦漢史・校訂本序》，北京，北京大學出版社，1983年版。
〔註55〕翦伯贊：《對處理若干歷史問題的初步意見》，《光明日報》，1961年12月22日。
〔註56〕北京市歷史學會主編：《吳晗史學論著選集》，第3卷，北京，人民出版社，

態度上，吳晗則強調歷史和藝術的區別，認為：「寫歷史的人，不能用百分之百的眞實去要求藝術，但藝術所反映的歷史基本眞實總要和客觀存在的史實大致不差。」〔註57〕白壽彝對歷史文學的貢獻：「概而言之，主要有對歷史與文學的關係的釐定、對歷史文學成就的具體概括與總結以及對歷史文學的語言表述的基本要求的提出等三個方面。」〔註58〕尤其是在歷史語言的表述上，在白壽彝先生看來：「眞實、凝練、生動，這三個基本條件，在歷史表述上是應該具備的。」〔註59〕先生不僅是這樣要求的，也是這樣做的，瞿林東在《白壽彝先生的學風和文風》一文中就認為：「白先生在學風上有深厚的修養，在文風上也有嚴格的要求」，而「尚平實、有重點、戒浮詞，講文采」〔註60〕則是其文風的最大特色。

除以上諸先生之外，一些新中國成立之後培養起來的馬克思主義史學家也在新時期歷史文學的發展建設中作出了自己的貢獻，提出了許多有建設性的觀點和看法，如王思治先生就認為：「歷史唯物主義要求對歷史人物的個性進行探索，這是因為歷史科學的對象是人的社會歷史」，因此在歷史書寫中要「寫出歷史人物的個性」，反之，「在歷史人物的研究中，如果只有歷史背景的敘述和其有關的大事羅列，或者僅只是一份較詳細的履歷表，而缺少人物活動的個性特徵，本來豐富多彩的歷史就會失去生動性，也難免給人以千人一面之感」。〔註61〕李文海先生的觀點比王思治先生更進一步，且視閾更加寬廣。在李文海看來，歷史要寫而且可以寫得「生動一些，形象一些」，因為「社會歷史本來就是多彩多姿、豐富生動的，而歷史科學不過是客觀歷史的正確的、如實的概括和反映」，同時「我國一直有著『文史一家』的優良史學傳統……我們應該繼承和發揚這個好傳統」，而最重要也是最關鍵的，在李文海看來，「歷史科學在建設社會主義精神文明中擔負著十分重要

1988 年版，第 422 頁。
〔註57〕北京市歷史學會主編：《吳晗史學論著選集》，第 3 卷，北京，人民出版社，1988 年版，第 189 頁。
〔註58〕范國強，何明鳳：《白壽彝歷史文學思想研究》，《重慶理工大學學報》，2010 年第 6 期。
〔註59〕白壽彝主編：《中國通史・導論卷》，上海，上海人民出版社，1989 年版，第 348 頁。
〔註60〕瞿林東：《白壽彝史學的理論風格》，開封，河南大學出版社，2001 年版，第 186 頁。
〔註61〕王思治：《寫出歷史人物的個性》，《光明日報》，1983 年 3 月 9 日。

的任務，要很好地實現這個任務，我們的史學著作首先要爲社會所歡迎，爲
群眾所接受。『言之不文，行而不遠』。道理雖好，講得枯燥乏味，人家也不
聽你的」〔註62〕同時，晁福林先生也認同李文海、王思治等先生的觀點，
認爲歷史學擁有「永久的魅力」，而歷史的魅力何在？在晁福林認爲就在於
歷史的的眞實性、新鮮性、藝術性。尤其是在歷史的藝術表現上，晁福林非
常憂心時下的歷史書寫，說道：「現在，有的史學論著太不注意文采了，除
了史實的堆砌和條條的排列，便是板起面孔的空洞說教，很少有生動活潑的
氣息」，因此「史學著作要寫得有文采、有藝術性，即要注意辭藻的使用和
語句的通暢，更要改進篇章結構和整部著作的體例」。〔註63〕

　　通過以上論述我們可以看到，重視歷史文學的繼承和發展是我國自古以
來就有的一個十分優良的史學傳統，我們的馬克思主義史家充分繼承並發揚
了這一傳統，並將其推向了一個新境界。當代以易中天等爲代表的通俗史學
家並不承擔闡釋歷史規律的責任，但他們「抓住了以人物爲中心，進行多方
位的解讀，特別是在故事情節和人物性格方面大做文章，因而故事性很強，
引人入勝，收視率和閱讀率都很高」〔註64〕，而這亦可算是歷史文學傳統在
21世紀的新繼承和新發揚吧。

本章小結

　　總之，當代歷史學的通俗化、大眾化是在適應國民對傳統精神文化的需求
與「國學熱」的時代背景下，充分繼承了我國歷史文學的優良傳統，並利用了
信息化、電子化、網絡化等史學傳播媒介的手段而出現的必然結果。當然，易
中天、當年明月等通俗史學家們個人魅力和那種輕鬆、靈活又貼近現實大眾的
歷史書寫，也是我們所不能忽視的。對於我們的一般學術研究者而言：「我們
的責任就是要尋求『研究』與『通俗』間的有機結合點，以達到二者的統一，
而這也就是通常我們所說的『學術價值』與『社會價值』的統一。惟有此時此
刻，史學『研究』與『通俗』的關係，才算理順到最佳狀態。」〔註65〕而另一

〔註62〕李文海：《生動一些，形象一些》，《光明日報》，1983年1月19日。
〔註63〕晁福林：《史學的魅力》，《史壇縱論》，重慶，重慶出版社，1984年版，第110
　　　　～112頁。
〔註64〕肖黎：《我看「易中天現象」》，《社會科學戰線》，2007年第2期。
〔註65〕黃留珠：《傳統歷史文化散論》，西安，三秦出版社，2005年版，第198頁。

方面，我們還要看到，在通俗史學傳播過程中，出現了一些所謂的「時尚史學」、「八卦史學」、「庸俗史學」的不良現象，這些所謂的「通俗史學著作」為了吸引讀者，換取高額的經濟回報，極盡媚俗低俗之能事，他們打破了歷史與文學之間的應有界限，且任意地穿鑿附會，曲解歷史，給社會大眾的歷史閱讀帶來極大的迷惑和誤導，也破壞了通俗史學在人們心目中的應有形象和地位。因此，我們認為：「歷史文化『俗化』應該有『度』，當是不爭之理，更不能讓歷史文化成為媚俗文化、『垃圾文化』。否則就會誤導觀眾，與弘揚歷史文化宗旨相悖離。」〔註66〕所以，對於那些為了短期的收益和金錢的誘惑而極力媚俗甚至是任意歪曲歷史的書場寫手們，我們應該給與堅決地抵制和唾棄。而對於那些學術型通俗史學的傳播者和草根型的通俗史學傳播者，雖然他們也有一些這樣那樣的問題和缺陷，可是只要是其秉著弘揚中華傳統，與傳播中國歷史文化的目的，是在尊重歷史事實的基本前提之下進行的史學通俗化、大眾化的工作，我們都是應該給與鼓勵和支持的。當然，對於大眾所擔心的通俗史學如何避免史學傳播過程中的失真問題。在這一點上，我們比較認同李小樹先生的觀點：「一般而言，只要史學活動者主觀意識中不存在歪曲與捏造歷史的『故意』，而是盡可能真實地去描述歷史，其所形成的口頭與文本的歷史便是與『真實』盡可能接近的歷史。反之，如果存在著歪曲和捏造歷史的『主觀故意』，那麼，其所講說與記述的便是一種經刻意偽造而形成的『歷史』，即『偽歷史』。也就是說，在口頭與文本歷史的真偽問題上，史學活動者的「求真」精神起著至關重要的作用。」〔註67〕

〔註66〕朱清如：《史學文化大眾化芻論》，《貴州文史叢刊》，2000 年第 3 期。

〔註67〕李小樹：《關於通俗史學的幾個問題》，《博覽群書》，2009 年第 5 期。同時，李洪岩認為：「通俗史學作品具有正規史書所不具備的廣泛性，只要個別歷史事實的錯誤無礙於讀者對『旌善懲惡』的史學大目標的接受，就應該予以提倡。」參見其所著：《百年中國史話·史學史話》，北京，社會科學文獻出版社，2000 年版，第 29 頁。

第九章 總結展望：對思潮遞嬗下新世紀中國歷史學發展的幾點建議

第一節 新時期中國歷史學的思潮遞嬗與發展趨向

綜文所論，我們可以看到，「文革」後史學界經過撥亂反正，一大批曾經被批判被打倒的馬克思主義史學家又重新回到了歷史的舞臺。此後，他們廢寢忘食，積極努力，將中國歷史學的秩序恢復到了正常的發展軌道之上。而此時的馬克思主義史家也在考慮，下一步中國歷史學的道路路在何方？經歷過 58 年以後「史學革命」的痛苦和「文革」時「影射史學」的不堪後，未來中國歷史學的道路應該如何走，中國馬克思主義史學的道路又該如何選擇？是回到 1958 年以前的歷史學，還是退回到歷史考證的時代？是從馬列經典著作中重新尋找答案還是打開國門，從西方的史學發展中吸取營養？凡此種種，不知如何選擇。而此時的馬克思主義史家群體的內部組成也頗繁雜，既有那些對馬克思主義忠貞不渝的老一輩的馬克思主義史學家，又有一些長於歷史考據，民國時即已成名，新中國以後逐漸轉變過來的馬克思主義史學家，既有一些新中國成立以來培養出來的，此時已經逐漸嶄露頭角的新一代馬克思主義史家，還有一些雖不能說他們是徹底的馬克思主義者，但傾向於馬克思主義，其擅長的卻又是歷史考據和古史研究且此時已進入古稀耄耋之年的史家群體……因此，對於這樣一個龐雜的馬克思主義史學群體來講，他們的

學術修養不同，年齡大小不同，對人生的歷練和感悟自然也更不同。而此時隨著 1978 年改革開放的進行，國家政治工作和經濟工作的中心也隨之轉移，因此，先前強調階級鬥爭、農民起義等爲核心內容的的馬克思主義歷史學體系顯然也已經與時代不符而需要作出新的改變，以適應社會主義現代化發展的新要求。

正是在以上諸多複雜的社會原因和時代背景之下，新時期的馬克思主義史家開始了反思重建的過程。而這種過程大致上是沿著兩條道路進行的。一條是走歷史闡釋的道路，這種道路一方面是要求對馬克思主義史學的基本理論和方法重新再認識，尤其是對馬克思主義的核心指導思想歷史唯物主義或稱之爲唯物史觀的再認識，以期重建馬克思主義歷史學。也正是在這種認識下其逐漸認識並達成共識，即馬克思主義歷史學應該是以歷史唯物主義爲指導的一門科學，但是歷史學應該有著自己的方法和理論而不能用歷史唯物主義相代替。同時我們還可以用自然科學、社會科學的各種方法和理論來豐富對歷史發展和變化的各種解釋。正是基於上述這種認識，歷史闡釋的另一方面則是要求借鑒西方的歷史學方法理論與心理學、社會學、經濟學等各門學科的方法和理論，走歷史學跨學科的研究之路。我們的馬克思主義歷史學也正是在這種認識和革新之下，才逐漸擺脫了先前的桎梏和限制，一些新的研究領域如經濟史、文化史、社會史等方向的研究逐漸興起，而我們的馬克思主義史學家的研究重點也逐漸由先前的政治史和革命史的研究轉向了社會文化史、生活史等新領域、新範圍的研究。中國的馬克思主義歷史學也正是因此逐漸煥發出了勃勃生機。當然，同時我們也應該看到，無論是我們先前就有的馬克思主義歷史學研究系統還是現在跨學科研究系統，都是以唯物史觀爲指導，以歷史闡釋作爲其歷史研究的主要手法的，而目的則是去追求歷史學的科學屬性以期最大實現歷史學的學術價值。

對中國馬克思主義史學反思和重建的第二條道路則是希望走歷史考證的道路。重視歷史考證在我國有著悠久的歷史傳統，而我們的馬克思主義歷史學也是要求以歷史考證爲基礎的，如郭沫若、范文瀾先生皆是歷史考證的大家。但是如果只是搞純粹的歷史考證，排斥甚至是反對馬克思主義史學，主張要「回到乾嘉去」，則是我們所不能夠允許的了。正因如此，在這股「回到乾嘉去」的風潮一出現，便遭到了馬克思主義史家群體的集體反對和抵制，並將其積極加以引導，以避免該思潮走向更嚴重化的地步。另一方面，我們

的馬克思主義史家在反對「回到乾嘉去」的同時，也注意到了我國傳統歷史文化遺產的重要性，應該對其有選擇的繼承和發展以彰顯其新時代的社會價值與學術價值。於是，另一股新的繼承和發展傳統歷史文化遺產的思潮隨之興起。而這股熱潮也帶動了史學界對史學遺產的整理和傳統文化研究的熱潮，並爲90年代國學的復興，奠定了一定的前提和基礎。當然，如同重視歷史闡釋的馬克思主義者一樣，歷史考據和史學遺產的繼承也都是在馬克思主義唯物史觀的指導下進行的，而他們的目標亦是希望最大實現歷史學的學術價值。

同時，我們應該看到，還有一些史家要求走對中國歷史學重建的第三條道路。只不過他們這條道路並非是要建設馬克思主義歷史學，而是要求「告別革命」，放棄馬克思主義唯物史觀的指導，走全盤西化的道路。這一派的史家最先是在史學危機論的熱辯中開始嶄露頭角的，其後逐漸由最初主張借鑒其它學科的理論和方法發展馬克思主義史學到對馬克思主義史學的懷疑，走上了歷史虛無主義的道路再到最後徹底放棄了自己的馬克思主義史學工作者的身份，這是一個漸進的逐步演化的過程。這些人最終也遭到了馬克思主義史學者的強烈批判與徹底抵制。

我們認爲，正是在以上諸多不同的觀念和追求之下，中國的馬克思主義歷史學走過了20世紀的最後20年，龐樸先生曾說道：「現代中國史學的發展主要歸結爲唯物史觀派與考證派的學術論爭，雖然二者一重闡釋，一重實證，但都以科學主義作爲自己學派的理想夙求。即使是20世紀80年代新興起的將所謂系統論、控制論、信息論引入史學的方法和理論，也不例外。」〔註1〕我們認爲這是有一定道理的，頗符合中國歷史學在20世紀最後20年的演變發展軌跡。

進入21世紀以來，在唯物史觀的指導之下，中國歷史學的史學研究無論是從其研究的範圍還是所運用的方法來看都日趨多元化，同時史學界所研究的重心和關注的重點也逐漸下移，即由精英階層逐步轉移到社會大眾，由先前的文化史、社會史等方向的研究轉向了城市史、婦女史、生活史等更加細化的分科層次之中。亦正是在這種學術大轉型之下，社會大眾對中國歷史和傳統文化的興趣亦是逐漸增加，而這也在一定程度上也帶動了「國學熱」的興起與歷史學逐漸通俗化、大眾化等新史學思潮的出現。我們認爲，上述變

〔註 1〕 龐樸：《科學主義與歷史研究》，《史學理論》，1987年第1期。

化一定程度上也意味著中國馬克思主義歷史學的發展趨向在經歷了歷史闡釋與歷史考證的兩極取向外，開始加入了第三種趨向：即歷史學通俗化、大眾化的史學發展趨向。通俗的歷史書寫帶動了歷史學傳播範圍的擴大化，歷史受眾的人群勢必也會隨之增加，這對於歷史學自身和歷史學的閱讀者來說，都是一件值得稱道的事情。同時，史學通俗化的持續升溫也必然會使得歷史學的社會價值逐漸被史學界重視起來，從而使得馬克思主義歷史學的學科價值在新世紀得到更好的彰顯，最後實現其學術價值與社會價值的最完美統一。

第二節　對 21 世紀中國歷史學發展的幾點建議

　　進入 21 世紀以來，中國馬克思主義史學的發展已經進入了一個新的時代。一方面是史學研究的領域和範圍進一步擴大，史學研究的多元化逐漸形成；另一方面，馬克思主義史家進一步繼承我國傳統史學和文化的優良遺產，「國學熱」愈來愈熱，力圖建立我們有中國民族特色的馬克思主義史學。同時，隨著新世紀社會主義和諧社會建設的全面展開，歷史學開始走向大眾，史學通俗化、大眾化開始成為史學發展的新趨向。總結經驗，面向未來。因此，對於 21 世紀中國馬克思主義史學的發展，我們認為，有以下幾點是頗值得注意並認真審視的：

一、加強唯物史觀的研究，建設有中國特色的馬克思主義歷史學

　　「唯物史觀是關於現實的人及其歷史發展的科學」，〔註 2〕「唯物史觀的出發點和歸宿點都是人」。〔註 3〕在唯物史觀的指導下，歷史學才能逐漸擺脫先前它所固有的各種缺陷和不足，成為一門真正的科學。而我們的馬克思主義史學就是一門以唯物史觀為指導的對中國歷史發展和社會規律進行研究的科學。

　　前文已經講過，新時期以來，隨著「回到馬克思主義」史學思潮的興起，馬克思主義史家對我們曾經所堅持的唯物史觀進行了認真地批判和反思，在對它的內在理論逐漸疏通以後，其外在界限，即其與歷史學自身理論和方法

〔註 2〕　龐卓恒、李學智、吳英：《史學概論》，北京，高等教育出版社，2006 年版，第 81 頁。
〔註 3〕　龐卓恒、李學智、吳英：《史學概論》，北京，高等教育出版社，2006 年版，第 107 頁。

之間的界限也得以界定。中國的馬克思主義史學也因此在此基礎上得以重生並煥發出勃勃生機。但是，我們也要看到，在馬克思主義史學的發展過程中，質疑和反對唯物史觀的聲音一直不絕於耳，一些人搞所謂的歷史虛無主義史學，主張告別革命，以此來質疑馬克思主義史學的正當性和權威性。而當今史學發展的多元化，一些人不加區分的拿西方的一些新理論、新方法視為其史學創新的法寶，無疑也是唯物史觀的聲音在學術界逐漸弱化的另一重要原因。同時，我們還要看到，由於歷史上的原因，我們曾經對唯物史觀的錯誤認識而導致的後遺症至今仍然在史學界很有市場，蘇東巨變之後，西方掀起的淡化、反對馬克思主義思潮逐漸漫延到國內，無疑也更加重了人們對唯物史觀的錯誤認識。當然，還有一點是我們自己所無法否認的，即「馬克思主義是發展的理論」，〔註4〕而隨著我國經濟的高速發展和各門學科的不斷發展與完善，很顯然，「唯物史觀需要面對現實，積極汲取其有益內容，不斷豐富自己的概念、方法和理論範疇，而不是固步自封，使其隨著社會的進步而進步，隨著科學的發展而發展」。〔註5〕但我們在這一點上明顯做的還很不夠。蔣大椿先生曾經說道：「唯物史觀存在著嚴重的理論缺陷，已不能適應現實史學認識的需要，因此應當超越，必須超越和可以超越。」〔註6〕我們這兒不去討論其觀點的正確與否，但是其所提出的這種對唯物史觀發展的擔心和憂慮，是非常值得我們尊敬和讚賞的。

綜合以上論述，我們可以看到：「在當下中國的學術格局與語境中，唯物史觀派史學已從學壇上的強勢者淪變為弱勢者，正在承受來自民間話語的冷

〔註4〕 胡繩：《馬克思主義是發展的理論》，《人民日報》，1994年12月27日。同時胡繩在該文中還講道：「說馬克思主義是發展的科學，當然並不是說馬克思主義的基本觀點是不穩定的」，「這些基本原理之所以有價值，因為它們可以被有效地運用到實際。在後人運用這些原理的時候，當然必須從他們所處的具體條件出發。」

〔註5〕 于沛：《21世紀唯物史觀面臨的挑戰和機遇》，《史學史研究》，2002年第1期。

〔註6〕 蔣大椿：《當代中國史學思潮與馬克思主義歷史觀的發展》，《歷史研究》，2001年第4期。對於蔣大椿先生此觀點曾引起學術界的極大爭論。比較有代表性的是吳英、龐卓恒先生的觀點，在他們看來：「蔣文所指的唯物史觀『最基本原理存在著嚴重的理論缺陷』，實際上並不是馬克思、恩格斯創立的唯物史觀基本原理的缺陷，而是後人對唯物史觀的誤釋或曲解造成的問題；而蔣文對那些理論缺陷的糾正，不但未使我們更接近於真理，反而增加了更多的困惑。」參見其所著：《弘揚唯物史觀的科學理性——與蔣大椿先生商榷》，《歷史研究》，2002年第1期。

新時期中國大陸史學思潮的遞進與嬗變：1978～2011

落與排斥。」〔註7〕而在 21 世紀的未來史學發展中，唯物史觀必然會遭到更大的威脅和挑戰。而「不同的歷史觀決定了不同的歷史認識路線，直接關係到歷史學科學認識功能和社會功能實現的程度」，〔註8〕因此，加強唯物史觀的研究工作，以期更好地建設馬克思主義歷史學便成爲我們今後要完成的最重要的工作之一。

二、繼承和發展歷史文化遺產，弘揚國學精神，建設社會主義新文化

瞿林東先生曾經說過：「世紀之交的中國史學面臨著雙重任務：總結和開拓。」〔註9〕進入 21 世紀以來，總結我們在繼承和發展歷史文化遺產工作過程中所取得的經驗和教訓，同時，審視其固有的內在屬性和外在價值，使其與 21 世紀中國社會和馬克思主義史學的發展相適應，則成了我們在新的世紀所要面臨的又一重要任務。而先前我們已經講過，從 20 世紀 80 年代初開始，我國馬克思主義史家在反對一部分學者要「回到乾嘉」的同時，同時還掀起了一場要求批判繼承發展我國優良歷史文化遺產的史學思潮，這場史學思潮的重要目的，用吳懷祺先生的話來說，「爲的是繼承民族史學優秀傳統，增強民族自信心，建設有特色的新史學，使史學在社會主義精神文明建設中發揮自己的作用。」〔註10〕時間進入 21 世紀，我們的馬克思主義史學已經走過了近百年的發展歷程，而國學這一已經在中華大地消逝了幾十年的詞彙又重新回到了人們的視野之中，並因爲其豐富的內涵在政府和民間的雙向推動下逐漸又火熱起來。因此，充分繼承和發展我國悠久的歷史文化遺產，賦予其在新世紀以新的內涵，對於我們來講，所要做的就是要總結好我們的老一輩馬克思主義史學家所留給我們的珍貴歷史遺產和史學遺產，同時，與發展國學，弘揚國學精神相適應，建設社會主義的新文化則成了時代賦予我們的新任

〔註7〕 王學典：《翦伯贊學術思想評傳》，北京，北京圖書館出版社，2000 年版，第 378 頁。

〔註8〕 于沛：《21 世紀唯物史觀面臨的挑戰和機遇》，《史學史研究》，2002 年第 1 期。

〔註9〕 瞿林東：《中國史學的理論遺產》，北京，北京師範大學出版社，2005 年版，第 196 頁。

〔註10〕 吳懷祺：《新時期的馬克思主義史學理論的特點》，《中州學刊》，2000 年第 1 期。

務，新要求。

　　對於總結 20 世紀馬克思主義史學的發展成就，繼承和發展老一輩馬克思主義史家的史學遺產，這早已是我們當代馬克思主義史家的共識，而非我們個人的主觀臆斷，如張磊先生早在 2000 年就說道：「中國的馬克思主義史學要向前發展，一定要繼承和超越。不繼承是不行的，但不提超越也是不對的。」〔註 11〕張廣智先生亦曾論及「我個人以為，無論是對馬克思史學遺產的深入發掘，還是對馬克思之後馬克思主義史學遺產的認真盤點，都是頗有助於中國的馬克思主義史學發展的。」〔註 12〕瞿林東先生更是詳細論說道：「科學地總結中國馬克思主義史學發展的歷程，不論是成功的經驗，還是發展中的經歷的曲折，以至它所遇到的挑戰和考驗，對當前的和今後的中國馬克思主義史學建設與開拓者來說，都是寶貴的財富，都具有啟迪和鼓舞的作用。從史學工作的要求來看，這是當代史學工作者的一項義不容辭的責任。」〔註 13〕

　　對於社會主義新文化的建設，則是「國學熱」與社會主義和諧社會建設時代背景下的必然結果，是新世紀繼承歷史遺產和弘揚中華傳統文化的必然選擇。劉夢溪先生曾經說道：「我們自晚清到五四以來，面臨一項不能繞開的任務，就是需要更新和重建我們的文化傳統。」〔註 14〕而我們在新世紀實現這一任務的最佳選擇就是進行社會主義新文化的建設，以實現新時期馬克思主義與中華文化傳統的有機結合。如張岱年先生所論：「我們建設社會主義新文化，一定要繼承和發揚自己的優良文化傳統，同時吸取西方在文化上的先進貢獻，逐步形成一個新的文化體系，是在馬克思主義列寧主義的指導下，以社會主義的價值觀，來綜合中西文化之所長，而創新中國文化。它既是傳統文化的繼續，又高於已有的文化。這就是中國的、社會主義的新文化。」〔註 15〕同時，我們還要看到：「發展先進文化，培育和弘揚民族精神的重要途徑之一，是發掘豐厚的中國歷史文化資源。優秀的中國史學遺產，不僅是中

〔註 11〕　張磊：《馬克思主義史學要繼承也要超越》，《求是雜誌》，2000 年第 11 期。

〔註 12〕　張廣智：《關於馬克思主義史學遺產傳承中的幾個問題》，《復旦學報》，2006 年第 5 期。

〔註 13〕　瞿林東：《中國史學的理論遺產》，北京，北京師範大學出版社，2005 年版，第 196～197 頁。

〔註 14〕　劉夢溪：《論國學》，上海，世紀出版集團上海人民出版社，2008 年版，第 94 頁。

〔註 15〕　張岱年：《張岱年文集》，第 6 卷，北京，清華大學出版社，1995 年版，第 491 頁。

華民族精神發展的記錄，同時也是當今爲實現中華民族的偉大復興，培育和弘揚中華民族精神的取之不竭、用之不盡的寶藏」。〔註16〕由此可見，繼承歷史文化遺產與建設社會主義新文化，二者是可以互爲因果，相互促進的。

三、鼓勵史學創新，進行歷史學的跨學科研究，積極應對後現代主義等各種新學說、新理論的衝擊和挑戰

「追求創新，是我們民族文化思想優良的傳統，更是我們民族史學的優良傳統。在我國史學史上，要求史學創新體現爲史家工作上的一種史學自覺意識。」〔註17〕在 21 世紀的今天，馬克思主義史學要想繼續保持其在中國史學界的主流地位，抵禦住歷史虛無主義史學的侵襲和各種非馬克思主義史學方法和理論的挑戰，就更應該積極進行史學創新，以給與其更大的生命力和創造力。這正如瞿林東先生所講的：「創新的學術才有生命力。21 世紀的中國史學應該在唯物史觀的指導下進行新的創造。」〔註18〕

「如果說理論是一種導引，那麼，方法則是一種工具。從方法論的角度而言，任何方法都有其特定的功用，過分的偏狹和奢望都是不切實的。」〔註19〕前文我們已經講過，早在 20 世紀 80 年代史學危機論提出以後，爲了解決固有馬克思主義史學研究視域狹小，歷史與現實脫節的問題，歷史學開始走向自然，走向社會，積極與自然科學、社會科學的各種學說、各種理論方法相交叉進行史學研究。在研究的方向和領域上，由對精英人物、政治史、革命史的研究框架逐漸轉移到對一般大眾、社會史、經濟史等方面的研究。進一步來看，「學科的交叉滲透，還會產生出一些新的邊緣學科，如歷史管理學、計量史學、歷史心理學等。現代史學更強調多學科綜合研究，劃地爲牢只能得出片面結論。今後，跨學科研究將是史學研究不可阻擋的趨勢」。〔註20〕因此，正是在這種跨學科史學史潮的推動下，我們的馬克思主義史學逐漸擺脫了先前的困境和危機，逐漸煥發出了新的生機和活力。而「20

〔註16〕于沛：《民族精神、先進文化和歷史研究》，《史學理論研究》，2003 年第 4 期。
〔註17〕吳懷祺：《史學創新與歷史研究——關於發展當前史學的思考》，《淮北煤炭師院》，1999 年第 1 期。
〔註18〕鄒兆辰、蔣湄、鄧京力：《新時期中國史學思潮》，北京，當代中國出版社，2001 年版，第 220 頁。
〔註19〕陳鋒：《時代變革和史學選擇》，《湖北社會科學》，1989 年第 4 期。
〔註20〕錢茂偉：《21 世紀中國史學發展趨勢及對策》，《浙江學刊》，1999 年第 5 期。

餘年來中國學者的努力和實踐也證明，歷史研究走向多學科研究既是學科本身發展的趨勢，也是現代社會發展對史學提出的要求，它也將推動馬克思歷史唯物主義理論進一步發展。」〔註21〕

　　但是，任何一事物都包含著對立統一的兩個方面。因此，在看到馬克思主義歷史學在跨學科史學研究上所取得的巨大成就的同時，我們還要看到，外國史學理論的內容非常博雜，我們應該取其精華，棄其糟粕，在將其引進的時候不應該盲目的全盤接受，而應該考慮其是否與中國傳統史學的繼承以及馬克思主義史學的發展相適應。後現代史學的引入即是一例。

　　一般我們都很瞭解，後現代主義本是 20 世紀 60、70 年代在西方開始興起的一股文化思潮，因其質疑在 18 世紀以後已在西方占主流地位的現代性的合法地位，而迅即在文學、藝術、語言、哲學、歷史等諸多領域漫延開來。「從本質上看，後現代主義是一種思想文化領域中的激進主義的典型思維方式。它反對任何假定的『前提』、『基礎』、『中心』、『視角』，以持續不斷的否定、摧毀為特徵，破除權威，提倡多元，因而被稱為『流浪者的思維』。」〔註22〕20 世紀 90 年代中後期以來，隨著跨學科史學的發展與西方各種新理論和方法的大量引入，後現代主義思想開始傳入我國並在 2004 年前後形成了一定的聲勢。〔註23〕彭剛、韓震、王學典、楊念群、陳新等皆一時討論活躍之干將，《學術研究》、《東嶽論壇》等史學刊物也為其討論提供了充分的空間和條件。2004年之後，國內對後現代的研究和利用漸趨深入，隱然有成為一種新史學發展趨向的可能。

　　雖然後現代史學傳入我國的時間較短，但其對中國史學的影響卻不可小視。從研究的方法上，其繼承跨學科研究的傳統，主張綜合歷史學、社會學、人類學、文化學等多種學科交叉研究歷史的模式早已被大多學者所接受。同時，其反對歷史的宏大敘事，注重邊緣、非中心、「他者」的研究又帶動了日常生活史、婦女史、微觀史等新社會史、新文化史研究領域的勃興。而對於後現代史學對中國史學研究的具體影響，向燕南先生認為：「後現代理論引出的問題意識，就中國史學史的研究來說，至少可以包括兩個方面的省思與檢

〔註21〕朱志敏、劉俐娜：《多學科研究與新時期中國馬克思主義史學的發展》，《史學史研究》，2006 年第 2 期。
〔註22〕王學典主編：《史學引論》，北京，北京大學出版社，2008 年版，第 349 頁。
〔註23〕可參見鄭麗丹：《大陸學者的後現代史學研究》，河南大學碩士論文，2010 年。

討：一是對近代以來新史學發生、發展的歷史的省思與檢討；二是對中國幾千年以來固有的史學傳統的省思與檢討。」〔註24〕

總之，如果說以上後現代主義史學的一些積極內容可以引起我們的歡欣和鼓舞的話，其在歷史書寫上否認歷史眞實性的客觀存在，懷疑歷史學家對歷史眞實概念的追求，同時重視歷史的文本寫作，強調歷史若文學的觀念則是與我們的馬克思主義史學與傳統實證史學的精神根本相悖的。因此，我們應該冷靜看待後現代主義史學帶給我們的諸般影響，積極吸收其合理因素，但對於其不利和消極方面，則應該予以堅決抵制。這同時也是我們在進行跨學科史學研究時所特別值得注意的地方。

四、反對歷史虛無，加強馬克思主義史學的學風建設

在新的世紀裏，馬克思主義史學要健康發展，在充分繼承我國悠久的歷史文化遺產，積極進行史學創新，進行跨學科研究的同時，還應注意歷史虛無主義史學的威脅和馬克思主義史學的學風建設，前者是一種明火執仗的對馬克思主義史學正統地位的一種公開挑戰，後者的墮落則更加危險，它會從馬克思史學的內部逐漸瓦解其體系結構，使得馬克思主義史學徹底喪失生機和活力，淪爲金錢、利益、欲望支配下的一種工具。

對於虛無主義史學，我們在前文已經有所論及，他們或直接提出反對馬克思主義的指導地位，或公開否認近代以來中國社會的性質和歷史的發展，還有的則無視歷史事實和歷史本來的面貌，隨意的「創新」和「創造」，給我們的馬克思主義史學的健康發展帶來極大的危害。雖然經過 20 世紀 90 年代以來馬克思主義史家與歷史虛無主義者的幾次交鋒，使得歷史虛無主義史學漸趨衰落，但其作爲一種對馬克思主義史學正常發展的威脅力量，則是時刻需要我們提防和戒備的。

造成歷史虛無主義史學出現的原因很多，如一些人對唯物史觀的漠視和誤解，對西方一些理論和方法卻奉爲圭臬；一些人缺乏歷史知識的必須儲備，缺少辨別是非的基本能力卻盲目自信；還有一些人則是受到了經濟和利益上的誘惑，爲了自己的一己私利而任意的創新，甚至是剽竊和抄襲他人的學術成果等等。史學界的這些不正常現象的出現直接導致了馬克思主義史學公信

<hr>

〔註24〕向燕南：《後現代理論視域下的問題意識和史學史的重寫》，《學術研究》2008年第 3 期。

力的下降和馬克思主義史學學風的敗壞，虛無主義史學的出現只不過是這種
不良學風發展到一定階段的產物罷了。因此，重視和建設馬克思主義史學的
學風，則是我們的馬克思主義史家們在新世紀所要面臨的又一棘手問題。如
瞿林東先生所說：「學風問題是根本性質的問題，不端正學風，不提倡和建設
起優良的學風，我們的高校人文社會科學以至全國的人文社會科學要去攀登
21 世紀的高峰，是十分困難的，甚至是不可能的。」〔註 25〕

　　要建設馬克思主義史學的優良學風，我們恐怕有大量的工作需要完成，
如充分繼承我國史家重視求真的歷史遺產和史學傳統，反對學術腐敗和空疏
之風，重視史學的規範化和秩序化等。而這其中最核心最重要的工作，在我
們看來，就是要加強唯物史觀的指導和重視歷史教育的普及。對於前者的重
要性，我們已經無需再用過多的言語進行論述，而更應該是一種學界共識，「把
對於唯物史觀的運用推到科學階段，是中國史學在 21 世紀創造新輝煌的關
鍵」。〔註 26〕對於後者，則是我們建設 21 世紀馬克思主義歷史學，保證其健
康發展的重中之重。如于沛先生所說：「加強學風建設的關鍵，是加強人才的
培養，不斷提高歷史學科教學和研究隊伍的政治質量及學術質量。」〔註 27〕
朱政惠先生也持此論，他認為 21 世紀的馬克思主義史學要在 20 世紀的基礎
上有更大更好地發展，就必須重視年輕學者的培養，使他們更快成長，更快
成熟。〔註 28〕當然，我們認為，為了更好地加強進行馬克思主義史學的學風
建設，杜絕虛無主義史學的出現，僅僅做到做好高校的歷史教育和後備人才
的培養還是很不夠的，因為虛無主義史學的不良影響很顯然已經波及到了校
園以外的地方，而馬克思主義史學學風的墮落和變壞也與周圍諸多不良的社
會因素密不可分。因此，將歷史教育的精英化和大眾化相結合，將歷史學內
容的普及化、大眾化，則是我們的史學研究者和歷史教育者所要面臨的新挑
戰。而這種歷史學普及化、大眾化的工作與加強唯物史觀的培養任務是可以
相互促進的。原因很簡單，不了解歷史，也就不可能養成以史為鑒的能力，

〔註 25〕瞿林東：《學風建設和隊伍素質》，《思想理論教育導刊》，2006 年第 7 期。
〔註 26〕朱政惠等：《馬克思主義史學新探》，北京，社會科學出版社，1999 年版，第
　　　　235 頁。
〔註 27〕于沛：《弘揚求真務實的學風歷史研究中的學風問題》，《求是雜誌》，2006 年
　　　　第 2 期。
〔註 28〕參見朱政惠等：《馬克思主義史學新探》，北京，社會科學出版社，1999 年版，
　　　　第 237～239 頁。

那麼也就不可能辨別各種不良的社會和史學思潮，那麼所謂的強化、樹立唯物史觀的素質和能力，也就無從談起。

總之，借用瞿林東先生的話來說：「只有加強學風建設，我們才能走齣目前存在著的一些認識上和實踐上的各種誤區，使當代史學得以更加健康的發展，得以邁出更大的步伐，走向世界，走向 21 世紀。〔註 29〕」

五、史學的普及和提高，讓歷史學更好地走向大眾

在馬克思主義史學進入 21 世紀之後，由於時代發展和社會形勢的巨變，馬克思主義史學自身也呈現出諸多與新世紀相適應的時代特徵，而史學的通俗化、大眾化或者說通俗史學的流行，則成爲其諸多新特徵之中最突出的亮點。如朱政惠先生所說：「通俗史學作爲適應新時期的一種史學變革，會得到相應的發展，這是 21 世紀中國馬克思主義史學的一個引人注目的發展特點。」〔註 30〕

而在新的世紀裏我們的馬克思主義史家如何做才能使這一亮點更加突出呢？以傳播學的理論來分析，在傳播媒介、受眾者、傳播時間相對固定的情況下，傳播者與傳播的具體內容則顯得異常重要了。因此，我們認爲，要做好這一工作，首先是要進一步提高史學傳播者的綜合素質，明確傳播者身份的合法性問題。當下通俗史學的流行，其主要靠著電視、網絡以及通俗易懂的圖書等媒介來完成的。而其傳播者則是以易中天等爲代表的電視學術明星和以當年明月等爲代表的草根學者爲主。我們暫且可以稱之爲當代通俗史家。對於這兩派通俗史家的優點和長處，我們已經十分明瞭，即他們十分擅長利用當代先進的輿論傳播工具，借用生動眞摯地語言或通俗暢曉的筆風來賺取社會一般大眾對他們的支持和肯定。而不足之處則是相對於專業學者在知識儲備和治學的嚴謹上有著很大的差距。更有甚者一些草根學者無視歷史眞實的客觀性存在，爲了一些短期的經濟利益而抹殺了歷史和文學之間的區別，任意地編造歷史，篡改歷史，而這是我們絕對不允許的。鑒於以上諸多問題，有學者就說道：「正如一些西方史家所提出的那樣，現在史學界面臨的

〔註 29〕 瞿林東：《中國史學：20 世紀的遺產與 21 世紀的前景（論綱）》，《北京師範大學學報》，1996 年第 5 期。
〔註 30〕 朱政惠等：《馬克思主義史學新探》，北京，社會科學出版社，1999 年版，第232 頁。

挑戰，不是研究技術，而是用通俗的手法，向更廣大的讀者重新介紹歷史。
中國缺少一支寫作水平高、又能及時吸收史學研究成果的歷史作品創作隊
伍。」〔註31〕

　　因此，如何更好地確立在新的世紀裏通俗史學者身份的合法性問題，則
是我們所要解決的第一個問題。在這一點上，一些史家已經給予了高度的注
意，並提出了一些合理性性建議，儘管這些建議互有爭議，有的甚至是完全
對立的態度和觀點。如一些史家認為史學傳播與史學研究應該具體分開，各
有分工。他們鼓勵正常的史學應用工作，但並不認為具體從事學術研究者應
該參與進來。如喬治忠先生就說道：「我覺得史學的學術研究和應用應該分
開，不應該把史學的應用和史學的學術性混為一談。應用是自然的，學術搞
得好，搞得正確，它的社會效益自然會體現出來，但不應算在學術裏面。」
〔註32〕但有的學者則不認同上述觀點，認為史學研究者亦應該參與到史學傳
播與普及之中，只不過史學研究者與一般的史學通俗史家二者的歷史書寫與
受眾者有所不同，各有側重而已。如錢茂偉先生就說道，通俗史學在致用上
實際有兩種用法：「一種是指史學工作者把歷史知識傳播出去，為社會大眾
所用；另外一種是文藝工作者把歷史知識拿過去用各種體裁來改寫。這是兩
種不同性質的用法。一是採用的主體不同；二是它們的學科性質不一樣，以
後面臨的對象和讀者群體也不一樣。由職業史家寫出的實際只能面向社會的
知識層，而文藝面向的則是大眾。前者為科普型通俗，後者為娛樂性通俗。」
〔註33〕還有一些學者則主張應該在職業史家和通俗史家之間尋找到一條橋
梁，以集二家之長，補二家之短。這正如陳新所說的：「歷史使人明智，這
種智慧不只是我們通常所說的歷史知識，而更多的是指閱讀歷史可以令人們
通過類比歷史經驗，形成各自對於現實的反思能力。如果多數職業歷史學家
從歷史中獲的智慧總是因其表達的習慣，深深地埋藏在艱深的文字之下，那
麼，生產『易讀性』歷史作品，建造起溝通職業歷史學與普通受眾的橋梁，
就需要一組新的人員———公眾史學家來實現。」〔註34〕

〔註31〕錢茂偉：《21世紀中國史學發展趨勢及對策》，《浙江學刊》，1999年第5期。
〔註32〕許殿才，史碩彥：《新中國史學的成就與未來研討會紀要》，《史學史研究》，
　　　　2003年第1期。
〔註33〕許殿才，史碩彥：《新中國史學的成就與未來研討會紀要》，《史學史研究》，
　　　　2003年第1期。
〔註34〕陳新：《從後現代主義史學到公眾史學》，《史學理論研究》，2010年第1期。

　　從史學傳播的內容來看，當下通俗史學雖然持續發展，但其所宣揚的史學內容卻多是一些古代歷史的宮廷爭鬥，才子佳人的歷史，還有一些是不加版本選擇、品質不一的白話古代歷史與文化典籍的相關讀本，前者的歷史寫作雖然能夠暫時滿足民眾對歷史的好奇感，饑渴感，但對於民眾的人文素質和精神氣質的提高，卻無甚幫助，而後者的普及讀物質量的低下，缺乏厚重感和歷史感則更令人憂心。但「歷史知識的普及與學術水平的提高並不是互相排斥的，是可以互相促進的」，〔註35〕馬寶珠先生更是說道：「史學的普及與提高相結合的本質正在於史學社會價值與學術價值的統一。」〔註36〕因此，「史學工作者要有現實感」，〔註37〕尤其是作為一個從事歷史通俗化、大眾化的史學工作者而言，最重要的是在尊重歷史真實性和客觀性的基礎之上，努力提高自己的知識貯備和學術創新能力，同時尋找到普通民眾的最佳歷史選擇，了解到什麼才是民眾最喜歡，最易接受而又能提高民族文化和人文素質的史學內容，並利用當今的各種媒介傳播手段，以通俗化的手法傳播給社會大眾，則是我們以後所要做的另一重要工作。總之，借用瞿林東先生的話：「史學的普及工作，對中華民族每一個成員從做人到參與社會活動直到制訂國家政策，都有重要意義，應受到格外的重視。」〔註38〕

本章小結

　　綜文所論，經過「文革」以後多次史學思潮的遞嬗和各種非馬克思主義史學的衝擊，我們的馬克思主義史家經受住了各種考驗，在經歷了對歷史學的批判、反思、重建的過程以後，將中國歷史學的發展趨向由 20 世紀 80、90 年代過多注重歷史闡釋和歷史考證的工作逐漸轉移到新世紀滿足民眾對傳統歷史與文化的需求，歷史傳播和歷史普及的工作開始被重視，而這有可能在

〔註35〕 姚偉鈞：《新時期史學研究的回顧和展望》，《社會科學家》，1989 年第 5 期。
〔註36〕 馬寶珠：《關於史學普及與提高的幾個問題》，《史學理論研究》，2001 年第 1 期。
〔註37〕 陳啟能先生認為，這種現實感，「就是為了在馬克思主義指導下，更好地發揮歷史學的認識功能和社會功能。這就要求把握歷史與現實的相互聯繫，了解現實提出的問題和現實社會的需求。」參見其所著：《史學工作者要有現實感》，《求是》，1994 年第 15 期。
〔註38〕 許殿才，史碩彥：《新中國史學的成就與未來研討會紀要》，《史學史研究》，2003 年第 1 期。

未來的中國史學發展過程中，與歷史闡釋和歷史考證一起，成爲 21 世紀中國歷史學發展的三大治學路徑。但無論是哪種治學路徑，其治學的指導思想都必須是以馬克思主義唯物史觀爲指導的，「我們應當在新的時代條件下，堅持與發展馬克思主義；我們的態度是：『回到馬克思，發展馬克思。』惟其如此，才能永葆馬克思主義史學之青春，才能守護馬克思主義史學『精神傳統的銜接』。」〔註39〕而我們未來的目標則是建設具有中國特色、中國作風和中國氣派的馬克思主義新史學。〔註40〕

〔註39〕 張廣智：《關於馬克思主義史學遺產傳承中的幾個問題》，《復旦學報》，2005年第 5 期。

〔註40〕 瞿林東先生曾經說道：「中國史學自本世紀二三十年代以來，由馬克思主義唯物史觀同中國史學的優良的思想遺產和歷史進程相結合，形成了中國馬克思主義史學，成爲當今中國史學的主流。這個主流的存在和發展，一方面在歷史觀上具有完整的理論體系，一方面在研究風格上具有鮮明的民族特點。從世界範圍來看，這可以說是當代歷史學的中國學派。」參見其所著：《堅持在唯物史觀指導下的創新》，《求是雜誌》，2000 年第 11 期。

參考文獻

一、著作類：

（一）經典著作類

1. 《馬克思恩格斯選集》，北京，人民出版社，1972 年。
2. 《斯大林文選》，北京，人民出版社，1962 年。
3. 《毛澤東選集》，北京，人民出版社，1991 年。
4. 《鄧小平文選》，北京，人民出版社，1994 年。

（二）古代典籍類

1. 朱熹：《四書章句集注》，北京，中華書局，1983 年。
2. 焦循著，沈文卓點校：《孟子正義》，北京，中華書局，1987 年。
3. 范曄：《後漢書》，北京，中華書局，1997 年。
4. 劉知幾著，姚松、朱恒夫譯著：《史通全譯》，貴陽，貴州人民出版社，1997 年。
5. 吳縝：《四部叢刊三編‧六：〈新唐書〉糾謬‧序》，上海，商務印書館，1935 年。
6. 王溥：《唐會要》，上海，上海古籍出版社，2006 年。
7. 姚鼐著，劉季高標注：《惜抱軒詩文集》，上海，上海估計出版社，1992 年。
8. 章學誠：《文史通義全譯》，貴陽，貴州人民出版社，1997 年。

（三）現代著作類

1. 人民出版社編輯部：《歷史科學中兩條道路的鬥爭》，北京，人民出版社，1958 年。

2. 李大釗：《李大釗選集》，北京，人民出版社，1959 年。

3. 中國社會科學院歷史研究所：《歷史的記錄──「四人幫」的影射史學與篡黨奪權陰謀》，北京，北京出版社，1978 年。

4. 范文瀾：《范文瀾歷史論文選集》，北京，中國社會科學出版社，1979 年。

5. 《中國歷史學年鑒》編輯組：《中國歷史學年鑒》，人民出版社，北京，1979 年～2001 年共 22 冊。

6. 陳智超等：《歷史的審判──「四人幫」影射史學剖析》，北京，中國社會科學出版社，1979 年。

7. 魯迅：《漢文學史綱要》，《魯迅全集》，北京，人民文學出版社，1981 年。

8. 葛懋春、謝本書：《歷史科學概論》，濟南，山東教育出版社，1983 年。

9. 白壽彝：《史學概論》，銀川，寧夏人民出版社，1983 年。

10. 翦伯贊：《秦漢史》，北京，北京大學出版社，1983 年。

11. 黎澍：《崢嶸歲月》，長沙，湖南人民出版社，1984 年。

12. 田昌五、居建文：《歷史學概論》，鄭州，河南人民出版社，1984 年。

13. 光明日報社史學專刊編：《史壇縱論》，重慶，重慶出版社，1984 年。

14. 尚鉞：《尚鉞史學論文選集》，北京，人民出版社，1984 年。

15. 吳澤：《史學概論》，合肥，安徽教育出版社，1985 年。

16. 朱維錚校注：《梁啓超論清學史二種》，上海，復旦大學出版社，1985 年。

17. 李侃：《朝夕集》，瀋陽，遼寧人民出版社，1985 年。

18. 吳虞：《吳虞集》，成都，四川人民出版社，1985 年。

19. 趙吉惠：《歷史學概論》，西安，三秦出版社，1986 年。

20. 趙吉惠：《歷史學方法論》，成都，四川人民出版社，1987 年。

21. 葛懋春主編：《歷史科學概論》，山東教育出版社，濟南，1987 年。

22. 中國社會科學院歷史所編：《歷史科學的反思》，鄭州，中州古籍出版社，1987 年。

23. 《中國史研究》編輯部等：《系統論與歷史科學》，鄭州，中州古籍出版社，1987 年。

24. 楊豫譯，巴勒克拉夫著：《當代史學主要趨勢》，上海，上海譯文出版社，1987 年。

25. 歷史科學規劃小組史學理論組編：《歷史研究方法論集》，鄭州，河南人民出版社，1987 年。

26. 呂思勉著：《論學集林》，上海，上海教育出版社，1987 年。

27. 崔文華編：《和殤論》，北京，文化藝術出版社，1988 年。

28. 北京市歷史學會主編：《吳晗史學論著選集》，北京，人民出版社，1988

年。

29. 姜義華、趙吉惠、瞿林東、馬雪萍：《史學導論》，西安，陝西人民教育出版社，1989 年。

30. 白壽彝主編：《中國通史‧導論》（第 1 卷），上海，上海人民出版社，1989 年。

31. 周朝民等編著：《中國史學四十年》，南寧，廣西人民出版社，1989 年。

32. 蕭黎等編著：《中國歷史學四十年》，北京，書目文獻出版社，1989 年。

33. 李桂海：《現代人與歷史的現代解釋》，武漢，湖北人民出版社，1989 年。

34. 姚蒙編譯，勒高夫等主編：《新史學》，上海，上海譯文出版社，1989 年。

35. 龔書鐸等主編：《民族文化虛無主義評析》，北京，人民大學出版社，1990 年。

36. 蘇雙碧：《歷史科學的理論和方法》，上海人民出版社，1990 年。

37. 張之洞：《張文襄公全集》，北京，中國書店，1990 年影印版。

38. 蔣大椿：《唯物史觀與史學》，長春，吉林教育出版社，1991 年。

39. 中共中央文獻研究室：《三中全會以來重要文獻選編》（上冊）：北京，人民出版社，1991 年。

40. 曹維勁，魏承思主編：《中國 80 年代人文主義思潮》，上海，學林出版社，1992 年。

41. 袁偉時：《晚清大變局中的思潮與人物》，深圳，海天出版社，1992 年。

42. 中共中央黨校教材審定委員會審定：《中共黨史文獻選編》，中共中央黨校出版社，1992 年。

43. 王學典：《歷史主義思潮的歷史命運》，天津，天津人民出版社，1994 年。

44. 白壽彝：《白壽彝史學論集》，北京，北京師範大學出版社，1994 年。

45. 錢穆：《國史大綱》，北京，商務印書館，1994 年。

46. 陸鍵東：《陳寅恪的最後二十年》，北京，三聯書店，1995 年。

47. 張岱年：《張岱年文集》，第 6 卷，清華大學出版社，1995 年。

48. 茅海建：《天朝的崩潰》，北京，三聯書店，1995 年。

49. 張豔國主編，《史學家自述》，武漢，武漢出版社，1995 年。

50. 李澤厚、劉再復：《告別革命》，香港，香港天地圖書有限公司，1995 年。

51. 張書學：《中國現代史學思潮研究》，長沙，湖南教育出版社，1996 年。

52. 王學典：《二十世紀後半期中國史學主潮》，濟南，山東大學出版社，1996 年。

53. 馬一浮：《馬一浮集》，杭州，浙江古籍出版社，1996 年。

54. 錢穆：《國學概論》，北京，商務印書館，1997 年。

55. 何兆武：《歷史理論與史學理論—近代西方史學著作選》，北京，商務印書館，1997年。

56. 陳旭麓：《陳旭麓文集》，上海，華東師大出版社，1997年。

57. 沙健孫，龔書鐸主編：《走什麼路——關於中國近現代歷史上的若干重大是非問題》，濟南，山東人民出版社，1997年。

58. 吳雁南、馮祖貽等主編：《中國近代社會思潮》，長沙，湖南教育出版社，1998年。

59. 塞繆爾·亨廷頓著，周琪、劉緋、張立平、王圓譯：《文明的衝突與世界秩序的重建》，北京，新華出版社，1998年。

60. 歐陽哲生編：《胡適文集》，北京，北京大學出版社，1998年。

61. 牛潤珍：《陳垣學術思想評傳》，北京，北京圖書館出版社，1999年。

62. 白壽彝：《中國史學史論集》，北京，中華書局，1999年。

63. 李澤厚：《世紀新夢》，合肥，安徽文藝出版社，1999年。

64. 劉新成主編：《歷史學百年》，北京，北京出版社，1999年。

65. 張廣智、陳新：《年鑒學派》，臺北，揚志文化股份有限公司，1999年。

66. 朱政惠等：《馬克思主義史學新探》，北京，社會科學出版社，1999年。

67. 陳飛、徐國利等：《回讀百年——20世紀中國社會人文論爭》，鄭州，大象出版社，1999年。

68. 龐卓恒，《唯物史觀與歷史科學》，北京，高等教育出版社，1999年。

69. 高增德，丁東主編，《世紀學人自述》，北京，北京十月文藝出版社，2000年。

70. 李大釗：《史學要論》，石家莊，河北教育出版社，2000年。

71. 王學典：《翦伯贊學術思想評傳》，北京，北京圖書館出版社，2000年。

72. 李洪岩著：《百年中國史話·史學史話》，北京，社會科學文獻出版社，2000年。

73. 王學典編、黎澍著：《歷史文化》，重慶，重慶出版社，2001年。

74. 羅志田主編：《20世紀的中國：學術與社會·史學卷》，濟南，山東人民出版社，2001年。

75. 鄒兆辰、江湄、鄧京力：《新時期中國史學思潮》，北京，當代中國出版社，2001年。

76. 瞿林東：《白壽彝史學的理論風格》，開封，河南大學出版社，2001年。

77. 王學典：《20世紀中國史學評論》，濟南，山東人民出版社，2002年。

78. 許冠三：《新史學九十年》，長沙，嶽麓書社，2003年。

79. 羅志田主編：《國家與學術：清季民初關於「國學」的思想論爭》，北京，

三聯書店，2003 年。

80. 梁啓超：《中國歷史研究法》（外二種），石家莊，河北教育出版社，2003 年。

81. 張蔭麟：《中國史綱》，北京，商務印書館，2003 年。

82. 李彬：《傳播學引論》，北京，新華出版社，2003 年。

83. 余英時，《十字路口的中國史學》，上海，上海古籍出版社，2004。

84. 牛潤珍：《關於歷史學理論的學術論辯》，南昌，百花洲文藝出版社，2004 年。

85. 中國史學會秘書處編：《中國史學會五十年》，鄭州，海燕出版社，2004 年。

86. 白壽彝：《史學遺產六講》，北京，北京出版社，2004 年。

87. 楊玉聖：《學術規範與學術批評》，開封，河南大學出版社，2005 年。

88. 瞿林東：《中國史學的理論遺產》，北京，北京師範大學出版社，2005 年。

89. 姜義華、武克全主編：《二十世紀中國社會科學（歷史學卷）》，上海，上海人民出版社，2005 年。

90. 劉兆祐，汪弘毅：《國學導讀》，北京，中國人民大學出版社，2005 年。

91. 黃遵憲：《黃遵憲全集》，北京，中華書局，2005 年。

92. 陳其泰，《20 世紀中國歷史考證學研究》，北京，北京師範大學出版社，2005 年。

93. 黃留珠：《傳統歷史文化散論》，西安，三秦出版社，2005 年。

94. 張蔭麟著，李洪岩編選：《素癡集》，天津，百花文藝出版社，2005 年。

95. 何茲全：《何茲全文集》，北京，中華書局，2006 年。

96. 龐卓恒、李學智、吳英：《史學概論》，北京，高等教育出版社，2006 年。

97. 汪征魯主編：《中國史學史教程》，福州，福建人民出版社，2006 年。

98. 吳懷祺：《史學理論與史學史研究》，福州，福建人民出版社，2006 年。

99. 梁柱、龔書鐸主編《警惕歷史虛無主義思潮》，北京，人民教育出版社，2006 年。

100. 詹杭倫主編：《國學通論講義》，北京，中國人民大學出版社，2007 年。

101. 陳壁：《國學熱——十年人文熱點對話錄》，廣州，中山大學出版社，2007 年。

102. 侯雲灝：《20 世紀中國史學思潮與變革》，北京，北京師範大學出版社，2007 年。

103. 羅平漢：《春天——1978 年的中國知識界》，北京，人民出版社，2008 年。

104. 劉夢溪：《論國學》，上海，世紀出版集團上海人民出版社，2008 年。

105. 王學典：《史學引論》，北京，北京大學出版社，2008 年。

106. 陳其泰主編：《中國馬克思主義史學的理論成就》，北京，國家圖書館出版社，2008 年。

107. 王學典、陳峰：《二十世紀中國歷史學》，北京，北京大學出版社，2009 年。

108. 楊念群、黃興濤、毛丹：《新史學——多學科對話的圖景》，北京，中國人民大學出版社，2009 年。

109. 王學典、陳鋒：《二十世紀中國歷史學》，北京，北京大學出版社，2009 年。

110. 王學典、陳鋒：《二十世紀中國史學史論》，北京，北京大學出版社，2010 年。

111. 曹家齊：《頓挫中嬗變：20 世紀中國歷史學》，北京，西苑出版社，2013 年版。

112. 王學典：《20 世紀中國史學編年（1950～2000）》，北京，商務印書館，2014 年版。

二、期刊類：

1. 黃維熙：《國粹保存主義》，《政藝通報》，1902 年第 22 期。

2. 鄧實：《國學講習記》，《國粹學報》，第 19 期，1906 年 7 月。

3. 陳獨秀：《憲法與孔教》，《新青年》，第 2 卷第 3 號，1916 年 11 月。

4. 陳獨秀：《舊思想與舊國體問題》，《新青年》，第 3 卷 3 號，1917 年 5 月。

5. 陳獨秀：《孔教研究》，《每周評論》第 20 號，1919 年 5 月。

6. 郭沫若：《歷史·史劇·現實》，《戲劇月報》，1943 年 4 月第 1 卷第 4 期。

7. 童書業：《古史辨派的階級本質》，《文史哲》，1952 年第 3 期。

8. 楊向奎：《古史辨派的學術思想批判》，《文史哲》，1952 年第 3 期。

9. 趙儷生：《我的檢討》，《文史哲》，1952 年第 4 期。

10. 范文瀾：《歷史研究中的幾個問題》，《北京大學學報》，1957 年第 2 期。

11. 翦伯贊：《目前歷史教學中的幾個問題》，《紅旗》，1959 年第 10 期。

12. 陳伯達：《厚今薄古，邊幹邊學》，《紅旗》，1959 年第 13 期。

13. 范文瀾：《反對放空炮》，《歷史研究》，1961 年第 3 期。

14. 戚本禹：《為革命而研究歷史》，《紅旗》，1965 年第 13 期。

15. 尹達：《必須把史學革命進行到底》，《歷史研究》，1966 年第 1 期。

16. 李侃：《中國近代「儒法鬥爭」駁議》，《歷史研究》，1977 年第 3 期。

17. 田居儉：《助「幫」為虐的「諸葛亮研究」——評「梁效」某教授的〈諸

葛亮和法家路線〉》,《歷史研究》,1978 年第 4 期。

18. 林甘泉:《論秦始皇——兼評「四人幫」的唯心史觀》,《歷史研究》,1978年第 4 期。

19. 茅家琦:《應該替翦伯贊同志 1962 年 5 月在南京的一次學術報告恢復名譽》,《南京大學學報》,1978 年第 4 期。

20. 丁偉志:《「四人幫」是歷史學科的敵人》,《歷史研究》,1978 年第 6 期。

21. 羅爾綱:《對「四人幫」的歷史學界「一片黑暗」論的有力批駁——建國以來十七年間太平天國工作的成就》,《歷史研究》,1978 年第 7 期。

22. 齊振海:《論實踐標準的相對性與絕對性》,《哲學研究》,1978 年第 7 期。

23. 劉澤華:《砸碎枷鎖解放史學——評「四人幫」的所謂「史學革命」》,《歷史研究》,1978 年第 8 期。

24. 李洪林:《翦伯贊同志十年祭——駁戚本禹對翦伯贊同志的誣陷》,《歷史研究》,1978 年第 9 期。

25. 李學昆:《扼殺歷史科學的惡霸行徑——再駁戚本禹對翦伯贊同志的誣陷》,《歷史研究》,1978 年第 10 期。

26. 劉大年:《關於歷史前進的動力問題》,《中國近代史研究》,1979 年第 1 期。

27. 戴逸:《關於歷史研究中階級鬥爭理論問題的幾點看法》,《社會科學研究》,1979 年第 2 期。

28. 劉澤華、王連升:《關於歷史發展的動力問題》,《教學與研究》,1979 年第 2 期。

29. 周谷城:《繼往開來的史學工作》,《中國史研究》,1979 年第 3 期。

30. 王戎笙:《只有農民戰爭才是封建社會發展的唯一動力嗎》,《歷史研究》,1979 年第 4 期。

31. 楊英銳、楊甘霖:《關於一個歷史觀問題的探討》,《國內哲學動態》,1979年第 4 期。

32. 童斌:《跨學科研究與歷史學》,《國外社會科學》,1979 年第 5 期。

33. 王若水:《真理標準與實踐問題》,《讀書》,1980 年第 1 期。

34. 金觀濤、劉青峰:《中國歷史上封建社會的結構:一個超穩定系統》,《貴陽師院學報》,1980 年第 1 期。

35. 朱紹侯:《關於歷史發展動力和農民戰爭作用問題》,《河南師大學報》,1980 年第 1 期。

36. 吳大琨:《關於亞細亞生產方式研究的幾個問題》,《學術研究》,1980 年第 1 期。

37. 葛懋春:《史學理論研究中的階級和階級分析》,《東嶽論叢》,1980 年第

2 期。

38. 佘樹聲：《關於亞細亞生產方式問題——與吳大琨同志商榷》,《學術研究》,1980 年第 5 期。

39. 夏甄陶《實踐的要素、特性與真理的標準》,《哲學研究》,1980 年第 5 期。

40. 肖前：《論馬克思主義的實踐觀》,《紅旗》,1980 年第 14 期。

41. 熊鐵基：《有關史學工作者的素養問題》,《江西社會科學》,1981 年第 2 期。

42. 張友漁：《歷史研究和四項基本原則——在中國史學會第一屆理事會第二次會議上的發言》,《近代史研究》,1981 年第 4 期。

43. 康健文：《歷史研究中的非馬克思主義傾向——簡析〈中國歷史上封建社會的結構：一個穩定的系統〉》,《貴陽師院學報》,1981 年第 4 期。

44. 吳築星、林建增：《讓什麼光照進歷史科學領域？——與〈中國歷史上封建社會的結構：一個超穩定系統〉一文作者商榷》,《貴陽師院學報》,1981 年第 4 期。

45. 龐群編譯：《小議史學的跨學科研究》,《世界史研究動態》,1981 年第 5 期。

46. 李侃：《嚴峻的歷史和史學的虛實》,《史學集刊》復刊號,1981 年 10 月。

47. 金觀濤：《系統論、控制論可以成為歷史研究者的工具》,《讀書》,1981 年第 11 期。

48. 白壽彝：《60 年來中國史學的發展》,《史學月刊》,1982 年第 1 期。

49. 葛懋春：《論史論結合中的幾個問題》,《文史哲》,1982 年第 2 期。

50. 尹達：《堅持用馬克思主義指導社會科學研究》,《中州學刊》,1982 年第 3 期。

51. 譚紀,劉顯才：《社會主義精神文明是歷史遺產的繼承與發展》,《學術論壇》,1982 年第 4 期。

52. 周谷城：《辦好歷史系的幾點意見》,《高校理論戰線》,1982 年第 4 期。

53. 蔣大椿：《論與史的關係考察》,《歷史研究》,1982 年第 4 期。

54. 程洪：《新史學：來自自然科學的「挑戰」》,《晉陽學刊》,1982 年第 6 期。

55. 蘇雙碧：《建設社會主義精神文明和歷史遺產的批判繼承》,《社會科學研究》,1983 年第 1 期。

56. 蔣大椿：《唯物史觀與歷史研究》,《近代史研究》,1983 年第 2 期。

57. 丁偉志：《歷史是多樣性的統一——謹以此紀念馬克思逝世一百週年》,《歷史研究》,1983 年第 2 期。

58. 張豈之：《關於傳統道德學說的批判繼承問題》，《西北大學學報》，1983年第 2 期。

59. 林甘泉：《論歷史文明遺產的批判繼承》，《中國史研究》，1983 年第 2 期。

60. 霍俊江：《歷史科學的現代化問題》，《求索》，1983 年第 2 期。

61. 黎澍：《馬克思主義與中國歷史學》，《歷史研究》，1983 年第 2 期。

62. 本刊評論員：《讓馬克思主義史學理論之花迎風怒放》，《世界歷史》，1983年第 3 期。

63. 程大方：《對歷史遺產批判繼承的幾點理解》，《安徽大學學報》，1983 年第 3 期。

64. 鄭昌淦：《歷史文化遺產與社會主義精神文明》，《前線》，1983 年第 4 期。

65. 田昌五：《歷史文化遺產與社會主義精神文明》，《學術月刊》，1983 年第 6 期。

66. 田昌五：《建設有中國特色的馬克思主義歷史學》，《世界歷史》，1984 年第 1 期。

67. 黎澍：《馬克思主義對歷史學的要求》，《歷史研究》，1984 年第 1 期。

68. 李植枏：《論歷史的統一性與多樣性》，《武漢大學學報》，1984 年第 2 期。

69. 董進泉：《論歷史發展的統一性與多樣性》，《中國史研究》，1984 年第 2 期。

70. 寧可：《什麼是歷史科學理論——歷史科學理論學科建設探討之一》，《歷史研究》，1984 年第 3 期。

71. 黎澍：《論歷史的創造及其它》，《歷史研究》，1984 年第 4 期。

72. 吳廷嘉：《馬克思主義史學研究與當代自然科學的最新成果》，《社會科學研究》，1984 年第 4 期。

73. 范達人：《歷史比較研究芻議》，《歷史教學問題》，1985 年第 1 期。

74. 他石：《階級分析不是唯一的歷史研究方法》，《世界歷史》，1985 年第 1 期。

75. 龐卓恒：《歷史的統一性、多樣性與歷史的比較研究》，《天津社會科學》，1985 年第 1 期。

76. 蔣大椿：《基礎歷史學與應用歷史學》，《上海社會科學院學術季刊》，1985 年第 1 期。

77. 佘樹聲：《歷史發展的常規性與變異性的統一》，《社會科學評論》，1985 年第 1 期。

78. 姜義華：《用現代思維科學武裝歷史研究工作——記史學概論的核心與時代使命》，《復旦學報》，1985 年第 1 期。

79. 葛懋春、項觀奇：《淺談歷史科學概論的對象和體系》，《文史哲》，1985

年第 2 期。

80. 趙儷生：《我對「史學概論」的一些看法》，《文史哲》，1985 年第 2 期。

81. 陳春聲：《統計分析方法在史學研究中的運用》，《學術研究》，1985 年第 3 期。

82. 劉大年：《論歷史研究的對象》，《歷史研究》，1985 年第 3 期。

83. 劉文瑞：《試論應用史學》，《西北大學學報》，1985 年第 4 期。

84. 吳江：《〈關於論歷史的創造及其它的信〉——致黎澍同志》，《歷史研究》，1985 年第 6 期。

85. 艾力農：《人民群眾是歷史的創造者——與黎澍同志商榷》，《理論月刊》，1985 年第 6 期。

86. 春陽：《也談馬列主義關於歷史的創造者的提法》，《北京大學學報》，1985 年第 6 期。

87. 蔣大椿：《關於歷史創造者的理論考察》，《世界歷史》，1985 年第 6 期。

88. 方文：《堅持人民創造歷史的科學原理》，《理論月刊》，1985 年第 7 期。

89. 李開元：《史學面臨著新的轉機》，《文史知識》，1985 年第 12 期。

90. 錢學森：《關於馬克思主義哲學和文藝美學方法論的幾個問題》，《文藝研究》，1986 年第 1 期。

91. 《歷史研究》編輯部：《編者的話》，《歷史研究》，1986 年第 1 期。

92. 方學堯，劉方等：《研究生漫談史學方法的變革》，《走向未來》，1986 年第 1 期。

93. 李時岳：《史學的革新》，《汕頭大學學報》，1986 年第 1 期。

94. 吳廷嘉：《要重視和加強史學方法論研究》，《歷史研究》，1986 年第 1 期。

95. 謝本書：《改革歷史研究的途徑》，《雲南社會科學》，1986 年第 1 期。

96. 田居儉：《略論中國史學研究方法的變遷》，《歷史研究》，1986 年第 2 期。

97. 馬愛平：《現代化與歷史科學——史學發展之我見》，《社會科學》，1986 年第 2 期。

98. 劉澤華：《「史學危機」與歷史的再認識》，《書林》，1986 年第 2 期。

99. 楊國宜：《略論科學歷史觀與系統方法論》，《安徽史學》，1986 年第 3 期。

100. 戚其章：《改進史學方法之我見》，《安徽史學》，1986 年第 3 期。

101. 李時岳：《史學的革新》，《汕頭大學學報》，1986 年第 3 期。

102. 胡如雷：《歷史研究方法芻議》，《河北學刊》，1986 年第 4 期。

103. 趙軼峰：《應用歷史學的提法有待商榷》，《安徽史學》，1986 年第 4 期。

104. 彥雨：《一九八六年全國史學理論討論會綜述》，《安徽史學》，1986 年第 4 期。

105. 徐博涵：《迎接馬克思主義發展新高潮》，《社會科學評論》，1986 年第 10 期。

106. 何新：《古代社會史的重新認識》，《讀書》，1986 年第 11 期。

107. 潘龍傑：《一套介紹國外學術思潮的大型翻譯叢書——當代學術思潮譯叢》，《博覽群書》，1986 年第 11 期。

108. 張豔國：《歷史學的危機與現代化的抉擇》，《社會科學評論》，1986 年第 11 期。

109. 蔡世華整理：《關於史學繼承與創新的對話——首屆全國青年史學研討會側記》，《歷史教學》，1986 年第 11 期。

110. 本刊評論員：《把歷史的內容還給歷史》，《歷史研究》，1987 年第 1 期。

111. 馮爾康：《開展社會史研究》，《歷史研究》，1987 年第 1 期。

112. 瞿林東：《史學理論與歷史理論》，《史學理論》，1987 年第 1 期。

113. 龔書鐸：《從「史學危機」想到的》，《福建論壇》，1987 年第 1 期。

114. 龐樸：《科學主義與歷史研究》，《史學理論》，1987 年第 1 期。

115. 王棣堂：《從歷史觀角度看中國傳統思想中可貴的歷史遺產》，《蘭州大學學報》，1987 年第 2 期。

116. 陳昕等：《選擇：不僅僅是拿來——談當代學術思潮譯叢》，《中國圖書評論》，1987 年第 3 期。

117. 舒焚：《兩宋說話人講史的史學意義》，《歷史研究》，1987 年第 4 期。

118. 張海鵬：《也談外國侵略與近代中國的「開關」》，《紅旗》，1987 年第 6 期。

119. 項觀奇：《論五種生產方式理論的形成》，《歷史研究》，1987 年第 6 期。

120. 龐卓恒：《歷史學的本體論、認識論、方法論》，《歷史研究》，1988 年第 1 期。

121. 林振草：《略論當代史學危機》，《貴州大學學報》，1988 年第 1 期。

122. 趙吉惠：《史學理論研究正在成為熱點》，《史學理論》，1988 年第 2 期。

123. 王學典：《階級觀點認識》，《史學理論》，1988 年第 2 期。

124. 程洪，張信等：《來自大洋彼岸的聲音——我國留美學生談史學改革》，《史學理論》，1988 年第 2 期。

125. 袁林：《五種社會形態說的邏輯缺陷與馬克思恩格斯的社會形態演化思想》，《史學理論》，1988 年第 3 期。

126. 劉祐成：《用馬克思的社會發展理論重新劃分社會形態》，《史學理論》，1988 年第 3 期。

127. 陳剩勇：《社會五階段演進圖式：向唯心史觀的回歸》，《史學理論》，1988 年第 4 期。

128. 王加豐：《論採集、農耕、現代化三大社會形態》，《史學理論》，1988 年第 4 期。

129. 謝本書：《人類社會大體上經歷了五種生產方式》，《史學理論》，1988 年第 4 期。

130. 何振東：《拓寬史學研究的思路》，《人文雜誌》，1988 年第 4 期。

131. 陳旭麓等：《史學如何走出低谷——上海史學工作者談史學改革》，《史學理論》，1988 年第 4 期。

132. 劉修明：《走出低谷，重攀高峰》，《史學理論》，1988 年第 4 期。

133. 喬治強：《需要開展社會史的研究》，《史學情報》，1988 年第 4 期。

134. 殷永林：《1988 年全國史學理論討論會綜述》，《文史哲》，1988 年第 5 期。

135. 羅榮渠：《論一元多線的歷史發展觀》，《歷史研究》，1989 年第 1 期。

136. 周溯源：《關於歷史創造者問題的新思考》，《歷史研究》，1989 年第 3 期。

137. 趙軼峰：《歷史發展動因論》，《中國史研究》，1989 年第 3 期。

138. 王正：《十年來我國史學理論和史學方法研究述評》，《社會科學家》，1989 年第 3 期。

139. 周農建：《建立歷史意識論芻議》，《求索》，1989 年第 4 期。

140. 陳鋒：《時代變革和史學選擇》，《湖北社會科學》，1989 年第 4 期。

141. 劉文健：《社會成員的勞動行為創造和推動歷史》，《唐都學刊》，1989 年第 4 期。

142. 岳慶平：《社會史研究中學科整合》，《社會科學輯刊》，1989 年第 5 期。

143. 姚偉鈞：《新時期史學研究的回顧和展望》，《社會科學家》，1989 年第 5 期。

144. 周德鈞：《試論史學「中層理論」的建構》，《湖北大學學報》，1989 年第 6 期。

145. 黃留珠：《史學危機芻議》，《社會科學評論》，1989 年第 9 期。

146. 該刊主編：《〈中國文化〉創刊詞》，《中國文化》，1989 年 12 月創刊號。

147. 周朝民：《中國近代通俗史學論》，《歷史教學問題》，1990 年第 2 期。

148. 張海鵬：《中國近代史的兩個過程論及其指導意義》，《高校社會科學》，1990 年第 5 期。

149. 彭衛：《中國古代通俗史學初探》，《當代西方史學思潮的困惑》，中國社科出版社，1991 年。

150. 張磊：《關於中國近代史研究的幾點思考》，《學術研究》，1991 年第 2 期。

151. 張岱年：《正確對待祖國民族文化遺產》，《求是》，1991 年第 11 期。

152. 陳啟能：《時代‧歷史‧理論——〈史學理論〉代發刊詞》，《史學理論與

歷史研究》，北京，團結出版社，1993 年。

153. 彭衛：《商品大潮與史學發展六人談》，《史學理論研究》，1993 年第 1 期。

154. 郭世祐：《中國近代史研究需要理論突破》，《史學理論研究》，1993 年第 1 期。

155. 張豔國：《歷史學科也要適應市場經濟的發展》，《史學理論研究》，1993 年第 2 期。

156. 朱政惠、林慈生：《當代中國史學思潮散論》，《歷史教學問題》，1993 年第 3 期。

157. 朱政惠：《攬狂瀾而奮進——當代中國史學思潮述評》，《探索與爭鳴》，1993 年第 4 期。

158. 劉平：《慈禧新政評議》，《學海》，1993 年第 5 期。

159. 黃留珠：《時代呼喚通俗史學》，《學習與探索》，1993 年第 6 期。

160. 王學典：《向內轉：市場經濟背景下歷史學的應有選擇》，《史學理論研究》，1994 年第 2 期。

161. 姚傳德：《李鴻章的近代化思想評析》，《社會科學家》，1994 年第 2 期。

162. 姜義華：《新時期呼喚史學的新發展》，《近代史研究》，1994 年第 2 期。

163. 湯一介：《評亨廷頓「文明的衝突」》，《哲學研究》，1994 年第 3 期。

164. 鄭焱：《打破束縛，更新觀念》，《學術研究》，1994 年第 4 期。

165. 張芝聯：《當代中國史學的成就與困惑》，《史學理論研究》，1994 年第 4 期。

166. 齊世榮：《關於史學研究的創新問題》，《史學集刊》，1994 年第 4 期。

167. 《另說袁世凱》，《河北學刊》，1994 年第 4 期。

168. 李澤厚、王德勝：《關於文化現狀、道德重建的對話》，《東方》，1994 年第 6 期。

169. 羅卜：《國粹·復古·文化——評一種值得注意的思想傾向》，《哲學研究》，1994 年第 6 期。

170. 胡繩：《介紹一篇文章》，《瞭望》，1994 年第 6 期。

171. 陳啓能：《史學工作者要有現實感》，《求是》，1994 年第 15 期。

172. 劉信君：《史學經世致用思想的嬗變》，《社會科學戰線》，1995 年第 2 期。

173. 周清泉：《中國近代史應當提到近代世界歷史範圍內研究》，《成都大學學報》，1995 年第 3 期。

174. 戰繼發：《史義與傳統史學的經世功能發微》，《史學理論研究》，1995 年第 4 期。

175. 徐泰來：《論曾國藩的歷史作用和地位》，《湖南師範大學學報》，1995 年

第 5 期。

176. 王岳川《國學熱的背景及走向》,《社會信息薈萃》, 1995 年第 11 期。

177. 林甘泉：《20 世紀的中國歷史學》,《歷史研究》, 1996 年第 2 期。

178. 瞿林東：《中國史學：20 世紀的遺產與 21 世紀的前景（論綱）》,《北京師範大學學報》, 1996 年第 5 期。

179. 谷方：《評「告別革命」》,《求是》, 1996 年第 15 期。

180. 周祥森：《反思的「反思」──評歷史感和歷史學》,《史學月刊》, 1998 年第 6 期。

181. 戴逸：《世紀之交中國歷史學的回顧與展望》,《歷史研究》, 1998 年第 6 期。

182. 黃卓越：《走向內在研究的國學》,《中國文化研究》, 1998 年夏之卷。

183. 吳懷祺：《史學創新與歷史研究──關於發展當前史學的思考》,《淮北煤炭師院》, 1999 年第 1 期。

184. 向燕南：《祝賀白壽彝教授九十華誕暨多卷本〈中國通史〉全部出版大會綜述》,《回族研究》, 1999 年第 3 期。

185. 方克立：《批判繼承，綜合創新》,《中央社會主義學院學報》, 1999 年第 3 期。

186. 錢茂偉：《21 世紀中國史學發展趨勢及對策》,《浙江學刊》, 1999 年第 5 期。

187. 吳懷祺：《新時期的馬克思主義史學理論的特點》,《中州學刊》, 2000 年第 1 期。

188. 張國剛：《社會形態與歷史規律再認識筆談》,《歷史研究》, 2000 年第 2 期。

189. 于沛：《史學思潮、社會思潮和社會變革》,《社會管理科學與評論》, 2000 年第 3 期。

190. 朱清如：《史學文化大眾化芻論》,《貴州文史叢刊》, 2000 年第 3 期。

191. 瞿林東：《二十世紀的中國史學》,《歷史教學》, 2000 年第 5 期。

192. 張磊：《馬克思主義史學要繼承也要超越》,《求是雜誌》, 2000 年第 11 期。

193. 瞿林東：《堅持在唯物史觀指導下的創新》,《求是雜誌》, 2000 年第 11 期。

194. 馬寶珠：《關於史學普及與提高的幾個問題》,《史學理論研究》, 2001 年第 1 期。

195. 蔣大椿：《當代中國史學思潮與馬克思主義歷史觀的發展》,《歷史研究》, 2001 年第 4 期。

196. 吳英、龐卓恒：《弘揚唯物史觀的科學理性——與蔣大椿先生商榷》，《歷史研究》，2002 年第 1 期。

197. 于沛：《21 世紀唯物史觀面臨的挑戰和機遇》，《史學史研究》，2002 年第 1 期。

198. 許殿才，史碩彥：《新中國史學的成就與未來研討會紀要》，《史學史研究》，2003 年第 1 期。

199. 邢兆良：《建國初期知識分子群體的轉型》，《學海》，2003 年第 4 期。

200. 于沛：《民族精神、先進文化和歷史研究》，《史學理論研究》，2003 年第 4 期。

201. 張旗：《史學危機與危機意識》，《河北學刊》，2003 年第 5 期。

202. 王學典：《近 50 年的中國歷史學》，《歷史研究》，2004 年第 1 期。

203. 錢茂偉：《論史學的普及化與娛樂化》，《史學理論與史學史學刊》，2004 ～2005 年卷，社會科學文獻出版社，2005 年。

204. 龔書鐸：《歷史虛無主義二題》，《高校理論戰線》，2005 年第 5 期。

205. 張廣智：《關於馬克思主義史學遺產傳承中的幾個問題》，《復旦學報》，2005 年第 5 期。

206. 田居儉：《歷史豈容虛無——評新時期史學研究的若干歷史虛無主義言論》，《高校理論戰線》，2005 年第 6 期。

207. 張遠山：《欺世盜名的「讀經」運動——兼及「文化保守主義」》，《書屋》，2005 年第 7 期。

208. 張書學、王曉華：《中國內地史學的走向》，《「傅斯年與中國文化」國際學術討論會論文集.》，天津市，天津古籍出版社，2006 年。

209. 張廣智：《關於馬克思主義史學遺產傳承中的幾個問題》，《新華文摘》，2006 年第 1 期。

210. 朱志敏、劉俐娜：《多學科研究與新時期中國馬克思主義史學的發展》，《史學史研究》，2006 年第 2 期。

211. 于沛：《弘揚求真務實的學風歷史研究中的學風問題》，《求是雜誌》，2006 年第 2 期。

212. 田居儉：《必須尊重中華民族的歷史淵源——評歷史虛無主義的一種表現》，《求是雜誌》，2006 年第 3 期。

213. 崔自默：《毋溺於舊學，幸甚——有感於眼前的「文化熱」》，《藝術評論》，2006 年第 3 期。

214. 龔書鐸：《歷史不能任意塗改》，《高校理論戰線》，2006 年第 4 期。

215. 瞿林東：《學風建設和隊伍素質》，《思想理論教育導刊》，2006 年第 7 期。

216. 金開誠、舒年：《試說「國學熱」》，《文史知識》，2006 年第 9 期。

217. 趙允芳：《做電視科教節目的王牌——訪中央電視臺〈百家講壇〉製片人萬衛》，《傳媒觀察》，2006 年第 11 期。

218. 張承宗：《要重視史學流派的研究》，《史學理論與史學史學刊》，2007 年刊。

219. 祝沛章：《對當前「讀經運動」的思考》，《科教文匯》（下半月），2007年第 1 期。

220. 李中華：《對「國學熱」的透視和反思》，《理論視野》，2007 年第 1 期。

221. 肖黎：《我看「易中天現象」》，《社會科學戰線》，2007 年第 2 期。

222. 李中華：《國學、國學熱與文化認同》，《北京行政學院學報》，2007 年第 3 期。

223. 馮保善：《「國學熱」帶給古籍出版的啓示》，《出版廣角》，2007 年第 4 期。

224. 祁庭林：《傳統出版該如何應對出版的挑戰》，《編輯之友》，2007 年第 4 期。

225. 金元浦：《視覺圖像文化及當代問題域》，《學術月刊》，2007 年第 5 期。

226. 王昆：《王立群：講出歷史的眞相》，《今日中國論壇》，2007 年第 6 期。

227. 陳衛平：《「國學熱」與當代學校傳統文化教育的缺失》，《學術界》，2007 年第 6 期。

228. 劉曉林：《這樣的「國學熱」可以嗎？》，《觀察與思考》，2007 年第 8 期。

229. 馮驥才主編：《教育的靈魂——人文精神與大學教育國際學術研討會論文集》，天津，天津大學出版社，2008 年。

230. 劉雙貴：《「國學熱」的冷思考》，《河南教育》，2008 年第 1 期。

231. 解璽璋：《我看通俗寫史》，《書摘》，2008 年第 1 期。

232. 錢遜：《「國學熱」會一直發展下去》，《河南教育》（高教版），2008 年第 1 期。

233. 錢愛娟：《莫讓國學外熱而內冷》，《河南教育》，2008 年第 1 期。

234. 劉丹忱整理：《「國學熱」與國學的定位與前瞻》，《社會科學論壇》，2008 年第 1 期（上半月）。

235. 耿加進：《我們應當怎樣看待當前的「國學熱」》，《南京工業大學學報》，2008 年第 3 期。

236. 羅才成：《對當前「國學熱」現象的幾點思考》，《南京工業大學學報》，2008 年第 3 期。

237. 向燕南：《後現代理論視域下的問題意識和史學史的重寫》，《學術研究》，2008 年第 3 期。

238. 于沛：《馬克思主義史學思想史研究芻議》，《江海學刊》，2008 年第 4 期。

239. 莫金蓮：《淺談學術文化與大眾文化融合視野下史學圖書的出版》,《出版科學》,2008 年第 5 期。

240. 馮峨：《國學普及讀物出版熱之我見》,《人文科學專輯》,2008 年第 34 卷。

241. 楊念群：《中國歷史學如何回應時代思潮》,《天津社會科學》,2009 年第 1 期。

242. 趙恒平：《梳理國學熱》,《作文成功之路》,2009 年第 2 期。

243. 趙林：《『國學熱』的文化反思》,《中國社會科學》,2009 年第 3 期。

244. 李小樹：《關於通俗史學的幾個問題》,《博覽群書》,2009 年第 5 期。

245. 徐友漁：《「國學熱」的淺層與深層問題》,《博覽群書》,2009 年第 11 期。

246. 陳新：《從後現代主義史學到公眾史學》,《史學理論研究》,2010 年第 1 期。

247. 姜萌：《通俗史學、大眾史學和公共史學》,《史學理論研究》,2010 年第 4 期。

248. 范國強：《回顧與前瞻：20 世紀 90 年代以來我國馬克思主義史家研究述論》,《北京黨史》,2010 年第 6 期。

249. 范國強,何明鳳：《白壽彝歷史文學思想研究》,《重慶理工大學學報》,2010 年第 6 期。

250. 湯文輝：《通俗歷史寫作的「南方現象」──從赫連勃勃大王、當年明月到賈志剛》,《出版廣角》,2010 年第 10 期。

251. 王晴佳：《歷史研究的碎片化與現代史學研究》,《近代史研究》,2012 年第 4 期。

252. 《當代史學思潮與流派系列反思》,《歷史研究》,2013 年第 6 期。

三、碩博論文類：

1. 李琳娟：《1983──中國新時期史學的轉變》,山東大學,碩士學位論文,2006 年。

2. 王曉華：《近三十年中國大陸史學主潮研究》,山東大學,博士學位論文,2007 年。

3. 杜學霞：《20 世紀五六十年代的史學批判研究》,中國人民大學,博士學位論文,2007 年。

4. 朱贏：《解讀〈百家講壇〉》,華東師範大學,碩士學位論文,2008 年。

5. 楊舒眉：《「文革」時期的歷史學家及史學研究》,中國人民大學,博士學位論文,2008 年。

6. 王磊：《建國前後的史學轉型》,中國人民大學,博士學位論文,2009 年。

7. 朱慈恩：《20 世紀上半期通俗史學述論》，華東師範大學，博士學位論文，2009 年。

8. 彭霞：《〈百家講壇〉系列圖書暢銷現象研究》，湖南師範大學，碩士學位論文，2009 年。

9. 陳鵬：《當代電視媒體中的傳統文化傳播》，山東大學，碩士學位論文，2009 年。

10. 谷佳璿：《〈百家講壇〉中的「易中天現象」研究》，湖南師範大學碩士學位論文，2010 年。

11. 鄭麗丹：《大陸學者的後現代史學研究》，河南大學碩士論文，2010 年。

四、報紙類：

1. 郭沫若：《郭沫若講歷史——在上海市立戲劇學校演講》，《文匯報》，1946 年 6 月 26 日。

2. 陳垣：《自我檢討》，《光明日報》，1952 年 3 月 6 日。

3. 梁思成：《我認識了我的資產階級思想對祖國造成的損害》，《光明日報》，1952 年 4 月 18 日。

4. 顧頡剛：《從抗拒改造到接受改造》，《光明日報》，1958 年 12 月 18 日。

5. 彭明：《談觀點與材料的統一》，《人民日報》，1961 年 5 月 31 日。

6. 翦伯贊：《對處理若干歷史問題的初步意見》，《光明日報》，1961 年 12 月 22 日。

7. 吳晗：《如何學習歷史——對北京師範學院歷史系同學的講話》，《光明日報》，1962 年 1 月 4 日。

8. 翦伯贊：《關於史與論的結合問題》，《光明日報》，1962 年 2 月 14 日。

9. 林甘泉：《關於史論結合問題》，《人民日報》，1962 年 6 月 14 日。

10. 該報特約評論員：《實踐是檢驗真理的唯一標準》，《光明日報》，1978 年 5 月 11 日。

11. 余霖、安延明：《歷史是整個人類創造的——「奴隸創造歷史論」質疑》，《文匯報》，1980 年 4 月 25 日。

12. 胡繩：《關於中國近代史研究的若干問題》，《光明日報》，1981 年 4 月 20 日。

13. 丁偉志：《馬克思主義與宏觀歷史研究》，《人民日報》，1981 年 8 月 25 日。

14. 胡如雷：《時代賦予歷史學家的中心使命》，《光明日報》，1982 年 2 月 1 日。

15. 劉修明：《史學方法論的引進要慎重》，《光明日報》，1982 年 12 月 15 日。

16. 李文海：《生動一些，形象一些》，《光明日報》，1983 年 1 月 19 日。

17. 王思治：《寫出歷史人物的個性》，《光明日報》，1983 年 3 月 9 日。

18. 瞿林東：《關於歷史科學的民族特色問題》，《光明日報》，1984 年 2 月 8 日。

19. 楊國宜：《也要重視階層分析》，《光明日報》，1984 年 3 月 7 日。

20. 彭衛：《借鑒‧汲取‧提高》，《光明日報》，1984 年 10 月 31 日。

21. 胡繩：《研究方法和敘述方法》，《光明日報》，1985 年 1 月 16 日。

22. 黎澍：《再論歷史的創造及其它》，《光明日報》，1986 年 7 月 30 日。

23. 趙光賢：《史學危機究竟何在》，《光明日報》，1986 年 8 月 27 日。

24. 王也揚：《注重史學方法論的實際運用》，《光明日報》，1986 年 9 月 10 日。

25. 陳啓能：《歷史理論與史學理論》，《光明日報》，1986 年 12 月 3 日。

26. 李澤厚：《開闢中國近代史研究的新階段》，《文匯報》，1986 年 12 月 30 日。

27. 王曉東，秋田草：《激情的陰影——評電視系列片〈河殤〉》，《中國青年報》，1988 年 7 月 10 日。

28. 李一泯：《關於孔子學說的討論》，《文匯報》，1990 年 12 月 26 日。

29. 畢全忠：《國學，在燕園悄然興起——北京大學中國傳統文化研究散記》，《人民日報》，1993 年 8 月 16 日。

30. 文哲：《久違了，「國學」！》，《人民日報》，1993 年 8 月 18 日。

31. 胡繩：《馬克思主義是發展的理論》，《人民日報》，1994 年 12 月 27 日。

32. 丁守和：《正確評價歷史人物》，《光明日報》，1996 年 7 月 23 日。

33. 危兆蓋：《警惕歷史虛無主義思潮》，《光明日報》，2005 年 3 月 15 日。

34. 紀寶成：《重估國學的價值》，《南方周末》，2005 年 5 月 26 日。

35. 毛夢溪：《中國式文脈——中華文化主體亟待凸顯》，《人民政協報》，2005 年 11 月 7 日。

36. 姜義華：《近代以來國學的重估和重構》，《社會科學報》，2006 年 4 月 13 日。

37. 季羨林：《國學應該是大國學》，《人民日報》（海外版），2006 年 6 月 2 日。

38. 肖雲儒：《大眾傳媒與文藝新變》，《人民日報》，2006 年 9 月 14 日。

39. 卜昌炯：《國學熱：尚古還是媚俗》，《出版商務周報》，2006 年 9 月 25 日。

40. 樓宇列：《國學百年爭論的實質》，《光明日報》，2007 年 1 月 11 日。

41. 劉文波：《〈百家講壇〉爲什麼這樣火》，《人民日報》，2007 年 3 月 27 日。

42. 袁行霈：《國學有什麼用》，《人民日報》，2007 年 6 月 20 日。

43. 孫海悦：《草根寫史憑眞性情漸入佳境》，《中國新聞出版報》，2007 年 7 月 12 日。

44. 上青：《當年明月談草根史學：它擊中現代人的迷茫》，《南京晨報》，2007 年 11 月 22 日。

45. 海洋，王玉鈺：《在傳統文化中追尋精神家園》，《深圳日報》，2007 年 12 月 7 日。

46. 袁行霈：《國學的當代形態》，《光明日報》，2007 年 12 月 13 日。

47. 許穎：《對「國學熱」的雙向思考》，《光明日報》，2008 年 2 月 18 日。

48. 何賢桂：《我們需要怎樣的「國學熱「》，《中國教育報》，2008 年 5 月 22 日。

49. 紀寶成：《國學何爲》，《光明日報》，2008 年 7 月 21 日。

50. 方克立：《創建適應時代需要的新國學》，《光明日報》，2008 年 8 月 4 日。

51. 梁濤：《國學熱：向民族傳統的一次回歸》，《中國社會科學報》，2009 年 9 月 24 日。

52. 錢文忠：《「國學熱」的呼吸與歎息》，《解放日報》，2009 年 11 月 20 日。

53. 范國強：《草根寫史——中國史學的另一抹陽光》《中國社會科學報》，2010 年 1 月 26 日。

54. 李愼明：《建立馬克思主義新國學觀和新國學體系》，《光明日報》，2010 年 2 月 15 日。

55. 王學典：《由反思文革史學走向反思改革史學》，《中華讀書報》，2015 年 3 月 18 日。

後　記

　　這本全書不足 20 萬字的小書是在自己博士論文的基礎上修改完成的。此書能夠這麼快出版發行，沒有花木蘭文化出版社的大力支持與出版社楊嘉樂先生的推薦與鼓勵是完全不可能實現的。花木蘭文化出版社對年輕學人大力提攜的精神與氣魄令自己欽佩不已。在此，自己首先要對花木蘭文化出版社及楊嘉樂先生表示由衷的感謝。

　　史學思潮是史學史研究中的一個重要學術領域。對於新時期史學思潮的研究，王學典、鄒兆辰諸先生的著作皆珠玉在前，且新時期以來中國大陸史學發展學派紛呈，經典迭出，各種不同的史學思潮相互激蕩爭鳴，以自己後生小子的能力與學識本不敢沾染此領域的。但當我 2008 年考入中國人民大學攻讀史學理論及史學史方向的博士學位時，自己的導師牛潤珍先生對自己關懷備至，提攜有加。無論在為人處事，還是在學術研究上，先生皆是自己的楷模師範。先生有一宏願，希望在其自身及諸弟子的努力下，能夠數年內做出 20 世紀中國馬克思主義史家與史學的發展之史。對新時期史學思潮的研究，先生認為更是大有可為，這是研究 20 世紀中國馬克思史家與史學的最關鍵緊要之處。需要花大氣力去研究。最後，在先生的殷切期許與鼓勵之下，自己博士三年遍讀了 1978 以來的中國歷史學年鑒，用了兩年時間來搜集整理史料，最後完成了這本小書的前身，即以《闡釋・考證・書寫——馬克思主義史家與新時期中國史學思潮的嬗變和發展》為題的博士論文。

　　五載時光，匆匆已過。回首往事，想起最初走進人大校園時的不安忐忑；想起平日裏各位老師講課時的旁徵博引，滔滔不絕；想起自己在學習和生活過程中各位同學對自己的諸多幫助，都有如電影膠片投影到自己的大腦中

般，一一呈現在自己的眼前。帶著這種濃濃地回憶與溫情，自己現在最想說的兩個字，就是「感謝」。

師恩難忘。感謝自己的導師牛潤珍先生，感謝老師給了自己在中國人民大學再次求學的寶貴機會。人大三年，自己在老師的言傳身教中，在老師的日常生活中，在老師治學的嚴謹認真中學到了許多許多。特別是在自己的畢業論文寫作中，從論文選題到大綱確定，從具體細節的描寫到論文整體寫作趨向的把握，老師都是嚴格把關，一絲不苟。在老師的身上，自己學到的不僅僅是歷史知識和治學路徑，更學到了一個史學工作者所應該具有的最基本的歷史感與道德感。

感謝徐兆仁老師、李小樹老師在自己的三年求學以及畢業論文的開題和寫作過程中的諸多指導和幫助。二位老師的博學、認真、嚴謹、親切給自己留下了十分深刻地印象，自己也會在以後的學習和工作中謹記二位老師對自己的諸般教導和教訓。感謝貴州師範大學的呂幼樵、李景壽二位老師，呂老師是自己的碩士導師，雖然貴陽與北京相隔千里，但老師在學業和生活上給於自己的諸多幫助，學生將終生難忘。李景壽老師更似自己的知交故友般，在生活上和學習上亦是給自己提供了許多無私的幫助。還要感謝天津師大的張秋升老師，張老師是自己大學本科時期的老師，對於自己來講，張老師教給自己的不僅僅是課本上的一些基本歷史知識，更為自己在以後學術專業的選擇和學習上樹立了一個十分值得仿傚與努力追趕的榜樣。

感謝中國社科院的高希中師兄，儲著武博士、中國人民大學的侯新立博士以及中國孔子文化研究院的路則權博士等，對於諸位故交好友在自己書稿修改過程中所提出的諸多修改意見，自己表示衷心的感謝。

感謝新華文摘胡喜雲師姐與自己江蘇大學的同事徐美秋博士，沒有你們的引薦與幫助，自己不可能結識花木蘭文化出版社，也就不可能有這本小書的出版。

作為江蘇大學高級人才項目的結項成果，感謝江蘇大學高級人才啓動基金項目對本書的出版支持。

感謝花木蘭文化出版社的編輯老師們對本書編輯審定上所做出的辛苦努力。

在這份致謝中，自然還要感謝自己的愛人劉春花博士，在這本小書的成書過程中，無論是資料的前期搜集、整理還是後期的書稿修改，她都幫自己

做了大量的輔助工作。而這些工作都是在她繁忙的教學與科研工作之中擠出來的。自己覺得非常感恩。

　　當然，在這麼多要感謝的人當中，還要感謝自己父親，母親，沒有他們在我們身邊料理家務，看顧小孩，我們也不可能有充足的時間來寫作科研。在這裏，感謝兩個字對他們來講，太輕，太輕……

范國強

2015 年 10 月 9 日於江蘇大學